도시경영의 이론과 실제

도시경영의 이론과 실제

재단법인 코베도시문제연구소 편

옮긴이 송 인 성

전남대학교출판부

옮긴이 서문

이 책을 처음 접한 것은 1980년대 후반이었다. 도시나 지역의 문제를 주로 계획가의 입장에서 접근했던 옮긴이의 눈에 “도시경영”이란 접근은 매우 신선한 충격으로 다가왔다. 그 후 공간문제의 경영적 접근을 연구하면서 일본에서는 이미 활발하게 이 분야의 연구와 논의 그리고 현장에서의 실천이 이루어지고 있었고 지방자치제도가 정착된 미국이나 독일에서도 일본 못지않게 이러한 접근이 꽤 일반적임을 알게 되었다.

우리나라에서도 머지않아 지방자치제가 실현되면 도시문제에 대한 경영론적 접근이 필요할 것으로 생각되어 전남대학교 대학원 지역개발학과에 “도시경영”이란 과목을 개설하여 오늘에 이르렀다.

일반적으로 기업경영은 기업의 투자에 대한 이윤의 극대화를 위한 최적행위 선택을 추구하고 있는 반면 도시경영은 “시민들의 최소부담으로 시민들의 최대복지 실현을 위한 종합과학”으로 도시의 공간, 경제, 사회시스템의 통합을 구축하는 것이다. 이제 공간문제(도시 및 지역 문제)를 다루는데 있어서 경영이란 새로운 개념이 도입되었다. 그래서 지역개발은 “지역경영”으로 도시행정은 “도시경영”으로 그 정책방향이 바뀐 것이다.

이 책은 그동안 일본에서 논의 되었던 “도시경영”의 일반이론과 코베시 경영사례를 코베시장을 비롯하여 코베시청 공무원 6명과 전문교수 5명이 공동으로 집필한 이 분야의 고전서다. 이 책에서 사용한 대부분의 자료와 정보는 30년 전의 코베시의 것을 사용하여 당시의 상황을 파악할 수 있고 또한 실천성과 현장성을 잘 살리고 있다. 따라서 이 책의 내용은 지나치게 이론에 치우치지도 않고 실무에 치우치지도 않았다. 30년 전 코베시는 일본에서도 매우 앞선 도시경영을 실천한 자치체로 “시민 주체 도시, 인간 복지 도시, 시민 문화 도시, 인간 환경 도시 그리고 국제 정보 도시”를 도시경영의 목표로 하고 이를 실현하기 위한 여러 가지 정책을 연구하고 실천했다. 이 책에서 다룬 코베시의 당시 도시 문제 그리고 이 문제에 대응하는 경영정책은 오늘의 우리나라 도시에 큰 타산지석이 될 것으로 확신한다.

뿐만 아니라 이 책에서 다룬 도시경영에 관한 이론적 논의는 이 분야를 연구하는 분들께 그 폭과 깊이를 넓혀줄 좋은 정보가 될 것이다. 지속가능한 도시개발에 의한 녹색도시(Green City)건설을 추구하고 있는 오늘날의 도시개발 추세를 코베시는 이미 30년 전에 출발하였다.

도시화율이 90%에 이른 우리나라의 지방행정은 이제 도시행정이 주류를 이루고 있고 이 도시행정의 새로운 방향은 도시경영이 될 수밖에 없는데 실천성 있는 사례중심의 “도시경영의 이론과 실제”를 출간하여 도시경영에 참여하고 관심을 갖는 지방자치단체의 정치인, 공무원, 기업, 일반인들의 도시경영에 대한 이해의 폭을 넓혀 건강한 우리나라 도시발전에 조금이라도 보탬이 되기를 기대한다.

그러나 외국책의 번역은 항상 언어, 제도, 문화 그리고 용어의 차이 때문에 많은 부분에서 한계가 있고 오류도 있을 것으로 생각하면서 번역의 오류는 전적으로 옮긴이의 책임으로 강호제현의 허심탄회한 질책을 겸허하게 수용할 것이다. 연도표기는 서기로 된 것은 서기로 일본연호로 된 것은 일본연호(쇼와: 昭和)로 표기하였으면 한자로 된 고유명사는 한자를 그대로 표기하였다. 일본 쇼와 연도를 서기년도로 고치려면 일본 쇼와 원년을 1926년으로 환산하면 된다.

이 책의 번역과 출간의 출발은 지금은 고인이 되신 장인 배 영호(裵 永鎬)님의 번역 초고다. 은퇴한 가장으로 늘 여유로운 시간을 갖고 계신 장인 어른께 소일꺼리로 번역을 부탁드렸었고 대학노트 두 권 분량의 번역을 하셨다. 그 핑계로 많지는 않지만 용돈을 드릴 구실도 되었었다. 일제 강점기에 일본에서 공부를 하셨던 장인어른은 잠재된 능력을 보여주실 좋은 기회였던 것 같다. 오랫동안 서재에 있었던 이 노트를 발견하고 돌아가신 장인어른의 온후하시고 늘 인자하시던 모습이 가슴 속 깊이에서부터 되살아났다. 장인어른의 사랑에 대해 감사의 마음과 추모의 정을 기르기 위해 이 책을 본격적으로 번역하여 출간하기로 했다. 번역을 하면서 표현이 막히거나 힘든 경우는 장인어른의 번역초고를 들여다보고 많은 도움을 받았다, 장인어른의 번역시작이 아니었더라면 이 책의 번역출간은 생각지도 못했을 것이다. 장인어른의 사랑과 노고에 다시 한 번 머리 숙여 감사드린다.

실제로 이 책이 세상에 나올 수 있도록 지원해준 전남대학교(2010년도 번역지원사업)와 전남대학교출판부 관계자 여러분의 노고에 깊은 감사를 드린다.

2011년 1월

빛 고을 용봉동 연구실에서

지지촌자(知止寸者) 송 인성

서 문

도시 경영의 문제는 지금까지 별로 논해지지 않았다. 그 이유는 도시 경영이 지역개발의 수단으로 밖에 보이지 않았고 또 행정 합리화의 편의적인 논법으로 밖에 활용되지 않았다고 하는 과거가 있기 때문이라고 할 수 있다.

특히 고도 성장기의 도시 경영은 도시 재정의 기업화를 가져와 도시 재정의 사회화라고 하는 기본적 시각이 결핍되고 있다는 엄격한 비판이 제기 되었다.

그러나 도시경영은 도시의 자원, 에너지, 자금을 유효하게 묶어 시민 복지의 극대화를 도모하려고 하는 것으로 결코 도시재정의 사회화라고 하는 방향에 반하는 것은 아니다.

오히려 도시재정만 생각한다면 복지화와 기업화라고 하는 피할 수 없는 양극화의 동향 속에 있고, 어떻게 기업화에 대응해 복지화를 늘려 가는가 하는 전략이라 할 수 있다.

오늘날 도시재정을 볼 때 내적・외적 환경의 변화에 의해서 경영적 대응을 피할 수 없게 되어 있다. 이제는 낡은 행정 관리로 대처하는 것은 불가능하고, 새로운 이론의 전개가 기다려지는 것이다. 그러기 위해서는 한 번 더 도시 경제, 지방 재정, 행정 관리의 각 분야에 걸쳐서 도시경영적 관점으로 논해지는 것이 기대된다.

다채로운 도시 경영 문제를 정확하게 파악하기 위해 이 책은 다음과 같은 내용으로 구성되어 있다. 제1장은 伊賀와 宮崎가 각각 이론과 실무 측면에서 기본적 문제를 파악하고 방향을 제시하였다. 도시를 경제적으로 보면 어떠한 존재인가 또 도시경영은 기업경영과 달리 어떠한 사명과 전략을 가져야 하는 것인가를 기술하고 있다. 제2장은 能勢가 도시경제와 비용 부담의 관계를 지금까지와 같이 지방 재정 제도가 아니고 경제이론의 측면에서 살펴보았다. 橋本가 지방공영기업의 재건을, 이 제도의 범위에서가 아니고, 그 적자보전을 조세로 실시하는 것의 경제적 비판을 시도했다. 그리고 井尻는 오늘, 지방 재정에 있어서 극히 중요한 지위를 차지하기에 이른 지방채에 대해서 제도론이 아니고 운용을 중심으로 논해 외채의 발행과 시민의 시 발행 채권 인수 등을 서술하였다.

제3장은, 주로 내부 관리적 관점으로, 狩野는 정책 결정에 대한 구체적 프로세스를 찾는 이론을 만들려 시도했고 河崎는 행정 사무의 효율적 처리를 위해, 단순한 전산 처리의 도입을 넘어 과학적으로 종합 이용을 발휘해 나가려면 어떻게 하면 좋은가를, 구체적 사례를 기초로 해서 전개했다. 그리고 吉田은 오늘날, 주목을 받고 있는 지방 재정에 있어서의 재무 정보개시 제도에 대해 기업 회계와의 관련을 갖고 논했다.

제4장은 오늘의 도시 자치체를 복합 기업(conglomerate)이라고 하는 현상을 근거로 해서, 佐野는 공공 개발자(developer)의 실태 분석을, 池田이 정보처리를, 高寄는 지방공사의 본연의 자세를 각각 논했다. 그리고 경영 연구회는 코베시의 외곽단체의 실태 조사에 의거하여 경영 과제를 지적했다.

이 책은 이론과 실천을 근거로 해서 도시 정책의 형성을 목표로 하는 재단법인 코베 도시문제 연구소의 제2호 논문집이다. 도시재정에 기인한 특이한 공동 연구가 한층 더 성숙하기를 기원하는 것과 동시에 많은 질정을 부탁하는 바이다.

쇼와 52년 11월(1977년)

재단법인 코베 도시문제 연구소 이사장 宮崎 辰雄

편집 대표자 코베대학 경영학부 교수 伊賀 隆

목 차

도시경영과 지방공영기업

지방채 운용론

Ⅲ. 도시경영과 행정운영

도시경영과 정책 결정

행정운영의 과학적 수법

도시재정에 있어서 기업회계방식의 도입

Ⅳ. 도시경영의 실천적 과제

I

도시경영론 서설

도시경제론 서설

伊賀 隆

1. 작은 것이 아름답다?

기술사의 연구가로서 유명한 "루이스 멈퍼드(Lewis Mumford)"는 도시의 이상을 중세에서 구했다(도시의 문화: The Culture of cities, A Harvest Book, 1970)). 중세도시는 성곽도시며 또한 계약공동체이다. 이러한 두 가지 점에 있어서 현대도시와 반대의 위치에 있으며 현대도시의 퇴폐를 비판한 멈퍼드가 중세도시를 칭찬하는 것은 당연한 것이라 할 수 있다. 중세도시의 태반이 성벽으로 둘러싸여 외부와의 교류는 전부가 성문을 통하여 이루어졌다. 인간도 물자도 정보도 그 이동은 모두 성문이며 확인(Check)을 할 수 있음으로써 중세도시는 말 그대로 클러스터 시스템(Cluster system)이어서 관리운영도 용이하다고 생각한다. 그러나 그 반면 성벽도시의 공간용량은 한계가 있어 그곳에 거주할 수 있는 주민의 수는 물론 그 곳에 입지할 수 있는 기업의 수도 일정한 한계가 있으며 그러한 의미에서 최적규모가 존재한다.

지금의 유행어로 표현한다면 중세도시는 캡슐(Capsule) 도시라고 말한다. 중세도시는 계약공동체이며 도시의 중심에는 광장을 설치해 광장을 둘러싼 시청이나 교회나 길드 홀(Guild hall)이 건설됨으로써 이 광장에 시민이 모여 그 집회에서 계약을 위반한 자에게는 제제를 가하여 이 제제에 의해 도시법의 효력이 담보되는 이유가 있으며 동시에 또 계약의 종교적·밀의(密儀)적 성격이 강조되어 그것으로 인하여 강화된 중세도시가 교황청의 지배를 받아들여 각각 종교적 상징성을 갖는 도시신과 도시성자를 봉사(제사지냄)하는 이유는 이것 때문이다. 이러한 계약을 기초로 하여 시청직원선거제, 길드규제, 시장통제, 직업교육, 빈곤대책 등등의 제도가 정비되어 있다. 이러한 뜻으로 중세도시는 도시법이란 특수한 법이 시행되는 특별지역이다.

시스템론의 입장에서 보면 멈포드의 이상으로서 중세도시는 범위에 한계가 있고 폐쇄적이어서 매우 관리가 쉬운 시스템이라 말할 수 있다. 그 단순하고 명료함 때문에 멈퍼드 뿐만 아니라 많은 사람들이 중세도시를 모델로 채용하고 있다. 그들은 현대도시의 복잡하며 개방적인 성격을 분석할 수 가 없음으로 당연히 쉽게 중세도시의 회귀를 부르고 있다. 전원도시론이나 커뮤니티론 등은 성벽을 그린벨트(Greenbelt)로 바꾸고 광장을 쇼핑센타로 바꾸며 도시법을 시빌미니멈(Civil Minimum)에 넣어 바꾼 것 뿐이며 그 본질은 단순한 중세 동경론에 지나지 않는다고 생각된다.

멈퍼드의 잘못은 그러한 도시관에서 나오는 것이며 그는 도시의 팽창이 문화의 타락을 가져온다는 신화를 확고하게 믿는 다는 것이다. 멈퍼드는 그 예로써 기원전 3세기의 알렉산드리아, 3세기의 로마, 10세기의 비잔틴, 20세기의 뉴욕을 예시 하였다. 확실히 대도시에는 특유의 병리가 있어 시대의 폐쇄가 문화의 퇴폐를 가져온다는 것을 부정할 수 없다. 안토니우스의 로마 초기 풍자작가였던 유베날리스(Decimus Junius Juvenalis)는 세계적인 도시, 로마에 전개된 인간 아라베스크(Arabesque)를 교묘한 필치로 묘사하여 로마의 퇴폐를 날카롭게 비판하고 있다. 값비싼 금으로 치장한 상류부인, 아는 체하는 신과 교활한 학자 등 유베날리스의 작품에 등장하는 인물들은 시에구츠피아의 희극의 주인공이 되었고 이들은 일반적으로 그냥 통용되는 인물들이다. 난숙한 문화는 그러한 종류의 인물을 양산한다.

그러나 도시의 타락과 도시의 팽창을 일직선상에 둘 수는 없다. 타락하려면 타락을 허용할 수 있는 경제적 기반이 필요한 것이며 빈손으로 타락할 수 있는 인간은 어디에도 존재할 수 없다. 3세기 로마에는 귀족이나 서민 모두 "소박한 조상의 유풍"을 칭찬하면서 함께 사치하고 나태해 갔다. 귀족은 귀금속, 보석, 장식품, 조각, 그림, 의상, 가구, 저택 등에 제한없이 낭비를 하였고 국가는 목욕탕, 체육관, 극장, 경기장, 바시리카, 기념문, 신전 등을 건설하는데 제국의 부를 탕진하였다. 서민들도 이에 뒤지지 않는다. 멈퍼드의 서술에 의하면 4세기 반경에는 공휴일이 일년에 20일이나 되었고 정부비용으로 개최되는 경기는 연간 175일에 달하였다. 소위 "빵과 서커스(panem et circenses)"의 복지국가의 원형이 이것이다.

이러한 낭비형 복지국가를 지탱하려면 에집트의 밀과 가리아의 포도주가 필요하다. "에드워드 기번 "에 의하면 로마는 인가 드문 불모의 지방에까지 가렴주구의 눈이 향했다고 한다(로마제국의 흥망사: (The) history of the decline and fall of the roman empire). 그러나 강탈하는 데에도 비용이 소용된다. "로마평화"의 최성기인 안토니아스 시대에는 37만 명의 상비군을 양성하지 않으면 안 되었다. 이는 보험비용으로서 결코 쉬운 것이 아니다. 이 군대를 유지하려면 증세가 필요하며 증세하기 위하여 강탈이 필요하고 강탈하기 위하여 군대가 필요하게 된다. 이와 같이 끝없는 악순환이 로마멸망의 주된 원인이다.

멈퍼드가 생각하는 것처럼 도시의 낭비와 퇴폐에 의하여 도시가 망한다는 말은 매우 간단하다. 지적 호기심의 대상이 아니다. 자기부담의 돈을 낭비할 만큼 주지육림의 퇴폐를 키우려 해도 거기에는 한도가 있다. 또 그것 뿐 만 아니라 가까운 전시효과나 질투효과(Jealacy)에 눈을 감으려면 타인에게 피해를 주어서는 안 된다. 겨우 인간이 할 수 있는 어리석은 행동의 하나는 훈계나 조소의 대상이 되는 것이다. 그렇지 않고 도시와 지방이 보완적 경제관계를 가지며 도시가 지방을 착취하는 것처럼 될 때 매우 복잡한 쇠망과정이 나타난다.

암세포는 그 증식에 필요한 에너지를 정상세포로부터 받지 않으면 안 된다. 그래서 모든 세포가 암세포로 바뀌지지는 못한다. 만약 이러한 일이 일어나면 인간은 사망하게 되고 암세포자체도 사멸되고 만다. 암세포는 정상세포의 원조를 필요로 하지만 암세포의 이상한 높은 증식률 때문에 정상세포의 기능을 방해 한다. 결국 그 자체는 기생적인 성격이면서도 전체 상황에 대하여서는 주도권을 갖고 있다. 여기에 문제의 어려움이 있는 것처럼 도시의 팽창에 대해서도 같다라고 말할 수 있다. 도시가 기생적인 성격이 강하며 지역경제 중에 암세포와 같은 행동을 시작할 때 그 도시의 멸망에 따라 지역전체가 멸망하는 현실이 문제로 등장하게 된다.

현재 도시에는 긴박한 해결을 필요로 하는 어려운 문제들이 산적해 있다. 교통문제, 쓰레기 문제로부터 주택, 교육, 의료 등 문제가 가득하다. 이러한 현상을 도시의 팽창과 묶어서 논의하는 사람들이 많다. 그리고 이러한 사람들은 "작은 것이 아름답다"를 생각해 중세도시로 회귀해야 문제가 해결된다고 주장한다. 이것은 하나의 환상이고 유해한 환상이다. 지금 도시문제의 대부분은 도시의 기생적인 성격을 불식시킴으로서 해결할 수 있다. 도시에 거주하는 주민이나 도시에 입지하는 기업이 도시의 관리운영에 필요한 비용을 모두 부담한다면 도시문제의 상당 부분이 해결될 것이다. 무엇보다도 먼저 비용부담이 증대된다는 것이 브레이크가 되어 도시팽창 자체를 억제할 것이다.

2. 부등가 교환과 불균형 성장

막스 웨버(Max Weber)는 도시의 특징을 다음의 세 가지로 요약했다.

(1) 다수의 사람이 정주하는 곳

(2) 비농업적 활동에 의존하는 곳

(3) 시장을 통해 수요를 충족시키는 곳

이러한 특징은 서로 연관되어 있어 독립된 것이 아니다. 도시는 고밀도의 사람-기계 시스템(Man-machine system)의 집합체임으로 농업과 같은 저밀도 시스템과는 다르다. 농업은 자립적이고 분산적인 생산체계를 필요로 하고 또 기계화가 진전되더라도 저밀도시스템의 성격을 없앨 수 없다. 그러나 농업을 배제한 도시는 당연히 그 대가로서 식료의 자급을 단념하지 않으면 안 된다는 것이다. 그러므로 시장을 통하여 필수품을 조달하지 않으면 안 된다는 것이다 전쟁 중 또는 전쟁 직후에 물건 사는 것을 경험해본 사람은 이점을 몸에 배도록 느꼈을 것으로 생각한다.

이래서 도시는 공업제품을 제공하고 지방에서는 농업제품을 제공한다는 지역 간 분업이 성립한다. 그러나 이 분업은 도시에 유리하고 지방에 불리하다. 그것은 공업과 농업의 구조적인 차이에서 기인하는데 농업은 연속적이고 안정적으로 조업이 곤란하고 규모의 불이익이 발생하며 공업에 비해 제어가능성이 대단히 떨어진다. 그것은 공업카르텔의 결정이 용이한 반면 농업은 카르텔 결정이 곤란하다는 것은 명백한 사실이다. 그러므로 도시와 지방과의 분업 즉 공업과 농업과의 교역에 있어서 항상 부등가 교환이 발생한다.

노동력 이동이 완전히 자유롭고 그 결과로 균형상태가 성립되려면 소득율이 균등하지 않으면 안 된다. 이것은 이윤추구를 목적으로 하는 기업활동을 생각할 때 약간의 수정이 필요할 것이며 그 점을 유의한다면 소득율 균등의 상태를 기준으로 부등가교환을 측정할 수 있다. 소득율은 순생산소득을 노동력으로 나누는 것이며 쇼와 45년의 기준치에 의하여 계산한 것이 **그림 1**에 나타나 있다. 단 각 부현(府縣)의 소득율을 전국평균

그림 1

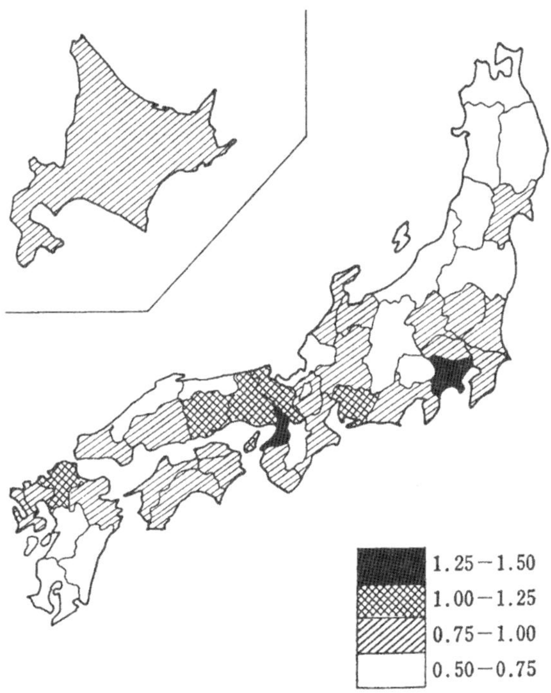

소득율로 나눈 것이다. **그림 1**에서 1보다 큰 수치를 나타내는 지역은 유리한 부등가교환을 하고 있으며 1보다 적은 수치를 나타내는 지역은 불리한 부등가교환을 하고 있는 곳이다. 왜 이러한 부등가교환이 발생하는가 그 원인을 규명하는 것은 지역경제 이론에 있어서 중요한 과제다. 그러나 이 글에서는 그럴 여유가 없음으로 부등가교환의 정도를 알아보는데 만족하지 않으면 안 된다.

그림 1을 보면 대도시지역의 유리성은 명백하다. 도시가 팽창하면 인구가 집중되는 것은 당연한 것이다. 이 경향은 오래 동안 줄어들지 않을 것이다. 다소 지나친 추측이지만 전국 인구의 80%가 도시지역에 집중되기까지는 도시의 유리성이 계속될 것으로 생각한다. 어쨌든 이러한 부등가교환에 의하여 대도시에 부가 축척되어가고 있는 것이다

고대 이스라엘의 도시 예리코(Jericho)는 원래 평원 한 가운데 건설된 도시였던 것이 4천년에 걸친 경제활동의 결과 지금은 인공 언덕위에 건설된 도시와 같은 모습으로 변모되었다. 토인비가 소개하는 이 토픽은 주변지역과의 사이에 부등가교환에 의하여 얻은 것 이상의 것을 취한도시의 웃기는 말로를 나타내고 있다(폭발하는 도시). 현재는 화폐경제가 지배적이며 부는 화폐의 형태로 축적된다. 그러므로 예리코(Jericho)와 같이 부를 폐기물 형태로 축적하는 것처럼 못난 것이 없다. 그 반대로 교역수지의 관점에서 보면 현재의 도시는 얻은 것 이상으로 주고 있다. 이점을 상품유통연관표(쇼와 43년)에 의하여 확인해보자.

각 부현(府縣)마다 출하액을 구입액으로 나눈다. 이것을 출초계수라고 부른다. 각 부현(府縣)의 출초계수를 다시 전국평균의 출초계수로 나눈 것이 **그림 2**에 나타내고 있다. 이것에 의하면 태평양・뇌호(瀨戶: 세토나이카이) 내 벨트에 출초 부현(府縣)이 집중하고 있다.

그림 2

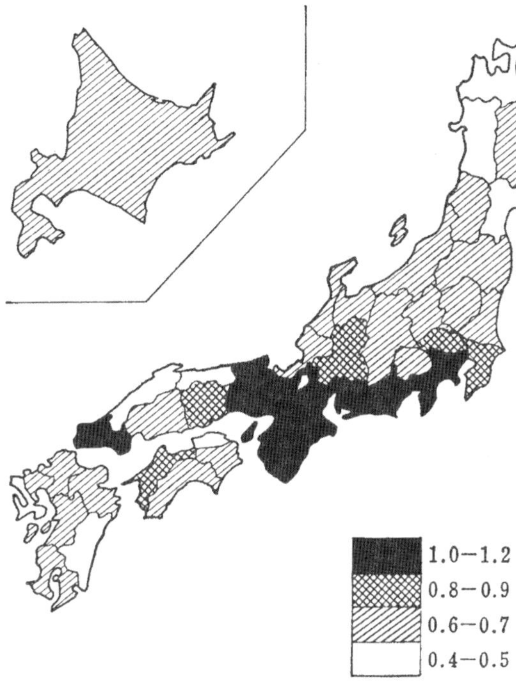

여기서 교역수지와 도시성장과의 관계를 검토하여 두지 않으면 안 된다. 도시를 국가와 똑같이 생각하고 도시간의 상품이동을 국제무역과 같이 생각한다. Y_j를 j도시의 생산소득으로 하고 M_{ij}를 j도시가 i도시로부터 수입하는 상품의 총액으로 한다. 수입성향을 m_{ij}로 하고 j도시의 무역수지의 균형을 이루려면

$$(\sum_{i=1}^{n} m_{ij}) Y_j - m_{j1} Y_1 - m_{j2} Y_2 - \cdots\cdots - m_{jn} Y_n = 0$$

$$m_{ij} = M_{ij} / Y_j$$

성립이 되지 않으면 안된다. 행렬로 쓰면

$$(tI-M)Y=0$$

$$t=(t_j),\ t_j=\sum_{i=1}^{n} m_{ij},\ M=(m_{ij})$$

$$Y=(Y_j),\ I=\text{ 단위행렬}$$

이 방정식이 무의미 하지 않은 답을 가지기 위해서는

$$|\,tI-M\,|=0$$

을 만족시키지 않으면 안 될 것인데 다행스럽게 이 조건은 늘 만족 시킨다. 그 증명은 간단하나 독자들의 연습문제로 두겠다. 문제는 오히려 이 조건의 의미에 있다. 이 조건은 각 도시의 무역수지가 균형을 가지기 위해서는 각 도시의 생산소득이 일정의 비례관계를 갖지 않으면 안 된다는 것을 나타내고 있다. 즉

$$Y_j/\sum_{i=1}^{n} Y_i=\lambda_i\ (=\text{ 상수})$$

이 되지 않으면 안된다. 그러한 조건이 항상 성립하기 위해서는 각 도시의 생산소득의 성장률이 거의 같지 않으면 안 된다. 결국 균형성장만이 무역수지의 균형조건과 양립한다.

그러나 균형성장이라는 것은 교과서에서만 존재하고 현실에서는 거의 불가능한 것이다. **그림 3**은 쇼와 40년부터 45년까지 각 부현의 생산소득 평균성장률을 나타낸 것이다. 다만 각 부현의 성장률을 전국 성장률로 나

눈 것을 나타냄으로 1보다 큰 성장률을 나타내는 부현은 전국평균보다 높은 성장률을 보이고 있으면 1보다 작은 부현은 전국평균보다 낮은 성장률을 갖는다. 여기서 앞의 무역수지의 균형조건을 생각해보면 수입성향이 변화가 없는 한 고성장국은 입초(入超)되며 저성장국은 출초(出超)된다. 따라서 고성장국이 출초를 지속하려하면 수입성향을 낮추지 않으면 안 된다. 특히 저성장국으로부터 수입계수를 저하시키지 않으면 안 된다. 일반적으로 말해 농산물의 소득탄력성은 낮으므로 저성장국으로부터 수입성향을 줄이는 것은 비교적 용이하다고 생각한다.

그림 3

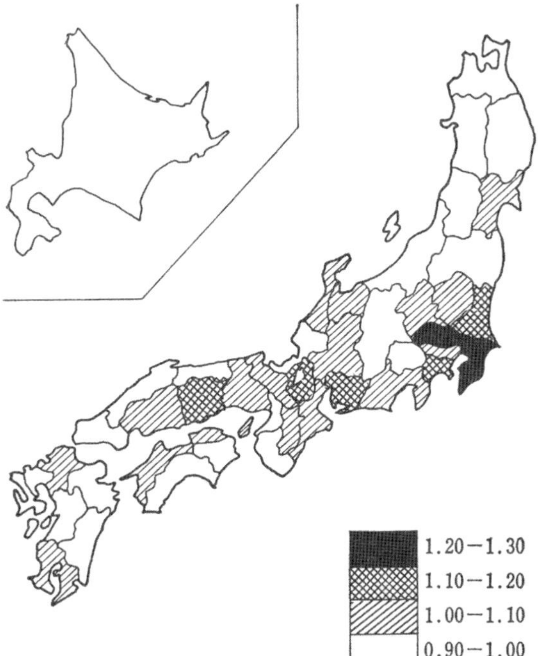

이상의 것을 요약해보면 대도시는 출초를 계속함으로서 자금을 축적하고 그 축적을 이용하여 고성장을 실현한다. 그러나 지방의 수입성향을 낮춰감으로 고성장과 함께 발생하는 입초를 회피하고 점점 자금의 편재를 강화시킨다. 전후 고도성장기에 이상과 같은 성장유형(패턴)이 정착한 것으로 생각된다.

그러나 이와 같은 과정이 무한히 계속하는 것은 아니다. 만약 이와 같은 유형의 성장이 계속된다면 지방의 유효수요는 머지않아 고갈될 것이고 또 도시의 투자효율도 저하될 것이 틀림없다. 쇼와 40년부터 45년까지의 시기에 그러한 의미의 굴곡점(屈曲点)이 있었던 것으로 보인다. 그 이후

그림 4

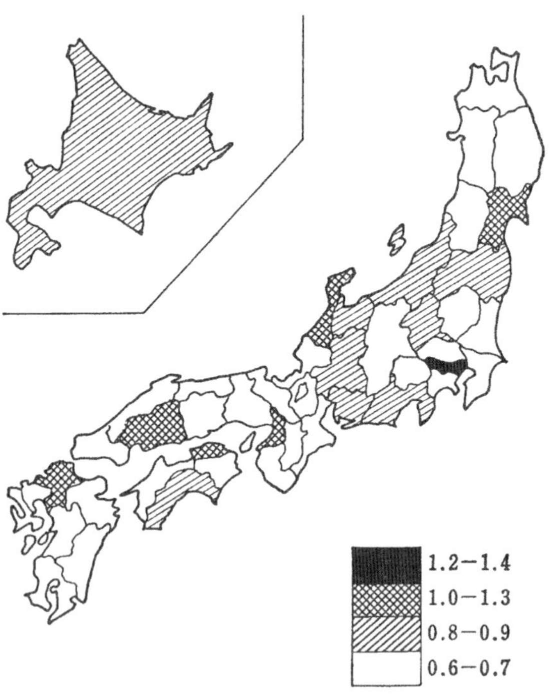

공업의 지방분산이 시작됨에 따라 도시산업의 변동이 현저해졌다. 소위 지식집약형 산업의 도시집중이 시작되었다. 대도시는 지금 공업에 지배되는 것이 아니고 금융·유통·정보 등의 산업에 의해 지배되는 것처럼 되었다. 이것을 단적으로 나타낸 것이 **그림 4**인데 자금의 도시집중을 보인 것으로 부현마다 은행의 대출잔고와 예금잔고의 비(比)를 계산한 수치로서 쇼와 45년 자료를 이용하였다. 이 비(比)가 1보다 큰 것은 대출이 예금보다 웃돌며 1보다 작은 것은 예금이 대출보다 웃돌며 물론 보험이나 증권 그리고 재정자금에 대하여 생각하지 않으면 안 된다. 그것을 포함해도 자금의 대도시 집중이라는 것은 변함이 없을 것이다.

대도시에 집중한 자금은 여러 가지 경로를 통하여 살포된다. 기업은 각 지역의 입지조건을 입지인자마다 평가하여 투자효율을 계산하고 그에 따라 자금수요를 결정한다. 은행은 각 기업마다 자금 효율을 계산하고 그에 따라 자금공급을 결정한다. 이러한 자금 살포 메커니즘에 간섭을 가하는 것은 대개 불가능하다. 각 도시들이 산업기반을 정비하여 입지조건을 개선하든가 세금이나 보조금을 조작하여 입지인자를 개선할 정도로 자금의 흐름을 대폭 변화시킬 것을 기대할 수는 없다.

그럼에도 불구하고 이와 같이 자금편재의 실정을 시민들에게 알림과 동시에 그 시정책을 가르치는 것이 중요하다. 시민이 주체가 되어 금융생협을 설립하고 생협이 기업에 자금을 공급할 메커니즘을 만들면 자금의 편재는 결국 해소될 것이다. 물론 지금의 대장성이 이와 같은 생협을 인지할 가능성은 없더라도 사물의 본질(筋道)을 시민에게 알도록 하는 점에서 이러한 제안을 강력하게 제출하는 것이 좋다. 그런 노력에 의하여 가끔 시민주체의 도시를 만드는 것이 될 수 있다. 꿈꾸는 계획을 만들어 내려면 부족한 자금을 정부로부터 보조받아야 하는데 그러한 사고방식을 버리지 않으면 시민의 시민에 의한 시민을 위한 도시건설은 이루어질 수 없다.

3. 도시시스템의 특성

도시도 하나의 시스템이다. 다수 구성원의 집합체임으로 개개 구성원의 기능이 고정되어 그로 인한 집합체로서 결정된 행동이 되는 것처럼 모든 시스템으로 불러도 좋다. 그러므로 도시는 기업이나 가정이나 집단과 같이 하나의 시스템이다. 도시를 구성하는 구성원은 그곳에 거주하는 주민이며 그곳에 입지하는 기업이다. 그리고 도시의 관리운영을 위탁받은 시청이다. 이러한 구성원에 의하여 구성되는 도시의 특성은 어디에 있는 것인가?

첫째로 생각되는 도시의 특성은 비자발적으로 형성되는 시스템이라고 말할 수 있다. 이러한 점은 가정과 비슷하다. 도시도 가정도 구성원의 자발적인 선택에 의하여 가입한 것이라 할 수 있는 형태의 시스템은 아니다. 그러나 기업이나 집단은 다르다. 주민이나 기업이나 우연히 도시에 거주하거나 입지하는 이유로 선택의 여지없이 구성원으로 만들어 질 것이다. 코베시(神戶市)에 거주하면서 오사카시(大阪市) 시민이라고 말하는 것은 용서할 수 없다 반대로 코베시에 살면 아무런 자격심사도 없이 또

표 1

	비자발성	자 발 성
회비징수형	도 시	집 단
성과배분형	가 정	기 업

아무런 계약행위도 없이 코베시의 시민이 되고 만다. 그러므로 비자발적이라고 하는 말은 비계약적으로 보아도 좋다.

이점에 관한 한 근대도시와 중세도시 사이에는 깊은 단절이 가로 막혀 있다. 중세도시는 서약 또는 언어적 합의로 컴뮨(Commune)을 형성할 수 있고 법률적으로는 법인(Corporation)이다. 그러므로 중세도시는 지금의 기업과 닮은 시스템이었고 "트레벨리안(G. M. Trevelyan)"이 지적한 것처럼 도시는 시민에 대하여 외부로부터 강제, 다시 말하면 국왕에 의한 부당한 과세나 불법 체포 등으로부터 시민을 보호하지 않으면 시민이 도시의 이익에 간섭하는 것을 허용치 않는다(영국사). 도시는 황제 또는 영주에 대하여 특별한 부담을 제공하는 대가로 얻어진 특권 다시 말해서 시장개최권 · 호시(互市)강제권 · 공업금제권(工業禁制權) · 면세특권 등을 이용하여 경제활동을 한다. 그것에서 얻은 수익은 도시의 것이고 시민의 것은 아니다. 중세도시에는 도시란 집단에서 멀어진 개인의 존재로 얻을 수 있는 것을 생각할 수 없다.

이러한 생각을 뒤집은 것은 "홉스(Hobbs)"나 "로그(Locke), 루쏘(Rousseau)" 등이 제창한 사회계약설이었다. 국가나 도시 모두 사람들은 계약에 의해 그 구성원이 된다는 것은 아니므로 사회계약이라는 것은 어디까지나 의제(擬制)에 지나지 않는다. 그런 국가가 도시의 관리운영에 필요한 원칙을 알아내기 위하여 하나의 생각실험이겠지만 픽션을 인정함으로 수장선거나 대의제 등이 근거가 될 수 있을 것이다. 사람들이 어떠한 예단과 편견을 갖지 않는 "무지의 상태"를 전제로 한다면 이런 제도의 도입에 합의하는 것이 자연스러운 것이라는 결론에 이른다. 그러므로 수장선거나 대의제가 현실에 정착하게 되면 사회계약이란 의제는 불필요하게 된다.

도시주민은 계약에 의하여 시민이 되는 것은 아니다. 자발적인 의사에 기초하여 시민이 되는 이유는 없다. 중세 도시에서와 같이 계약에 의하여 시민이 되는 것도 아니다. 이러한 시스템에 있어 집단적인 의사결정은 극히 곤란하다. 거기에 사람들이 완전히 동의할 목적함수가 설정될 수 없음으로 최적화 이론으로 의사결정을 한다는 것은 불가능에 가깝다. 막연히 "시민복지"를 목적함수로 채용하여도 그 내실은 공허하니까 극히 비실용적이고 추상적이며 일반적인 최적해 밖에 얻지 못한다. 그러나 여기서 속단하는 것은 곤란하다. 나는 집합적 목적함수가 필요하다는 것을 주장할 마음은 추호도 없다. 오히려 그때그때 시민의 합의에 기초하여 잠정적 목적함수를 설정하면 충분하다고 생각한다. 다만 그 합의를 형성하는 법칙 좀 더 크게 말하면 헌법함수를 고정시켜놓으면 그것으로 만족하다고 생각한다.

두 번째로 생각되는 도시의 특성은 회비 징집형 시스템이라는 것이다. 도시의 관리운영에 필요한 비용은 원칙적으로 도시구성원으로부터 징집한 세금이나 요금으로 채워지지 않으면 안 된다. 이 점이 도시는 집단과 다르다. 가정이나 기업은 그들의 집단적 활동에 의하여 획득한 수입을 일단 집단전체에 귀속시켜 그로부터 관리운영에 필요한 비용을 지불한다. 그 나머지가 구성원들에게 배분되었다. 물론 예외는 있다. 기업집단전체를 관린운영하는 임무를 다하기 위해 특수회사를 설립해보자. 이 특수회사는 보유한 주식에 따라 배당이 지불되어 이 집단 전체의 관리운영비가 확보되지 않으면 안 되므로 그 형태는 회비 징집형에 가깝다. 그러나 일반적으로 말해 기업은 성과배분형의 시스템에 속한다.

중세도시는 이런 점으로 생각해보면 오히려 성과 배분형 시스템으로 볼 수 있고 도시는 국왕이나 영주로부터 얻은 특권을 일단 도시 자체에 귀속시켜 그 후 그것을 특정 시민에게 위임하는 형태를 취한다. 특권도 하나의 성과라 해석한다면 이것은 성과 배분형에 가까운 시스템이고 도시를 기업(Corporation)이라 부를 수 있을 것이고 중세도시는 현대기업에 가까운 성질을 가진 시스템이라 생각된다. 그런데 회비의 징수방법이 크게 두 가지로 구분되고 있다. 하나는 응능원칙(應能原則)에 따라 징수하는 것으로 시민세는 그 전형적인 예이다. 또 하나는 응익원칙(應益原則)에 따라 징수하는 것으로 수도요금이나 버스요금 등은 그 대표적인 예이다. 어느 쪽의 징수방법에도 일장일단이 있음으로 경우에 따라 선택하는 것이 좋을 것이다. 다만 추상적이고 개략적으로 말해서 응능원칙은 소규모집단에 적합하고 응익원칙은 대규모집단에 적합한 것으로 보인다.

시민들의 소득이나 자산을 완전히 포착하는 것이 쉽지 않다. 세금배번호제(稅金背番號制)라도 도입하지 않는 한 엄밀한 의미의 응능원칙을 시행하기가 불가능하다. 다만 소규모 집단은 구성원 상호간 감시가 이루어짐으로 비교적 응능원칙을 관철하기가 용이하다. 그러므로 시민세 등도 먼저 정내(町內) 회(會)단위로 사정하여 과세하고 구(區)는 각 정내(町內)회를 사정하여 과세하며 최후에는 시가 각 구를 사정하여 과세함으로 모든 것을 위계구조로 만드는 것이 바람직하다. 이런 구조 하에서는 무임승차(Free rider)자의 적발이 용이하며 시민의 납세의식도 높아가며 도시관리자 즉 자치체 행정에 대하여 감시가 강화되어야 한다.

그러나 도시의 운영관리에 있어서 응익원칙을 채택하는 것이 좋은 것도 있다. 도시교통이나 의료기관 등은 도시의 구성원이 아닌 자도 이용하게 됨으로써 응익원칙의 극단적인 형태인 시장 메커니즘을 이용하여 요금을 결정할 수가 있다. 시장 메커니즘 하에서는 희소자원의 소비에 따라 수익도가 높아짐으로써 첨두(Peak)시의 수송서비스는 비 첨두시의 그것보다 부담액이 클 것이다. 그러므로 첨두시의 수송량을 억제하려 하는 것이 시장메커니즘으로 볼 수 있다. 그러므로 수요를 억제하는 것이 바람직하지 않는 것에까지 시장메커니즘을 적용해서는 안 된다. 경찰 서비스는 그 좋은 예가 된다. 가령 경찰 서비스를 시장메커니즘에 의하여 공급한다면 범죄발생건수가 많아지고 요금도 인상된다. 그러면 경찰에 의뢰할 것을 피하게 되고 개인이 방범활동을 행하게 될 것이다. 호신술을 연습하거나 방범 벨을 설치한다든지 권총을 구입할 지도 모른다. 자경단을 결성하든지 경비보장회사를 이용하든지 할 수가 없다. 이것은 시민의 부담을 오히려 증대시킴으로 사회적으로 보아 효과적이라 말할 수 없다. 그럼으로 경찰서비스의 공급은 시장 메커니즘을 따르지 않는 것이 좋다.

반대로 수요를 억제하는 쪽이 좋은 도시서비스는 시장메커니즘을 채택할 수밖에 없다. 도시교통에는 시간대별 요금제를 도입해야만 되고 자가용차에는 혼잡세를 부과해야 된다. 수도요금에는 계절별 요금제도를 채택하는 것이 좋고 쓰레기는 사전요금제 즉 상품군마다 평균적인 쓰레기 배출량을 추계하고 그 처리비용을 부과하여 상품가격에 반영 되도록 한다. 대량 불특정의 활동을 규제하는 가장 효율적인 방법은 시장메커니즘에 있음으로 규제가 바람직한 것은 응익원칙을 철저하게 적용하여야 한다. 이러한 논의를 가지고 상세하게 토론하는 것이 도시론의 과제가 될 것이다.

(코베대학 교수)

도시경영운영론(都市經營運營論)

宮崎 辰雄

1. 도시경영의 이념

도시경영의 대상

도시경영이란 말에 이제까지 자치체의 수장은 거부반응을 나타내고 있다. 그것은 도시경영이 재무관리라든가 사무합리화 등이 "능률과 절약"에 대표되는 행정관리적인 작업이 축소화되기에 싫어하고 또 도시경영이 지역개발과 이미지에 있어서 중복되어 도시경영이 지역개발의 수단으로써 이용된 과거로 도시경영의 인상을 저하시켰다고 말할 수 있다.

본래 도시경영은 이와 같이 편의적인 것이 아니고 도시전체의 공간시스템, 경제시스템, 사회시스템을 어떻게 최적 시스템으로 만들어 효율적으로 복지총량을 확대할 수 있을까 하는 종합과학을 말한다.

예컨대 마스터플랜에 따라서 재개발·신개발을 어떻게 진행시킬까, 교통·에너지시설을 어떻게 정비할까 도시사회에 있어서 의사결정방법을 어떻게 시스템화할까 등이 있다. 도시경영론은 이러한 세 가지 시스템의 교차순환과정(**그림 1** 참조) 중에 시민복지를 목표로 해 전략적으로 도시자치체를 중핵으로 자리 잡은 이론이라 말한다. 다만 도시경영에 있어서

그림 1. 도시경영의 시스템구조

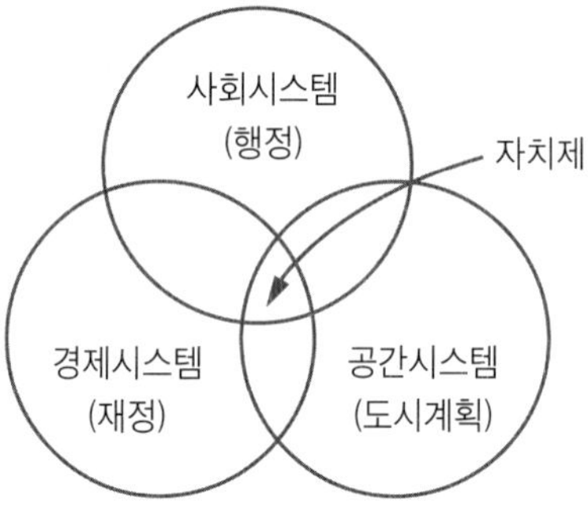

종래의 성장·개발 지상주의는 크게 수정해나가는데 있다. 도시에는 여러 가지 도시용량이 있고 지역용량(인구밀도 등), 환경용량(녹화, 수질 등), 자원용량(물, 에너지 등), 시설용량(도로, 주택 등) 등의 제약조건은 피하지 못한다. 그러므로 도시경영은 정해진 요건 하에서 건강한 환경과 효율적인 시설을 어떻게 만드는가에 대한 정책론이 포함되어 있다.

또 도시는 무엇보다도 공동생활체다. 특히 공적분야와 사적분야가 교차하는 장(場)(**표 1** 참조)이 있다. 도시경영을 추진하는데 있어서 시민, 기업, 자치체의 상호연관 또 여러 가지 행동원리, 책임분담 그리고 도시사회 전체로서 의사결정의 방법 등은 도시경영에서 무시하지 못하는 분야가 있다. 그리고 현재 도시경영의 정책방향도 공간시스템에 있어서 기능주의로부터 환경주의로, 경제시스템에 있어서는 시장메커니즘으로부터 공공메커니즘으로 그리고 사회시스템에 있어서는 관료지배로부터 시민통제로 그 흐름을 바꾸는 전환기에 들어간다고 말한다. 그러나 이와 같이 도시의 모든 측면을 포함시켜 대상으로 하는 것은 본론이 의도한 바가 아니다. 여기에서는 도시의 행·재정의 운영에 초점을 맞춰 도시 자치체란 입장에서 도시경영을 지방자치에서 그 위치를 찾는 것을 시험해 보았다.

표 1. 도시사회의 공사(公私) 관련표

구 분	공적분야	사적분야	
	자치체	기 업	시 민
경제시스템	도시재정	기업회계	가 계
사회시스템	행정제도	기업권력	주민참가
공간시스템	도시설계	기업공간	거주공간

지방자치의 관점에서 볼 때 도시경영은 지방자치의 기본소질의 하나다. 왜냐하면 도시경영은 자치체가 상위법령이나 행정지도에 의해 정부위임사무를 집행해 나가든다 또는 정해진 범위로 형태대로 관리(고유)사무를 처리해 가는 것이 아니다. 도시경영은 자신의 권한과 발상에 의해서 도시를 통제해 가는 것이다. 정책지향성을 나타내는 장면이며 다시 말해서 지방자치권의 비상(非常)에 명확한 활동분야다.

이러한 도시경영은 개개의 자치체가 통치단체로서 자기의 행・재정자주권을 어떻게 활용해 갈 것인가. 이를테면 자치의 실천에 있어서 또 시민의 입장에서 보면 개개의 수장으로서 행정수완을 평가하는 바로미터다. 그럼에도 불구하고 도시경영이 높이 평가되지 않는 것은 자치체의 행정제도의 왜곡이 크기 때문에 자치체 독자의 정책재량은 극히 제한되고 있다고 할 수 있다.

도시경영의 목적

확실히 지방재정의 왜곡이 크다. 그러나 그것 때문에 자치체의 도시경영책임이 보류되어도 좋다고 할 이유는 없다 금일의 지방재정을 보면 거액의 "도박(Gamble)" 수입・컴비나트(kombinat) 세수를 얻고 있는 자치체도 일제히 적자에 머리가 아프다. 이런 상황에서 보면 한정된 제도의 범위 내라고 해도 재량권을 가진 자치체의 경영책임은 면할 수 없다.

그래서 도시의 "경영"이라고 하면 자칫 도시재정을 가지고 관리적 운영으로부터의 수지가 클로즈업(Close-up) 되고 있으나 도시경영과 기업경영은 그 목적 또는 운영수법에 있어서 본질적으로 다른 것을 볼 수가 있다. 그런 점에서 저자는 다음과 같이 말하고 있다.

"자치체는 스스로 본질을 망각해서는 안 된다. 요사이 기업의 사회적 책임이 이야기 되는데 그 행동목표는 이윤확보에 있고 도시행정의 기업적 경영이 강조되어도 그 행동목표는 복지의 증진에 있다. 최소의 비용으로 최대의 이윤확보가 기업경영의 이론이라면 최소의 시민부담으로 최대의 시민복지확보를 도시경영 이론이라 할 수 있다. 자치체는 근시안적인 도시경영에 빠져서는 안 된다. 여하튼 탁월한 도시경영수완에 의하여 도시를 성장시켜 세수를 늘려도 시민복지가 줄어들게 되면 도시의 총 대차대조표는 마이너스가 된다."

자치체는 시민의 신탁에 부응해 시민복지의 극대화를 목표로 한 이상 현대도시가 가진 병리에의 도전을 피해서는 안 된다. 생활환경의 악화를 어떻게 막느냐 사회자본의 부족을 어떻게 채울 것인가 도시자치의 공동화를 어떻게 메우느냐를 강요당하고 있다. 자치체는 힘이 약하다. 그러나 지자체가 가진 지혜, 자력(資力), 그리고 에너지를 잘 활용하면 살기 좋은 도시로 한발 가까워 질 것이다(졸고(拙稿) "도시의 실제적 운영, NHK시민대학총서" 도시의 경영, 236면).

도시경영의 시점

즉 도시경영의 목적은 도시 전체로 활동의 질을 높이고 복지를 확대시켜가는 것이다. 그러므로 도시경영은 자치체의 재산관리란 좁은 영역이 아니고 도시경제의 통제라는 넓은 시점에서 정책이 이루어져야 한다. 제일 먼저 도시경제는 하나의 공동경제임을 분명히 인식하지 않으면 안 된다. 도시재정, 시민생계, 기업회계가 모아져서 하나의 경제를 형성한다. 그러므로 개개의 수지가 호전하여도 타 회계에 그 결산결과의 결손을 전가해서는 안 된다. 즉 도시경제에 있어서는 "외상은 돈다"는 것으로 일부의 부당이득은 타 타부분에 부당한 불이익이 되는 경우도 있다.

두 번째는 그와 같은 복합경제에 있어서 이익의 배분과 부담의 방법 및 비율은 도시사회전체의 합의에 따라 하지 않으면 안 된다. 도시경영은 그러한 의미에서 공공 관심의 경영학이며 민주주의 경영학이라 말한다. 그러므로 자치체는 도시경영에 있어서 사회비용(세금, 부담금 등)을 공평하게 하고 경제성장의 성과 다시 말해서 개발이익, 집적의 이익 등을 보다 공평하게 분배하는 법칙(Rule)과 시스템을 만들어 내는 행정책임이라고 할 수 있다.

세 번째로 도시경영은 단순하게 "절약과 능률"에 관심을 갖는 재무관리만의 대상으로 할 수 없고 도시행정을 거시적인 차원에서 높은 절약과 능률에 관심을 갖지 않으면 안 된다. 예를 들면 쓰레기처리에 있어서 처리공장의 적정한 배치, 스테이션 방식의 침투, 선별수집과 재활용 등 시민, 기업, 자치체가 협력하면 처리비용이 대폭 나자질 것으로 보인다. 시에 따라서 다르기는 하나 쓰레기 1톤당 처리비용이 1-2만 엔이 된다. 자원이 절약되면 그만큼 비용절약이 이루어진다. 탁월한 개선책이 요구되는 이유다.

도시경영의 계보

이러한 도시경영의 이념은 어떤 것도 전후(戰後)의 산물은 아니다. 오히려 전전(戰前)에 활발하게 이야기되어 실천됨으로써 보장받았다고 말할 수 있다. 명치시대 片山潛의 "도시사회주의", 安部磯雄의 "도시 독점사업론" 등은 도시화에 따른 개발이익, 서비스(전기, 가스사업) 독점이익 등의 사회환원, 공영기업화를 주장했다. 또 다이쇼(大正)시대부터 쇼와(昭和) 시대에 걸쳐 關一의 "도시정책의 이론과 실제", 岡實의 "도시경영 혁신의 급무", 池田宏의 "도시경영론" 등 도시화에 따른 어려움에 대해 도시재개발과 신도시건설이 주창되었다. 그리고 재개발과 뉴 타운에 따른 주택환경의 개선, 도시기능의 효율화를 초래한 경제효과, 지금 말한 비용-편익의 효과를 역설하여 새로 關一이 제시한 것처럼 수익자부담금과 공영기업의 수익금에 의한 지하철, 도로건설 그리고 하수도 정비 방식을 취하였다.

전전(戰前)의 대도시는 이러한 경영이론에 있는 의미를 충실하게 실시해 왔다고 말 할 수 있다. 교통사업의 공유화, 공유지 확대, 공영사업수익금의 재원화, 기채주의 도입 등 이다. 그 경영 목적은 시민복지의 수단으로 과감히 기업경영적 수법을 발휘한 것이다. 그리고 지금의 대도시는 전전(戰前)의 도시경영의 유산을 받아 이념의 계승자로 존재하고 있다. 도시경영에 대한 비판에도 관계없이 새로운 도시경영의 목표를 정해 도시경제의 와중에 있다고 말할 수 있다.

2. 도시경영의 전략

도시재정의 기업화

도시경영의 목적은 복지화, 사회화에 있으며 그 목적 달성을 위하여 유력한 수단으로써 도시재정의 기업화를 피하지 않는 경향이 있다. 즉 "오늘의 도시는 거대하며 복잡하다. 도시를 경영하려면 이 구속 받지 않는 괴물, 레비아단(leviathan)을 사양하고 잘 길들이는 것 밖에 없다. 「요람에서 무덤까지」라고 말한 것처럼 행정의 수비범위는 넓다. 神戸市의 실례를 보면 아는 바와 같이 "자치체는 공공서비스를 제공하는 회사"로서 교육, 교통, 하수도, 주택, 병원, 보험 등 시민생활에 밀착한 한편 택지조성, 해면매립, 항만정비, 빌딩건설, 유료도로 등 그 경영은 매우 다채롭다(**표 2** 참조). 확실히 거대한 콘글로메리트(conglomerate)의 시각이 있어 벌써 자치체는 오랜 관리행정의 틀 속에 안주하는 것을 허용하지 않는다(전제 졸고 235면).

표 2. 코베시 경영상황(쇼와 50년 기준)

구 분		내 용
자금운영	기금	서북신지역개발기금(42억엔), 토지개발기금(62억엔), 항만 등 개발기금(96억엔)
	출자금	관서전력(109억엔), 신호고속철도(8억엔), 신호무역센타(8억엔), 판신고속도로공단(33억엔), 판신외무부두공단(60억엔)
	대부금	신호고속철도(84억엔), 중소기업 등 융자(67억엔), 주택건설자금(45억엔), 페리부두공사(10억엔), 공해방지설비개선자금(10억엔)
	자금조달	신호시 · 독일 마르크채(568억엔), 서신개발교부공채(59억엔), 시장공모채(398억엔)
사업경영	부동산경영	육갑유마 · 유마 로프웨이, 표육갑 · 신시호턴넬 · 서신호유료도로, 삼궁 · 花隈주차장, 무자빌딩 · 포트 사이트 호텔 · 수마 · 마야국민숙사, 신호중앙냉장주식회사, 신호부두주식회사, 신호지하가주식회사
	도시개발사업	포트 아일랜드 · 육갑 아릴랜드 건설사업, 수마 · 서신뉴타운건설사업, 주택공급공사분양사업, 삼궁 · 신장전시가지 개조사업, 서신고속도로, 종합묘원사업

그러나 오늘날 도시재정의 기업화에 대하여 “몰(沒)시민성을 심화시키고 사회화라는 기본시각이 빠져있다”라는 비난이 많다. 그러나 현대 도시재정은 시장메커니즘의 침투에 의하여 재정위기에 노출되어 있고 그 때문에 기채주의, 공사방식 활용은 경영전략의 하나로 불가결한 수단이다. 즉 현대 도시재정을 분석해보면 그 수익화와 복지화라 말한 양극화 현상의 심화로 보인다. 즉 노인의료비의 공공부담을 원하는 한편 도로공사에 의한 도로채산화를 도모해야 사회적 비용의 공평화에 헌신한다는 파라독스를 이해하지 않으면 안 된다. 생활서비스도 산업서비스도 모두 똑같은 행정방식, 재정운영을 하여 왔다는 점을 크게 반성하지 않으면 안 된다.

이러한 현황에도 불구하고 도시재정의 기업화는 매우 엄하게 비판되고 있음으로 기업화는 수익화의 수단 또는 지역개발의 핵심정책수단으로서 무분별하게 이용되는 한 편 도시경영의 이론에 따라서 도시서비스 확대의 수단, 개발이익의 자기 환원방식으로서 정책적인 실적이 적지 않다. 새로 도시경영수단의 하나로 유력한 정책형 경영방식이 도입되지 않은 것은 불평의 큰 요인이다.

그러나 도시재정에 있어서 복지화, 사회화는 지방재정제도의 개정을 정치적 연합을 통해 재원획득 만으로 즉시 초래되는 것은 아니다. 획득한 재원을 어떻게 배분하여 집행할 것인가가 큰 과제로 남는다. 자치체로서, 경영주체로서 스스로 재정운영을 엄격하게 하고 정부에 간섭할 틈을 주지 않으면서 통치단체로서 행정자주권을 활용, 도시경제에 개입하여 제도의 왜곡을 스스로 해결할 만큼 주체적인 노력이 필요하다.

경기변동에의 저항력

주체적인 도시경영의 첫째 조건은 자치체가 중앙정부의 시책에 맹종하

듣지 아니면 이익단체 · 주민운동의 압력에 굴복하는 일 없이 주체적인 재정운영방침을 관철해 가는 경영자세가 필요하다.

오늘날 지방재정의 위기가 주장되고 있다. 제도적인 잘못이 확실히 큰 것이다. 그러나 극론이 용서된다면 세수(稅收)가 불과 1할 전후의 수입 전망의 차이가 있는 것만으로 재정파탄에 빠질 것이라면 자치체로서는 할 말이 없을 것이다. 지방재정법 제4조의 3에 규정되어 있는 것처럼 "연도간의 재원조정"이란 조치를 충분히 활용하는데 있다. 이런 조치를 빠트렸기 때문에 자치체의 재정은 경기변동에 대해 저항력이 극히 약하지 않을 수 없다.

호황기에 있어서 증수를 올릴 투자 · 서비스 · 임금 베이스의 수준상향(Level-up)에 투입한다는 것은 재정경직화를 가져올 수밖에 없어 불황기에 대응하는 저항력을 크게 저하시킬 처지에 있다. 자치체도 하나의 경영체로서 민간기업과 같이 내부유보를 두텁게 하기 위해 부동산 등의 재고(Stock)에 투자하여 경기변동에 대비하여야 한다.

자치체나 민간기업에 있어 경제변동에 대응하는 체제를 확립하여야 할 것이다. **그림 2**에서 보는 바와 같이 평균성장률은 완만하게 추계되어 경영의 실체는 평균성장률 상회하기도 하고 하회하기도 함을 보여준다. 그런데 예산이나 계획을 만들 때는 평균성장률선에 맞게 편성한다. 그래서 수입이 예상 이상으로 올라설 때는 잉여분을 보유하여 저축해 부족이 생길 때 매우는 기금이 된다. 비상상황에 우선해야 하는 것은 절도(節度) · 배려의 재정운영이 그 비결이다. 그러나 수입이 예상 이상 오를 때에 맞추어 한도에 꼭 맞추어 빡빡하게 예산을 짰는데 경기가 나빠져서 수입이 부족할 때는 큰 적자를 책임져야 할 결과를 가져온다. 그것은 가계저금과 같이 간단한 이론을 갖고 실천하는 것은 매우 어렵다.

그림 2. 경비변동을 견디는 경영

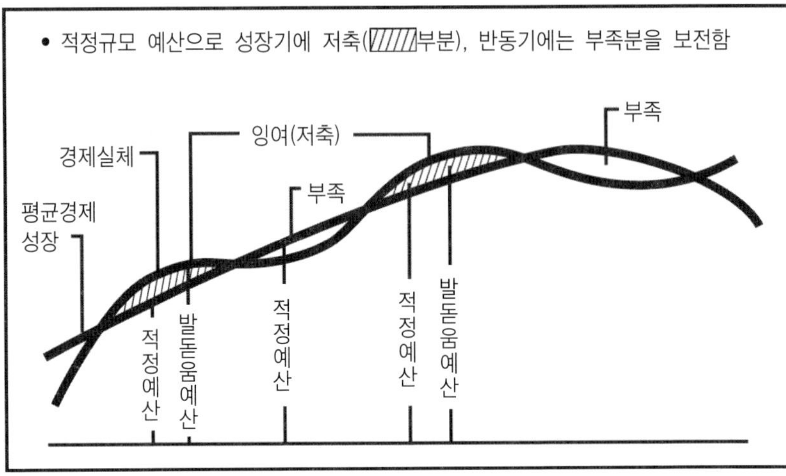

쇼와 51년 2월 2일, 「日經비지니스」, 92면.

자치체의 수장은 정치가이며 행정관이고 경영자이다. 기금, 공사, 개발사업, 과세 자주권 등의 조정수단(**표 3** 참조)을 활용하여 경제변동의 영

표 3. 코베시 독자재원확보 네 기둥

① **기금·시채의 이용**
- 기금수 22(재정조정기금 등)
- 49년도말 시채잔고 3,703억엔

② **공사·외곽단체 활용**
- 100% 출자단체 6(도로공사 등)
- 50% 이상 출자단체 7(무역센터빌딩 등)

③ **택조·임해매립개발**
- 시유지매각 50년도 50억엔
- 개발사업회계로부터 들어온 50년도 10억엔

④ **법인시민세의 초과과세(49년 11월 실시)**
- 지하철 개발자 부담실시

쇼와 51년 2월 2일, 「日經비지니스」, 93면.

향을 흡수할 것이다. 神戸市에는 소화 50년도 결산에 있어 16년 만에 흑자로 전환한 것을 **표 3**에서 보이고 있는 것처럼 기금, 시채, 공공개발자사업, 초과과세, 부담금 등 호황기에 모아둔 자금, 이익 또 불황기에 일찍 손을 쓴 대책의 공이라 할 것이다.

공공개발자방식

도시경영전략의 두 번째 방식으로써 자치체가 공공개발사업회사로서 도시경영의 시장활동에 참가하는 패턴이 증가하고 있다. 예를 들면 불합리한 세재정(稅財政)제도의 결함을 해소하기 위하여 택지개발사업을 하여 개발이익의 100% 자기환원에 눈을 돌린다. 또 도로, 항만, 공업용수, 산업용 폐기물처리 등의 산업 서비스분야에 있어서 공사방식, 민간위탁방식, 독립채산방식 등을 채용하여 기업화와 수익화를 도모하는 복지화와 사회화의 목적에 공헌하는 시책을 말한다. 그런데 이와 같은 기업형 도시경영이 몰시민성으로 비난을 받는 것은 자치체의 경영이 복지화와 사회화의 결과에 역행하기 때문이다. 한 가지는 개발사업에 있어서 기업 진출의 오산, 수익채산의 악화로부터 기대한 만큼 개발수익이 얻어지지 않아 재정압박요인이 되는 것이다. 본래 이런 개발사업은 재정적으로 개발이익을 스스로 흡수하고 일반회계에 잉여금으로 융통성 있게 집어넣으면 사업가치가 있다. 그러므로 원가주의에 관계없이 시가주의를 관철할 것이며 또 법제상 불가능할 때 관련 공공사업이 가능한 분담을 하든지 공공용지를 저렴한 가격으로 제공하든지 재정적인 기여가 없어서는 안 된다. 그런데 자치체에서는 원가주의에 구애되어 실질적인 수익을 알면서도 놓칠 뿐만 아니라 지역개발의 수단으로써 생각지도 않는다. 재정적으로 이용되는 여유조차 없는 것은 유감스러운 일이다.

둘째로 지방공사를 처음 할 때 외부단체를 완전히 활용하고 도시재정을 지원하는 것이 좋지마는 실제는 그런 공사 등이 오히려 시 재정의 발목을 잡아당기고 있다. 그것은 개개사업의 외부환경이 나빠 도시로서는 복합기업(대기업)적인 경영체의 종합력을 충분히 쉽게 끊을 수 없는 경영력을 약하게 만드는 큰 원인이 된다고 말한다. 자치체에 있어서 선행취득한 용지에 대하여 공공투자를 집약시켜 용지의 부가가치를 비약적으로 증가시킨 것은 민간기업에 없는 수단을 살린 것이다. 또 빌딩 등에 있어서도 시 관련 기업 및 단체를 입주시켜 항상 완전임대 상태를 유지시켜야 될 것이다. 일본에서도 재벌계열의 기업이 강력한 대기업의 종합력을 발휘하고 있다. 코베시에 합당한 관련공사기업은 20개 정도로 셀 수 있는데 적자기업은 최근 화재를 일으킨 코베 백화점 밖에 없다. 그것은 역시 시 및 관련공사와 기업의 통합력을 모두 투입한 성과이다.

그리고 시에 다행스러운 것은 부동산 특히 토지 또는 경영풍토가 전전부터 그 유산으로 있었다. 사업으로서는 달러박스(dollar box)라 하는 육갑(六甲)유로도로, 무자(舞子)골프장 그리고 토지재고는 전전, 전후를 통해 개발사업, 토지취득을 경영적인 처리를 하는 분위기 속에 장·단점을 자세히 음미하였다.

공공개발자 방식의 장점으로서 무시할 수 없는 것은 재원적인 관점보다도 도시를 만드는데 있어서 자치체가 주도적인 역할을 가지고 리드할 수 있다는 이점이 있다. 도시를 만드는데 있어서 도시계획법상의 권한을 근간으로 하여 자치체는 많은 규제권한을 가지고 있는데 그것은 어디까지나 수동성에 있다. 공공용지의 확보, 도시기능의 재배치, 공공·공익시설의 정비 등은 자치체 스스로 개발자가 되어 활약하는 것으로 처음에 가능한 것이었다. 하물며 공영지하철, 공영주택, 문화·운동시설 등 비채산

시설을 택지개발사업 속에서 집어넣어 도시를 만드는 전형적인 방법은 공공개발방식에 의하여 처음으로 가능했다.

코베시는 장래 코베 뉴타운, 로코(六甲) 아이랜드 등 대규모 프로젝트를 거머쥐고 있다. 예기되는 저해요인, 경기변동을 생각하면 꼭 낙관적이라고 말할 수 는 없다. 그것은 어떠한 사업에도 따르는 위험이며 그것 때문에 자치체의 경영수완이 필요한 것이다. 그런 관점으로 보면 현행 지방재정제도에서 중앙정부의 운영지도는 자치체의 창조적인 경영력은 함양하는데 너무나 획일적이고 구속력이 강하다(본서 공공개발자론 참조).

행 · 재정 자주권의 활용

도시경영의 전략으로서 이제까지 주목을 끌어 온 것은 공공개발자방식이며 최근 각광을 받아온 행 · 재정 자주권의 활용에 의한 도시경제에의 개입이다. 공공개발자방식도 확실히 개발이익을 자기 환원하고 또 도시서비스의 독점이익을 흡수하는 등 도시경제가 기우러지는 것을 시정하는 직접효과를 맛보는 묘미가 있다. 그러나 어느 쪽인가 말하면 토지매매에서 보는 것과 같이 단발적이다. 그러나 사업공사의 수익이라 하여도 부분적이라 말한다.

그 점 행 · 재정 자주권에 의하면 도시경제에의 개입은 계속적인 거시적 정책이라 할 수 있다. 공해방지협정은 기업의 내부 불경제의 외부화를 계속 잠식한다. "택지개발요강"은 개발이익의 사회적 환원에 위력을 발휘하여 초과과세(법인분)는 집적이익의 공평부담을 구한다.

도시경영의 핵심이 도시재정의 총규모를(파이) 크게 할 뿐만 아니라 도시재정의 총규모(파이)의 배분의 공평화를 도모하는 것에 있다. 또 도시경제의 성장패턴을 보다 공공메커니즘 우선으로 전환할 수 있는 점을 생각해서도 행·재정 자주권의 활용은 참으로 불가결한 수단이라 말한다. 금후 도시자치체는 단순한 서비스의 제공자가 아니고 도시경제의 조정자로서 역할을 수행하는데 있어서도 행·재정 자주권의 정책적 가치는 크다. 그 재원대책만이 아니고 도시에 있어 비용부담의 공평화, 도시재정의 사회화를 도모하기 위하여 필수적인 수단이기 때문이다.

예를 들면 도시공영교통의 거액의 적자해소는 경영합리화와 내부환경의 개선만으로는 한계가 있다. 왜냐하면 도시교통 전체로 볼 때 부담능력도 있고 사경제적인 자동차가 전반적으로 우세하면 경쟁력이 극히 약한 공영교통이 그대로 외부환경의 불리한 여건 때문에 교통전쟁에서 질 것이 뻔하다. 그 결과 경영악화 → 서비스의 저하 → 자가용 증대 → 속도와 승객의 감소 → 경영수지의 악화라는 악순환이 이루어진다. 이 악순환을 끊을 유일한 수단은 자동차로부터 부과금을 걷어 대중교통에 투입하고 도시교통의 각 기관의 경쟁력을 평균화 하지 않으면 사회적 비용의 공평화를 도모할 수 없을 것이다. 이러한 도시경제의 결함을 도시 자치체의 재정운영의 합리화와 행정서비스집행의 효율화라는 내부노력에 기대할 수밖에 없다면 영구히 해결되지 않는 것이다. 정부는 물론 지방자치체에 있어서도 정책감각이 풍부한 시책이 요구된다.

도시경영의 가치는 시민들의 합의에 의하여 도시경제보다 복지화를 심도있게 추진 해가는 것이다. 그러므로 코베시에는 "환경조례", "소비자 보호조례", "시민공원조례", "자동차공해방지조례" 등을 제정하고 최근 "시민복지조례"를 제정했다. 그 의도는 도시라는 공유물, 도시사회라는 공동체 내에서 상호협력과 분담부분을 명확하게 하여 도시생활과 환경을 좋게 만들기 위하여 합의(consensus)을 얻을 수 있기 때문이다. 그러한 법칙(Rule)시스템을 만드는 가운데 국가의 시책을 불러들임과 동시에 새 정책형성을 도모해 가는 것을 처음으로 할 수 있을 것이다.

3. 도시경영의 장래상

도시경영의 과학화

도시를 경영대상으로 볼 때 그 인구, 자원, 시스템을 어떻게 효과적으로 적합시켜 갈지가 중요하다. 그 때문에 도시 자치체를 하나의 경영주체로 보았을 때 그 경영능력 즉 행정집행력, 정책결정과정을 어떻게 시민이 원하는 방향으로 변혁해 갈 것인가를 생각해서 도시행정의 과학화와 민주화를 진행시켜야 하는 것이다.

도시경영이 도시재정의 실제에 있어 위력을 발휘해 나가기 위해서는 관리형, 기업형, 정책형 등 각각의 유형의 도시경영의 묘미를 발휘하고 종합시키는 것이기 때문에 결국 재정운영의 과학화와 민주화가 이루어져야 하는 것이다.

재정운영의 과학화로서 이제까지 장기적 운영보다 단년도 주의, 스톡(Stock)보다 풀로(Flow), 집행방법보다 예산배분, 정책선별보다 증분주의가 중시되었다. 그 때문에 재정 그것은 단년도 주의가 가진 재정경직화 요인, 풀로 우선에서 오는 경기변동저항력의 감퇴, 증분주의에 따른 예산배분에 있어서 효율적 집행의 정체, 헛된 제도화에 온존하는 폐해에 골머리를 앓아왔다. 이러한 체질적 결함을 탈피하는 것이 자치체 개혁에 있어 하나의 초점이 되어진다.

두 번째는 종합기본계획, 생활환경기준 등에 의하여 시정의 기본시책을 명확하게 하는 동시에 중장기 재정계획, 경상・자본별 예산 등 재정운영의 방침・상황을 명백히 하는 것이 필요하다. 지금까지 행정시책과 재정계획과의 접합이 불충분했을 때만이 아니고 재정을 중장기적 및 경영적 관점에서 판단하는 자료의 부족 때문이기도 한다.

세 번째 시책으로서 중기재정계획을 책정하든가 지방공사를 포함시킨 연결결산방식을 도입하든가 구미수준의 경상예산, 자본예산의 2본위양식의 채용 등이 필요하다. 현재의 시책이 이와 같이 재정경직화요인을 가지고 있는가 또 경기변동에 맞추어 기채액・기금 등을 어떻게 하든가 시민의 요구(needs)에 보답하기 위해 선택의 폭・기준 등을 어떻게 제시하든가 이러한 경영목적에 보답하기 위하여 현재의 예산제도를 경영적 관점으로 재편성하여 해석하고 재정운영의 가이드라인을 설정하는 것이 필요하다. 그러나 이제까지 이러한 경영적 관점에서 예산분석, 재정운영의 자주적 노력은 적었다. 이것은 장래의 큰 과제라 할 수 있다(본서 "도시재정에 있어서 기업회계방식의 도입" 참조).

도시경영의 민주화

지방재정의 위기에 있어 자치체는 자칫하면 경비의 삭감을 말하며 즉효적인 대책에 눈을 너무 빼앗기지만 단기적인 것은 차치하고 장기적인 재정정책을 안정시키기 위하여 지방세 재정제도의 개정과 함께 도시경제 전체를 근거로 한 재정정책, 그리고 자치체 개혁을 지향한 도시경영이 요구된다. 그리고 무엇보다도 도시재정의 기본시책이 사회적 합의를 바탕으로 결정되어가는 법칙과 시스템이 만들어져야 한다.

도시 자치체가 무한하게 행정수요를 충족시키는 것은 불가능하다. 엄격하게 시책의 선택을 피할 수 없지만 그 선택을 어떻게 하는가는 큰 과제다. 먼저 도시경영방침결정에 있어서 "자치체의 선택"과 "시민의 선택"을 잘 연결하는 노력이 필요하다. 일본에서는 기채, 초과과세, 부담금 등을 미국과 같이 주민투표로 결정하는 제도는 없다. 그 때문에 자치체의 관료들이 가진 결정권은 극히 중요한 역할을 하고 있다. 그러나 관료의 선택이 섹셔나리즘으로 왜곡된 것이 아니고 진정 · 압력에 의하여 적정한 선택에 잘 못되는 것이 많다. 이와 같은 선택의 나쁜 유형을 시정해 나가기 위해서는 시민욕구의 정확한 파악과 함께 개개 사업 · 서비스에 따라 비용 · 효과를 시민 · 의회 · 주민단체 등에 제시하고 선택을 하도록 하는 방법을 정착시켜나가는 것이 필요하다.

이점에 대하여 저자는 일찍이 다음과 같이 재정위기에 대해 오늘의 느낌을 말했다.

"이러한 문제는 말하자면 새로운 도시문제가 되고 동시에 시민, 기업, 자치체가 그럭저럭 이해를 하고 넘어가지 않으면 안 되는 문제가 있는 것을 시사한다.

지금부터 도시사회는 고도선택사회라 말한다. 서로 다른 가치관을 가지고 시민의 선택, 기업의 선택, 자치체의 선택이 서로 요구를 내세워 다투는 사회다. 시민의 요구라 해도 사람들이 가진 에고(이기주의)부터 생활에서 원하는 것까지 그 범위는 넓다. 또 생활에 원하는 것이라 해도 기초적인 것부터 선택적인 것까지 다양하다. 그 때문에 자치체의 재정 태두리 안에서 단계적인 소화를 피할 수 없다. 그러나 도시답게 노력한다면 도시는 유지되고 생활은 나아질 것이다.

도시의 경영은 과학이다. 점진적 방식, 임기응변적인 선택에는 "힘의 상실"이 너무나도 많게 된다, 주어진 것을 최대한으로 활용하는 것이 과학이다. 도시가 가진 공간, 에너지(자연, 경제, 사회의 에너지),지혜를 결집시킨 것이 경영이다. 자치체가 무엇을 이루었는지 추구하기가 어려운 현재의 도시경영에서 자치체가 고민하는 것은 관리경영으로부터 시민이 참가하는 경영을 목표로 해 탈피하는 전환기에 있다. 도시경영이 도시현상을 분석하고 장래환경변화에 적응하기 위해서는 관료의 수직적 사고·일점사고형으로써는 한계가 있다. 시민이 가진 창의와 선택을 기조로 하고 도시가 선택한 경영에로 코페니쿠스(Copernicus)적 전환은 피할 수 없다(전게(前揭) 졸고 242면).

시민참가를 정책참가로부터 경영참가로 하여 그 참가의 차원을 높이려면 재정상황의 공표, 시정정책의 결정과정 다시 말하면 도시경영의 사회적 시스템의 형성이 필요하게 된다(본서 "도시경영과 정책결정" 참조).

참고문헌

"시민도시론", 쇼와 46년, 일본평론사.
"도시의 경영"(공저), 쇼와 16년, 일본방송출판협회.

(코베시장)

Ⅱ

도시경영과 재정운영

도시경제와 비용부담

能勢 哲也

1. 도시재정의 위기

현재 모든 도시가 직면하고 있는 긴급한 과제는 급속한 도시화에 따라 생기는 제한 없는 행정 수요를 어떤 기준으로 선택하고 만족시키기 위하여 거액의 비용을 어떤 형식으로 조달할 것인가이다.

그러나 적어도 옛날부터 무슨 형식으로든지 행정수요의 선택이 행하여 졌으며 그 비용부담을 가지게 되는 이유에 있어 이전의 문제를 살펴보는 것도 당연한 것으로 생각한다. 그럼에도 현재 이것이 심각한 문제가 되는 이유가 있을 것이다. 말할 것도 없이 먼저 저성장하에 재정수지의 균형을 상실한 것이다. 다시 말해서 고성장기에 높아진 욕구를 지탱해온 세수의 자연증가가 정체됨으로써 경직화된 재정지출을 다 조달 할 수 없는 것이다. 다음으로 옛날에는 반드시 일관되지 않은 정책을 바탕으로 행정당국 내의 섹션날리즘에 의하여 각각 선택한 서비스 간에 불공정이 축적되어 있는 것을 들 수 있다. 또한 기본적으로는 종래 고도 성장기를 지탱한 재정수지를 생각하기 때문에 당국에도 시민사이에도 공공서비스로부터의 수익과 그 부담관계에 대하여 그 합리적인 기준을 고찰 하거나 검토를 하지 않고 공공수요와 비용을 완전히 분리되는 것이 요구되고 또 조달되었다는 점이다. 그러나 그 사이에 현재의 도시경제의 요구는 점점 복잡화되고 있으므로 앞의 기준 만들기는 가장 급한 일이며 행정서비스의 성격에 응할 부담배분의 명확화는 약간 우회적으로 보일지라도 현재의 도시경제 위기를 구하는데 가장 확실한 방법이다.

부담배분 명확화 의의

도시재정을 극복하는 방법으로서 공공서비스측면과 공공수입(비용부담)의 측면을 분리하는데 전자에 대하여서는 단순한 경비의 재검토를 행하여 후자에 대해서는 논리적 제합성도 없이 결국 수입을 증가하는 방책을 강구한다고 하는 기술로는 본질적인 문제는 해결되지 않는다. 오히려 공정한 사회적 수요는 행정수요로써 올리는 일방, 그 행정수요의 성격과 수익관계를 명백히 하고 거기에 따라 적정한 부담을 시민과의 합의 하에 시민으로부터 구해서 고도로 쾌적한 도시를 실현하려는 합리적인 적극성이 필요하다.

이와 같이 본래 개개의 섹션으로 재정수지의 결산을 맞추는 기술을 그만두어 먼저 행정수요의 성격에 의한 부담구분의 기준을 명확히 하고 그 다음에 개개 행정에 적용되는 것이 요청되나 그 의미는 적어도 다음 세 가지 점에서 알아 볼 수 있다. 첫째는 도시와 상위단체(국가 또는 도도부현: 都道府縣)의 기능분담을 명확히 하고 그에 따라서 적절한 행정사무배분과 세수(부담)배분을 결정하는데 있다. 그럭저럭 종래의 행정사무배분기준(이해, 능률) 혹은 위임사무, 고유사무의 판별기준은 행정의 광역화와 다양화를 위해 한층 애매한 것이 되고 있는 것에 더해 사회구조, 도시경제의 변화보다 옛날의 획일적인 기준이 지역의 특성에 대응하지 못하고 있다. 그래서 다른 국면에서는 부적당한 부담을 시민에게 강제로 하게 하는 불균형이 보인다. 이것을 해소하기 위하여 현재 타당하다고 생각하고 있는 지방분권의 선택을 포함하여 국가와 지방의 기능분담을 명확히 하고 그 밑에서 양자의 적절한 비용부담배분을 생각할 필요가 있다.

두 번째는 부담배분의 논의를 통해서 시민의 행정에의 참가와 시민에 의한 선택을 하게하는 본래의 재정적 민주주의를 고양하는 뜻을 놓칠 수 없다. 도시의 경제는 본래 시장, 의회, 시청과 시민과의 협동작업에 있어서 도시란 코뮤니티를 지탱하고 행정당국도, 그 비용을 부담하는 자도 서로 책임을 가지는 것이다. 그러나 시민과 의회와의 파이프(연결로)를 차단하면 시정전반의 공평이 빠지든지 혹은 시민의 "무임승차"의 위험을 내포시켜 행정만이 혼자 공전하는 위험이 생긴다. 행정에는 그 이면이 되는 비용을 고려할 이유가 있음으로 적어도 요구(need)를 공공화 하기 위하여 시민전체의 의사통일과 참가절차가 요청된다, 원래 정부나 행정당국은 무일푼이 되어 시민의 수요는 시민이나 국민 스스로가 부담에 의하여 조달할 수 있는 것이라고 하는 것이 커뮤니티의 철칙이 될 것이다.

세 번째는 행정비용의 명확화에 의하여 현재의 모든 종류의 장기계획이 재정적 이면을 가진 동시에 시민참가의 수준을 올리는 것이 중요하다. 현재 입안중인 각 지방의 장기계획에는 실제 균형을 가지고 구호(Slogan)의 배열에 있어서도 그 재정적 이면에는 부담배분과 우선순위를 결정하는 시민참가의 본격적인 프로세스가 따르고 이 절차는 오히려 금후 엄격한 과제가 되는 것이다 그 때 각각의 행정수요의 선택, 그 채택순위의 결정을 기초로 부담관계의 논의를 피할 수 없다. 그러나 이것이 원하는 도시를 실현하기 위하여 곤란하지만 최고로 유효한 방법으로 생각한다.

2. 도시화와 행정수요

도시행위의 비용부담에 대하여 판단이 쉽지 않고 일반적인 기준과 설계가 곤란한 이유는 무엇보다도 도시의 복잡한 구조와 그에 따른 공공수요의 성격 때문이다. 그러므로 행정수요의 분류를 하기 저에 먼저 현재의 특징을 살펴볼 필요가 있다.

행정수요의 다양성과 수익

먼저 도시구조의 변화에 대응하여 그래도 가치의식의 변화나 정책목표의 다양화를 위해 성격이 다른 많은 시민의 요구가 생기고 그 요구가 사적 요구인지 공적요구인지 판단이 쉽지 않다. 공공서비스의 수요구조는 근원적으로 도시의 인구구조에 규정된 것이다. 결국 거주인구의 수와 형태(Type), 평균가족구성원, 이들의 지역적 분포에 따른 주택, 도로, 교육, 의료, 상하수도, 보건위생 등의 행정수요의 형태와 규모가 결정된다. 인구전입에 의해 혼잡이 증가하고 한층 더 가속된다. 게다가 비위생, 범죄, 대기오염, 수질오염, 교통사고 등의 공해제거의 요청과 혼잡도 증가가 함께 이루어진다.

문제는 이와 같이 변화하고 수요에 대응하는 재원을 정확하게 파악하고 다이나믹한 도시수요의 측면에서 재정제도를 추구하는 것이다. 그러나 첫째 공공수요가 복잡한 사회적 요인을 배경으로 생기기 때문에 그 충족에 대해 공·사의 책임분담을 명확히 하지 않는 것이 많다. 보건위생서비스의 수요는 직접 시민건강으로부터 생기고 그 건강은 가족구성, 거주여건 혹은 소득상황, 의학지식에 의존하고 이것은 또 각각 상호의존관계에 있다. 그러므로 각각의 공공서비스에 대해 그 충족의 공·사분담을 생각하는 한편 공공서비스 사이의 균형을 인구구조를 기초로 하여 판단시킨 것을 못 봤다. 행정비용의 분담구조는 실제로 이와 같은 서비스의 원단위 구조와 그에 따른 수익의 대책이 어디까지나 그 기초가 된다. 시민의 가치의식도 정책목표도 다원화에 있으며 게다가 사회적 목표가 경제성장이라 말한 물리적인 것이 아니고 다소라도 무형의 요소를 가진 복지라든가 안녕 같은 것이 있으면 위에서 말한 서비스의 균형선택은 한층 어려워져 주민참가의 선택에 의하지 않고 그것만으로 그 결정과 부담관계에 시민 원단위의 수익을 기초로 생각하지 않으면 안 된다.

도시경제의 광역성과 외부성

행정책임과 부담관계의 확정을 어렵게 하는 두 번째 요인은 도시가 지금 단독으로 고립되어 있지 않고 크나 적으나 도시권역 내에 위치하고 있으며 인접도시와 광역적인 연관내지 상호영향(외부성)을 가지는 것이다. 교통, 수도, 경찰 혹은 교육이나 병원, 주택까지도 외부성의 유입과 유출이 있으며 게다가 이것은 금액으로 평가할 수 없다. 특히 공영기업의 사업대책이 되는 것처럼 도시의 경제활동은 그 성격상 특정 경제권을 전제로 한 경제적 기반 위에서 운영되는 것이다. 그러므로 이 경제권이 상호의존성이나 광역성을 가지게 되면 행정권에 그치지 않고 그 활동범위를 확대하지 않을 수 없다. 그와 같이 행정권의 불일치가 생기면 필연적으로 도시간의 외부성이 생긴다.

외부성이 생기면 그 유출단체는 손실을 보고 유입단체는 이익을 얻음에 관계없이 각각 상쇄되는 것처럼 거래기구를 만드는 것은 어려운 일이다. 만일 경제권에 일치하도록 행정권을 확대하면 외부성의 내부화는 가능하다. 그렇지 않으면 계약협의, 연합조직 등에 의하여 내부화를 생각하지 않을 수 없다. 내부화라는 것은 금전에 의한 외부성의 평가와 그 부담구분추정에 있으며 그 때문에 광역화 하는 행정마다 외부성의 유무와 그 추정논리가 필요하다.

도시경제의 시간성과 장기성

지금 도시행정의 상당한 부분이 장기간에 걸쳐서 시민에게 편익을 주어 영속성과 시간성을 가지기 때문에 비용부담의 적절한 판단을 어렵게 만든다. 먼저 도시의 자본적 투자에 의한 수익은 다음 세대에게도 편익을 주는 것이므로 당국으로서는 당연히 다른 시점간의 편익과 그 지불에 대하여 공평성을 생각하지 않으면 안 된다. 값비싼 설비를 현재 세대가 부담함에도 불구하고 그에 의한 편익은 결국 후세대가 받게 되어 후 세대는 결국 무임승차하게 되는 것이다. 반대로 다음세대에(예를 들면 공채 형식) 부담을 강하게 구성한 공공자본형성이 있으면 그 자체가 현재세대의 독단적 강제가 된다. 사적 경제에서는 자손을 위하여 옥답을 남겨두는 경쟁원리를 보아도 미덕이라고 생각되나 공적경제에서는 다음세대에 쾌적한 환경을 남겨두는 것을 공덕이라고 생각한다면 결국 행정의 시차간의 선택에 대하여 현재세대가 합리적이라고 확정을 하는 한 장래에 대하여 기본적인 책임을 가질 것이 요망된다.

3. 도시행정서비스와 부담원칙

행정서비스의 분류

종래의 행정서비스는 그 비용면을 전혀 생각지 않고 여러 가지 행정기술상의 편익에 의해서 분류하고 실시해온 것이 사실이다. 이와 같은 분류로는 그 비용부담원칙이 생기는 것은 당연하고 또 무리하게 생각한다 해도 논리적인 합리성을 갖지 않은 것은 당연하다. 예를 들면 정책목표 간의 주요성을 제시하는 의회, 교육 등의 직능분류, 재정수단을 나타내는 물건, 인건 등에 대한 대상별 분류, 책임소재를 명시하는 소관별 분류, 혹은 경상, 자본 등의 성질별 분류의 모든 예산집행기술로부터 발생하는 분할을 하는 것은 비용과 무관계이다.

다만 하나의 서비스의 귀속을 나타내는 가분성(可分性)에 의한 분류는 서비스의 향수주체를 명확히 하는 것이 중요하다. 가분성이 없다고 말하는 것은 서비스의 귀속성이 개인단위로 되는 것을 의미하며 그것이 공공서비스라고해도 그 향수가 개인에 의하여 행해지는 것이다. 반대로 불가분성이 있으면 그 서비스는 개인의 집합에 대하여 행하여진다(표 1 참조). 불가분적 서비스로서는 일반적으로 말해 본래의 공공소비(국방, 행정 · 형사, 사회서비스)가 있으며 가분적 서비스는 개인대상의 지출, 이전비, 보조금이 있다. 이와 같은 가분성에 의한 분류는 어디까지나 서비스가 누구에게 귀속되는가의 관점에 의한 구별이며 그 서비스에 의한 사회적 편익의 향수와는 별도라는 점을 주의할 필요가 있다. 예를 들면 생활보호는 가분적 서비스로 개인에 귀속하지만 그 서비스의 편익은 사회전체가 향수하는 공공적인 것이다. 결국 생활보호라는 것은 기본적인 사회안녕을 위하여 상호부조를 행하는 그 자체가 사회전원의 복지에 직결되는 것이다.

이점을 보다 명확히 하기 위해서는 지금 하나의 기본적인 분류기준으로 되어있는 외부성(사회편익)을 도입할 필요가 있다(표 1 참조). 공공서비스의 외부성이란 공공활동이 사회에 주는 영향에 있어 그것이 플러스된다면 사회적 편익이 있으며 마이너스된다면 사회적 비용이 되는 것이다. 표에서 보는 것처럼 공익서비스에는 이 의미의 외부성(사회적 편익)

이 강한 것과 약한 것이 있다. 당연시 했던 구별이 불가능하드라도 제3의 종류를 생각해야할 수 있다.

하나는 외부성이 완전한 공공재라는 것이다. 이것은 사회의 모든 구성원에 의해 똑같은 양만큼 향유할 객관적인 서비스이다. 국방이나 주민등록과 같은 서비스는 특정개인이 받더라도 다른 모든 사람들도 그것을 받을 수 있어 비배제성과 타인이 사용하드라도 자기의 향유부분이 감소하지 않는 비경합성이 있다. 전술한 바와 같이 불행하여 곤궁에 빠지니 개인을 서로 구제하는 것은 사회성원 전체의 공통의 객관적 의사로서 인정하면 생활부조나 생활보호도 이런 의미의 공공재가 된다. 개개인의 최저생활을 보장하기 위해서는 이때 사회의 공유재산이 있어 그 안녕에 불가결하다고 생각하는 것이다. 이런 의미의 생활보호는 넓은 의미의 보험원리에 따른다고 말한다. 이와 같이 공공재의 편익은 사회전체의 것이며 사회구성원 전체로부터 만들어진 일반재원, 조세에 의하여 그것을 조달할 근거는 충분하다. 서로 공유할 서비스에 대한 조세는 어떤 종류의 보험금을 지불하여 상호보장을 행하는 기구가 되어 있다. 단 그 때 조세의 부담은 각각 개인이 공통의 서비스를 평가할 정도에 부응하여 부과하면 된다. 고액소득자는 사회의 동일 서비스를 확보함에 보다 많은 증여를 하는 견해가 있을 수 있다. 이하 각인의 경제력에 부응한 평가는 변할 수가 없다 이러한 평가의 최종적인 합계가 사회적 편익이 된다고도 말한다.

또 하나 이것과 대조적인 것은 사적재산을 공적으로 공급할 때(**표 1** 중 주차장 등)이다. 주차장의 서비스제공에도 택지나 초지의 분양업무에서도 서비스의 질은 명백히 사적 재산이다. 민간기업에 있어서도 시장에서 충분히 제공되는 것이다. 그러므로 사적 재산은 시장원리에 따라서 수급을 결정할 것이며 또 그 지불은 시장가격원리에 속한 것이 당연하다.

표 1. 행정 서비스의 분류와 부담기준

		100% ← 외부성 (사회적편익) → 0%		
		공공재 (조세에 의한 부담)	준공공재 (조세+이용자부담)	사적재 (이용자부담)
0% ↑	전국민	(1) 의무교육 국방 외교 광역교통	(5) 고속도로	—
	전시민	(2) 경찰 소방 주민등록	(6) 고등교육 시내교통 병원	—
가분성 (서비스의귀속)	지역주민	(3) 청소 공원	(7) 보육소 유치원 소광장 노인쉼터 아동관	—
↓ 100%	개 인	(4) 생활부조 생활보호	(8) 사회보험 요리교실 음악교실 스포츠교실 공영주택	(9) 주차장 택지분양 묘지분양

이 점도 우연히 이것들을 공공부분이 제공하고 있다고 말하는 정책적인 의미를 혼동해서는 안 된다. 사적 재산임에도 불구하고 이것들을 공적으로 공급하는 것은 서비스의 성질이 공공재적인 것이어서가 아니라 토지이용, 교통규칙, 환경보전 혹은 부분적으로는 어떤 종류의 사회적 공정을 구한다는 공공정책의 사회외적 관점으로부터 공공부분이 그 제공을 분담하는 것이 바람직하다는 범위에서 공급하는 이유이다. 예를 들면 주택의 분양은 저소득자용주택건축과는 성격상 차이가 있어 적절한 토지이용과 환경보전, 적정한 부동산시장의 유지, 도시계획추진 등의 정책에 기

초하여 행해지는 것이다. 묘지 분양의 경우는 위생적인 것 외에 종교적인 제약이 더해진다. 어떻게 하드라도 이런 가분적 사적재의 공적공급으로 저소득자의 구제라든가 공유자산으로서의 보장요소는 아니고 따라서 그 고정설비에 대해서도 운영비용에 대해서도 개인수익자의 시장가격에 의한 지불에 따라서 비용부담이 행하여지는 것을 원칙으로 한다.

제3의 귀찮은 행정유형은 위에서 이야기 한 두 번째 유형의 성격을 함께 갖춘 이른바 준공공재(혹은 半공공재)이다. 예를 들어 도시교통을 보면 그 이용의 가능성은 주로 시민전체(때로는 국민)라는 점에는 지방적 공공재라고 말할 수 있는데 전시민이 항상 이용될 이유는 없고 그 운영의 서비스는 이용자가 받는다는 점에서 사적재이다. 이러한 양자의 성격이 혼재한다. 이때 전시민의 공유재산은 고정적인 교통시설이고 개인에 귀속하는 서비스는 운영에 따라 경상적인 것이다. 그러므로 시설 및 자본설비에 대하여는 일반재원(조세)으로 채우고 경상적인 운영비는 승차요금으로 갚는 것이 원칙이다. 준공공재의 비용부담은 이런 의미로 경상비의 "수익자부담"의 개념이 당연히 등장하는 것이 된다.

수익자부담의 유형(Type)

준공공재의 자본적 경비는 이와 같이 조세로 채우고 경상적 경비는 "이용자 부담(User charge)"으로 지불한다. 그러나 그 때의 수익자는 개인을 단위로 한 집합적 개인이라 할 때도 있다. 또 이와 같이 광의로 정의한 이용자 부담의 개념은 준공공재의 성질과 또 그 경상적 서비스가 시장에서 유사한 재화를 가지는 정도에 대응하여 여러 가지 모양을 가지며 따라서 명칭도 여러 가지가 되는 것이 통례이다. 전술한 교통에서는 사영(私營)교통 서비스의 대가의 명칭도 요금이 되고 교육에서는 수업료, 특정업무나 임대료에서는 수수료, 사용료의 형식을 취한다. 그 외에 개발이익의 흡수에 의한 비용보전에서는 부담금, 분담금 또는 수익자부담금의 명칭이 적당하다. 어떨 때에는 특별과징금, 찬조금, 협력금 등의 형식을 취한다.

이용자 부담의 본질은 공공시설 또는 영속적인 공적공급으로 생기는 서비스의 사적향수부분에 대응하여 지불하며 이 부분에 대해서는 시장에 유사한 재산이 있어야 그것에 준하는 가격설정이 가능하다. 무엇보다 교육 같은 사회적 편익(조세지불의 대상)과 개인적 편익(수업료의 대상)을 추정하기 어려운 서비스도 많다. 그러나 비용・편익분석을 해봄으로써 이 점도 해명되고 있다. 그러나 예를 들면 공영주택에서는 경상적인 유지비와 한계비용은 집세의 범위에 있고 수도에서는 지관(支管), 사용수량, 및 설비유지의 한계비용은 요금의 대상이 되는 것은 당연하다.

가분성과 외부성에 의한 부담기준

이상과 같이 생각해보면 행정서비스의 유형(type)에 따라 그 비용부담을 결정하는 원칙을 이끈다고 하면 기본적인 두 가지 요소를 결합시킨 분류를 하지 않으면 안 된다. 결국 당해 서비스가 공공재일까 하는 외부성의 기준으로서 서비스가 누구에게 귀속되는가가 가분성의 기준이다.

앞의 표는 이 두 가지 기준에 의한 성격의 명확한 서비스를 분류한 것이다.

여기서 극단적인 경우를 우선 설명하는 것이 편리할 것이다. (1)의무교육, 광역교통 등은 그 편익이 전국에 걸친 외부성 100%의 공공재(국가적 공공재)일 뿐만 아니라 서비스의 귀속은 불가분적이며 따라서 모든 경비를 국세로 채우고 있는 것이다. 지방자치체가 이런 행정을 행할 때에는 전액을 위탁사무로서 국고지출금, 위탁금의 형태로 중앙으로부터 지출하는 것이다. 이러한 것은 (5)에 속한 서비스의 자본설비에 대해서 생각한다.

다음에 (4)에 분류되는 생활부조 등의 해결은 매우 복잡하다. 이런 서비스의 대상이 되는 것은 직접적으로 특정 개인으로 되는가 왜 그 개인에 공적 부조를 주는가에 대한 이유는 전술과 같이 전 사회구성원에 의한 광의의 증여에 의해 그 사회의 안녕과 복지가 유지되기 때문이다. 그 증여의 대상으로 된 개인은 게으름이나 바르지 않는 품행 등에 의한 것이 아니면 사회의 모든 사람이 불가항력의 위험에 빠진 개인이 아니면 그런 사회적 위험을 서로 제거한 기구가 사회의 공유자산이 됨으로 그 비용을 지불하는 것에 대해서 이념상 국가와 지방이 서로서로 전국규모의 공평성과 지방에서 요청을 고려할 정도에 따라 분담할 필요가 있다.

지금 하나의 극단적인 경우(Case)는 (9)의 주차장 등 사적재의 비용부담이며 전술한 것과 같이 각각 정책상의 이유로 공적으로 공급되고 있는데 지나지 않는다. 경제적 부담으로서는 사적재와 같은 시장의 수급으로 결정하는 가격에 의하여 개인이 부담하는 것이다.

이상의 극단적인 경우를 외부성과 가분성을 두 가지 축으로 조합시켜 준공공재에 대하여도 비용부담원칙을 도출할 수가 있다. 더욱 여기에 대해서는 사적 지불에 있어 이용자 부담은 다양한 형태를 취하고 지역에 대한 가분성이 있을 때는 그 설비의 비용분담에 반드시 공공자금의 형식을 취하지 말고 그 운영도 지역에 위임시키는 것이 효율화에 연결할 수 있다. 여기에 개개의 서비스에 대하여 설명하지 않고 대표적인 예로 보육행정을 취하고 결론을 표시한 관련그림(**그림 1**)에 제시되었다. 비용부담의 원칙이 공공재로서 기본복지의 유지를 이념으로 하고 더 사적재의 요소를 가진 때에는 이용자부담의 요소를 도입하려면 행정수요발생의 요인부

그림 1. 복지행정수요와 비용부담원칙
– 공공보육의 경우 –

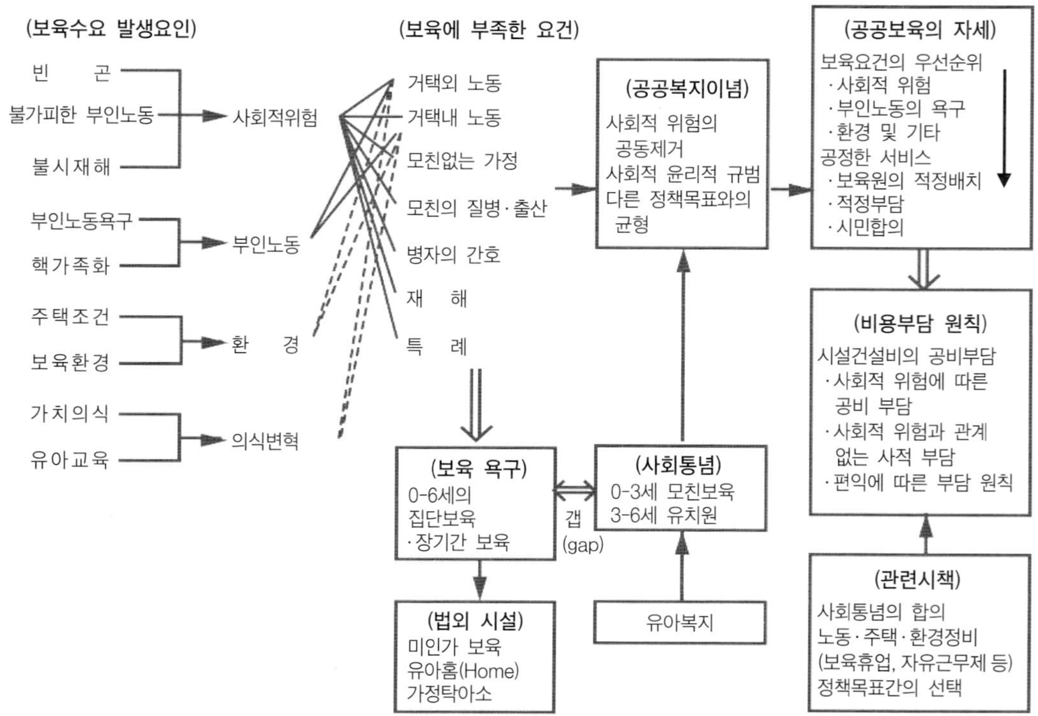

터 명백히 해야 할 것이다.

4. 비용부담합리화의 방책

이 책의 모든 장(章)에서 논한 것처럼 현재의 도시경제는 참으로 복잡하다. 거주하는 사람의 유형과 수 및 그 유동을 기초로 하고 새로 사회적 요인이 가산되어 행정수요도 다양해 진다. 그러나 어떻게 하드라도 도시경제를 공·사의 적절한 비용분담으로 시민 스스로가 유지 운영할 수 있도록 자원의 최적이용과 연결되고 또한 시민생활의 영속적인 안녕과 복지에 연결되는 것은 논할 필요가 없이 명백하다.

이 때문에 위에서 말한 논리의 결론으로 몇 가지 방책을 생각해보고자 한다.

먼저 제일 필요로 한 것은 행정당국 쪽에서 행정경비와 재정수입 간에 대응을 예산결정 과정에서 늘 의식할 필요가 있다. 시민으로서는 소위 "조세지불인"으로서 개인의 지불에 있어 책임을 지는 동시에 그 사용에 관한 관심을 가질 것이 요청된다. 그러므로 행정에 대한 요구는 항상 시민에 의한 지출을 고려하고 언제나 수익과 지불의 사회적 공정을 유의할 필요가 있다. 이와 같이 도시로서 재정적 기반을 가진 커뮤니티가 되기 위해서는 정확한 행정분류에 상응한 비용부담의 균형을 갖지 않으면 안 된다.

두 번째는 중앙과 지방, 국가와 도시의 행정사무의 배분과 세수배분의 문제에 접하지 않으면 안 된다. 도시행정의 비용은 모든 시민만의 부담으로 하는 것이 적절한 것은 아니다. 전술한 바와 같이 도시의 분담행정에 있어서 국가가 지출하는 것이 적당할 때가 있다. 이때 중앙지불기준이 두 가지가 있는데 하나는 전국에 외부성을 가진 국가적 공공재에 관한 지불이고 다른 것은 전국수준의 공평을 유지하기 위하여 조정목적을 위하여 지불하는 것이다. 후자의 경우 예를 들면 전국공통으로 서비스의 격차가 생기지 않도록 기초적 서비스(예로 생활부조, 유치원, 보건위생 등)에 대해 일정수준을 유지할 목적으로 재정력이 약한 지방단체에 교부하는 형식을 취하는 것이다. 이 측면은 소망하는 광의의 재분배를 달성하는 의미로 이른바 공공재의 "가치재"의 성격을 갖는다. 이런 관점에서 현재 상황을 재검토하고 적어도 국가의 위임사무비용과 의존재원을 일치시키며 도시의 고유사무비용과 자주재원을 일치시키는 제도를 확립하는 것이 긴요하다. 자주재원으로 위임사무를 하는 현재의 상황(현재는 4할 행정)으로 보면 위에서 말한 행정사무와 세수 재분배의 의미는 이와 같이 공공재의 최적공급과 비용부담에 기반을 두고 있는 것 같다. 더욱 자주재원을 모든 지방자치단체가 징수할 필요가 없고 국가가 징수대리기관이 되어 지방에 세수를 교부하는 것이 효율적이며 이 징수기술은 이제까지 이야기 한 논리와 모순이 되는 것은 아니다.

마지막으로 도시 스스로도 한정된 재원을 합리적으로 활용하고 공공재의 균형을 취한 최적공급을 하기 위하여 책임을 질 시기가 되었다. 이렇게 실행할 방책이 세 가지가 있는데 첫째는 경상비, 자본비를 장기적 재정운영의 구상에 계상하는 "통합계정"의 설계이다. 여기에는 공영기업회계를 포함하는 것이 적당하다. 다음은 인구동태를 파악하여. 사회·경제적인 도시구조를 추정하고 그에 따라 행정비용·편익분석을 할 수 있는 한 시범적으로 하여 합리적인 비용분담의 논거를 만들어낼 필요가 있을 것이다. 마지막으로 광역적인(도시행정권을 초월함) 행정, 사업에 대하여서는 근린 타 도시와 특정 서비스에 대해서 계약, 조정, 협의 등 행정권과는 꼭 일치하지 않는 “경제권”이나 지역제의 구상으로 운영하는 방안을 계획하는 것이다. 본래 경제권을 기반으로 상하수도, 도시교통 등에서 이런 점을 배려하는 것은 불가결한 것이다.

(코베 상과대학 교수)

도시경영과 지방공영기업

橋本 徹

1. 도시경제 중 지방공영기업

도시자치체와 도시경제

현대의 경제체제를 혼합경제라고 부른다. 이 혼합경제 태두리 안의 도시경제에 있어서 도시 자치체는 재화・서비스의 구입 주체로서 혹은 그 공급주체로서 큰 역할을 하고 있다. 즉 도시지역에서 일상의 소비생활을 영위하고 있는 주민이 필요로 한 재화・서비스의 태반은 사기업이 생산하고 시장기구를 통하여 공급되고 있으나 상당한 양의 재화・서비스는 공공부분, 그 중에서도 도시 자치체에 의하여 생산되고 공급되고 있다. 사기업의 사업활동을 위하여 필요한 중간생산재로서 재화・서비스도 도시자치체에 의하여 공급되고 있다. 그때 도시 자치체는 도로, 공원 등 사회간접자본(Social Overhead Capital)을 건설하고 그것을 이용하는 개인이나 기업은 편익을 향유하는 형태와 도시자치체가 노동 용역을 투입한 재화・서비스를 생산하고 공급하는 형태로 대별된다. 두 가지 모두 사회간접자본을 준비할 수 있으나 도시지역에 있어서 주민 및 기업의 경제활동에 필수적인 인프라스트럭처(Infrastructure)라는 의미이며 "도시시설"

이라고 불릴 수 있다. 또 다른 도시경제의 원활 한 운영의 밑천으로 하기 위해 도시 자치체는 주민이나 기업에 대하여 현금을 주던지 빌려줄 수도 있다(부조금, 보조금, 대부금, 출자금 등).

그러므로 도시경제에 있어서 도시자치체가 공급하는 재화 · 서비스가 부족하다면 즉시 주민들의 사회적 소비에 영향을 미쳐 주민들의 일상생활에 지장을 가져와 사기업의 경제활동에도 중대한 장애가 되는 것으로 생각한다. 그런대 그 재화 · 서비스의 효율적인 공급을 위해서는 경영관리형태로서 일반적인 도시행정과 공영기업이 선택되고 최근에는 공 · 사부문이 공동으로 소유 · 경영하는 제3섹터 방식을 취하기도 한다.

도시경영과 지방공영기업

현재 도시가 경영하고 있는 공영기업의 수를 사업별로 본다면 수도사업이 가장 많아 775개 사업이고(간이 상수도 사업이 192개 사업), 공공하수도사업이 388개 사업, 병원사업 248개 사업(경영하는 병원 수는 299), 관광시설사업 244개 사업이며 계속적으로 도시경영에 있어서 가장 큰 영향을 가진 교통사업(49년도 말 52시가 경영)이 있다. 이 외에 공업용수도 · 전기 · 가스 · 택지조성 · 시장과 도축장 · 항만정비 · 유료도로 · 주차장 등의 사업이 있다.

이 중에 대도시권의 핵심도시로서 또는 경제적 관리 중추기능을 가진 대도시로서의 특징적인 공영기업은 자동차교통사업과 함께 고속철도사업인 대도시교통사업과 경제적 사회자본을 대표하는 항만을 유지, 관리하고 운영하는 항만사업이 있다. 또 대도시과밀을 제거하기 위하여 개발사업(시가지 재개발사업을 포함)이 있다. 또 대도시의 산업 · 생활기반으로서 하수도사업과 산업기반으로서 공업용 수도사업과는 중소도시가 경영하는 것들과는 각별한 차이가 있는 기능을 가진 것이 확실하다. 또한 병원사업도 기능으로 볼 때 고도의 진료・검사・연구사업에 종사하고 있어 그 의미로는 대도시권역의 주민에게 스필오버(Spill-over)되는 것이 예상된다.

뿐만 아니라 코베시는 공영기업으로 수도사업, 공업용수도사업, 하수도사업, 병원사업, 교통(버스)사업, 고속철도사업, 항만사업 그리고 개발사업을 가지고 있다. 이밖에 특별회계로서 국민건강보험사업, 택지조성사업 기타 사업이 있다.

지방공영기업의 경영원칙

지방자치법 제2조에 지방공공단체의 사무로서 상수도와 다른 급수사업, 하수도 사업 등의 기업을 경영하는 것이 예시되어 있다. 그리고 경영에 관해서 지방재정법 제6조는 "공영기업은 政令에서 정해진 것에 대해서 그 경리는 특별회계를 설치하여 행하고 그 경비는 그 성질상 해당 공영기업의 경영에 따른 수입을 가지고 충당하는 것이 객관적으로 곤란한 것으로 인정한 경비를 제외하고는 해당기업의 경영에 따른 수입(지방채에 의한 수입포함)을 가지고 충당하지 않으면 안 된다(밑줄 필자 그음)."고 규정하고 있다. 지방공공단체가 경영하고 있으나 그 경비가 보통세수입에 의하여 조절되는 일반 행정과는 명확히 구별되고 있다. 또한 지방공영기업법에서는 경영의 기본원칙으로서 제3조에 "지방공영기업은 항상 기업의 경제성을 발휘하는 도시에 그 본래의 목적인 공공의 복지를 증진하도록 운영하지 않으면 안 된다."고 명시하고 제17조2에서는 경비부담의 원칙으로서 일반회계 혹은 여타 특별회계로부터 출자, 장기대부, 부담금 지출 등의 지출을 하고 지방재정법의 전술규정과 같이 "그의 경비는 해당 지방공기업의 경영에 따른 수입을 가지고 충당하지 않으면 안 된다고"명기하고 있다.

그러나 현재, 지방공영기업의 경영은 대체로 악화되어 그중에서도 특히 도시가 경영하는 공영기업에서는 교통, 병원, 공공하수도, 수도의 네 업종에서는 이 경영원칙에 이의를 제기할 수 있는 만큼(경비의 부담원칙에 대해서는 하수도 재정연구위원회가 제시한 것처럼 쇼와 40년대에 들어와 꽤 유동적이었다) 경영의 원칙이 위기에 직면해 있다고 말한다.

따라서 지역의 주민생활이나 기업활동에 대해 통합적, 계획적으로 서비스를 제공하는 "도시경영"이란 입장으로 지방공영기업의 재건책을 찾아보고자 본고에서는 이 지방공영기업의 "경영원칙"이 어디까지 관철되어야 할 것인가 혹은 수정 · 변경해 가는 것이 도시경영으로 바람직한 것인가 아닌가라는 견지에서 문제를 취급하려고 하는 것이다. 공영기업의 경영이 적자가 될 때 주민복지에 연결되는 착각에 빠져서는 안 된다는 의심이 들기도 한다. 도대체 적자경영에 "무임승차(Free rider)"하는 풍조는 어디에서 생기는 것일까?

2. 지방공영기업의 경영악화와 그 원인

요금설정의 원칙=원가주의 동요

"그 경비는 해당 기업경영에 따른 수입을 가지고 충당하지 않으면 안 된다"고 경영원칙이 정해져 있으나 현실은 도시의 지방공영 기업의 대부분이 일반회계로부터 많은 금액의 보조를 받아 경영되고 있는 정황이 있다. 그 원인은 먼저 경영에 따른 수입이 경비를 부담할 수 있을 만큼 균형을 이룰 수 없다는 것이다. 예를 들면 쇼와 50년도 지방공영기업의 결산을 보아도 경영건전화의 비원(悲願)이라고 말한 것처럼 "요금수준의 적정화"에는 약간 먼 상태다. **표 1**은 법적용기업(도시경영기업이란 한계가 없다)의 요금단가와 공급원가의 상황(쇼와 50년도)을 표시한 것인데 교통(버스)사업의 요금단가가 특히 공급원가를 하회하는 것이 특징이고 수도사업도 요금단가는 공급원가의 84%로 정해져 있다. 본래 지방공영기업의 요금은 사업의 효율적 경영을 전제로 하고 원가를 채우기 위해 적정한 수준을 설정하지 않으면 안 되는 것이다. 이를테면 지방공영기업법에도 "요금은 공정 타당한 것이 아니면 안 되고 또 능률적인 경영 하에 있어 적정한 원가를 기초로 한 지방공영기업의 건전한 운영을 확보하지 않으면 안 된다(제21조)."고 정해서 원가주의라고 부르는 것이며 소위 풀코스트(Full cost) 원리 혹은 평균비용원리에 따른 것이며 이 원가주의가 지금에야 동요되고 있다고 말할 수는 없다.

한계비용원칙과 원가주의

요금설정의 원칙으로서는 이론적으로 원가주의와 한계비용원칙이 생각된다. 지방공영기업 그 중에서도 수도나 교통 등의 공익사업에 지방공

표 1. 요금단가와 공급원가 상황(법 적용 기업)

	요금단가(A)	공급원가(B)	(A)-(B)	비 고
수 도 (간이상수도포함)	54엔99전	66엔69전	11엔70전	용수공급제외, 급수량 1㎥당
공업용수도	11엔06전	11엔74전	68전	급수량 1㎥당
교통(버스)	256엔87전	403엔13전	14엔26전	차주행 1㎞당
전 기	4엔47전	4엔15전	32전	연간발생전력 kw당
가 스	75엔57전	80엔45전	4엔88전	판매량 1㎥/10,000kcal 당

자료: 자치성, 「쇼와 50년도 지방공영기업 결산개황」.

공단체가 개입하는 것은 그것이 전형적인 비용체감산업이기 때문이다. 그 재화·서비스는 시장을 통하여 공급 가능하며 경상비에 비교하여 고정비 점유율이 높고 생산에 있어 규모의 경제가 작용하여 자연적으로 독점이 성립된다. 만약 공공당국이 개입하지 않으면 공급이 제한되고 독점가격이 성립되어 가격은 비정상적으로 급등하고 소비자는 게다가 재화·서비스가 필수재임에도 불구하고 충분히 소비되지 않는다. 이 비용체감산업에 있어 요금형성의 구조를 간단하게 그림에 의해 설명할 수가 있다. **그림 1**에 있어서 AR는 평균수입곡선, MR는 한계수입곡선, AC는 평균비용곡선, MC는 한계비용곡선을 나타낸다. 그러나 비용체감산업에서는 평균비용곡선이 한계비용곡선 위쪽에 위치하면 체감이 된다. 이 표에 있어 비용체감산업을 자유경제조직에 맡기면 "자연독점"이 되어 독점가격 P_f가 된다. 그러나 정부가 개입해서 자원의 최적배분을 실현하기 위해 한계비용과 가격을 갖도록 정한다면 요금과 생산량은 AR곡선과 MC곡선의 교차점 E에서 결정되고 P_m(=한계비용)의 요금에 의하여 Q_m량이 생산된다. 이때 생산물 단위당 DE의 적자가 발생한다. 따라서 총수입은 총비용을 하향, 사선부분으로 표시된 사각형 $GDEH$의 손실이 생긴다. 이런 경우 손실보상을 정부의 일반수입에 의하여 행하여지지 않는다. 만일 자원의 배분에 영향을 준다면 정액세(lump-sum Tax: 납세자로부터 일정액의 세금을 징수하는 것인데 현행 주민세균등할 같은 것)를 이용하지 않으면 안 된다. 한편 원가주의의 경우에는 AR곡선과 AC곡선과의 교차점 F에서 요금과 생산량이 결정된다. P_a(=평균비용)의 요금에 의하여 Q_a량이 생산된다. 이 경우 요금은 생산에 필요한 비용을 정확히 보상하는 수준이며 한계비용의 원리의 경우와 달리 적자는 발생치 않는다. 즉 당해 기업은 독립채산제 하에서 운영된다.

그림 1. 요금설정의 원칙

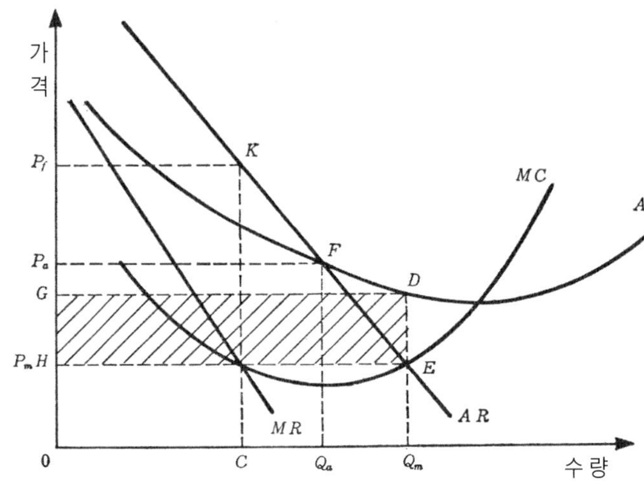

이상은 요금결정원칙에 있어 원가주의에 대해 최소한으로 필요한 교과서적 설명이다. 원가주의의 동요라고 말하는 것은 이 표를 이용하여 한계비용가격원리에 의한 요금설정이 사회전체의 자원배분을 할 수 있는 만큼 효율적인가의 관점으로부터 원가주의요금에의 비판이다.

그러나 여기에서는 이 이상 들어가지 않고 한계비용에 의한 요금형성이 바람직하다는 결론은 몇 가지 이상적인 조건이 성립되고 있는 것을 전제로 하고 도출되었던 것이며 "이 전제조건을 무시하고 한계비용에 의한 요금형성을 현실의 요금정책으로 제안하고 실행하여 본다면 초기의 목적이 달성되는 것이 아니다.[1)]"

또 도시경영의 관점으로부터 한계비용가격원리를 비판한다고 하면 정액세를 중심으로 하고 일반세수입에 의한 손실보상이 현실적으로 가능하

1) 예를 들어 奧野信宏의 「공공 요금의 이론과 실제」(일본 경제신문사 「계간 현대경제」 22호)에서 한계비용 원리의 문제점 지적을 참고로 하시오.

나 먼저 세제로서 정액세의 채용 여지가 있는가 또 정액세에 의하지 않고 소득세나 소비세, 고정자산세를 이용하는 것이 오히려 자원배분의 효율성이 왜곡될 수 있다는 비판을 할 수 있을 것이다.

원가주의와 요금개정화의 지체

경영원칙으로서 독립채산제를 도입하여 요금을 원가주의에 의해 설정하라는 입장에서 오는 경영악화의 원인은 당분간(최근 몇 년 여러 기회에 똑같이 지적되고 있기 때문에 지금 새삼 새롭게 다시 거론하면 지면=자원의 낭비의 느낌마저 있지만 어쩔 수 없다)[2] ① 인플레이션에 뒤따른 인건비를 시작하여 물건비, 원재료비의 상승, ② 자본비의 증대, ③ 기업환경의 악화에 따른 비용의 증대, ④ 경영합리화의 불철저 등 공급면에 있어 경비의 증가에 대하여 ⑤ 요금의 적정화의 지체나 ⑥ 외부환경의 변화에 의해 수요가 한계점에 도달하여 요금 수입이 늘고 골치 아픈 것이 충분히 이어지게 된다. 또한 이러한 논의가 있는 곳이 있는가, 일반회계와의 부담구분의 불명확한 것이나 국고보조부담의 불충분함을 거론할 수 있을 것이다.

경영악화의 원인은 "요금적정화의 지체"라고 하면서 변함없이 적정화는 지체가 되고 있다. 공영기업 중에도 경영이 악화되고 있는 수도, 교통 병원, 하수도의 네 개 사업은 특히 시민생활에 있어서 필수적 또는 기초적이어서 요금개정에 있어서 저항이 클 것은 충분히 예상된다. 병원사업의 경우 사회보험진료비의 개정을 하는 것은 별개이지만 도시경영은 수도, 하수도, 교통의 각 사업의 요금개정은 시의회에 의해 심의 결정된다.

---

2) 예를 들어 졸고(拙稿) 「1974년도 지방공영기업의 결산을 보고」(공영 기업 금융공고(公庫) 「공영기업」 1975년 12월호)에 서술되어 있다.

표 2와 **표 3**은 수도사업과 교통사업의 요금개정 내용을 나타내고 있다. 수도사업에 있어서는 46, 47 2개 년도에 있어 12-13%의 기업이, 48, 49년도에는 20%의 기업이 그리고 50년도에는 52%의 기업이 개정을 실시하였다. 교통사업의 경우 이 2년 동안 전사업의 요금개정이 이루어졌다. 수도사업의 경우 개정실시사업의 비율이 낮은 것으로부터 개정이 늦은 것

표 2. 수도사업요금 개정실시상황(법적용 기업)

		쇼46년	쇼47년	쇼48년	쇼49년	쇼50년
사업수(a)		(1,530) 1,549	(1,595) 1,618	(1,641) 1,666	(1,685) 1,711	(1,703) 1,730
요금개정실시사업	전년도이전의결	(133) 134	(113) 117	(243) 245	(259) 265	(499) 505
	당년도의결	(54) 55	(97) 98	(99) 99	(183) 184	(396) 402
	계(b)	(187) 189	(210) 215	(342) 344	(442) 449	(895) 907
비율(b)/(a)%		(12.2) 12.2	(13.2) 13.3	(20.8) 20.6	(26.2) 26.3	(52.6) 52.4

주: ( )내는 말단급수 사업임, 법적용 간이 상수도사업을 포함.
자료: 표 1과 같음.

표 3. 공영교통사업의 요금개정상황

구 분	전사업수	요금개정사업수		개정사업수의 점유비(%)	
		쇼와 49년도	쇼와 50년도	쇼와 49년도	쇼와 50년도
버 스	54	36	26	66.7	48.1
노면전차	7	4	3	57.1	42.9
지 하 철	5	1	3	20.0	60.0
계	66	41	32	62.1	48.5

을 추측되는데 **그림 2**에 의하면 공급원가의 전년도 대비 신장률은 급수원가의 전년도비 신장률보다 1-2년 늦은 것을 알 수 있다.

요금개정이 늦어진 것은 "경제사회기본계획"의 "당면의 공공요금정책에 있어 국민생활에 영향이 큰 것으로부터 인상하는 것을 억제하는 것이고 사업의 경영합리화의 강력한 추진과 원가의 적정화를 측정한다"는 요금억제정책이 수년 동안 일관되게 시행한 영향이다. 이것은 35년 9월 30일 각의(閣議)통과 이후 공공요금의 취급이 이루어지고 있다. 그리고 48년 12월에는 "당면한 긴급대책에 있어"일반적으로 엄격하게 억제책을 취하고 있다. 공영기업이 공급하는 서비스는 필수재이다. 수용의 가격탄력성은 적어 저소득층의 가계만큼 요금이 상승하면 타격을 받을 것이다. 그러므로 여론은 이 억제를 지지하고 있다. 무엇보다 "공공요금을 너무 장기

그림 2. 수도 1㎥ 당 공급단가 및 급수원가의 전년대비 신장률(금액 엔을 기입)

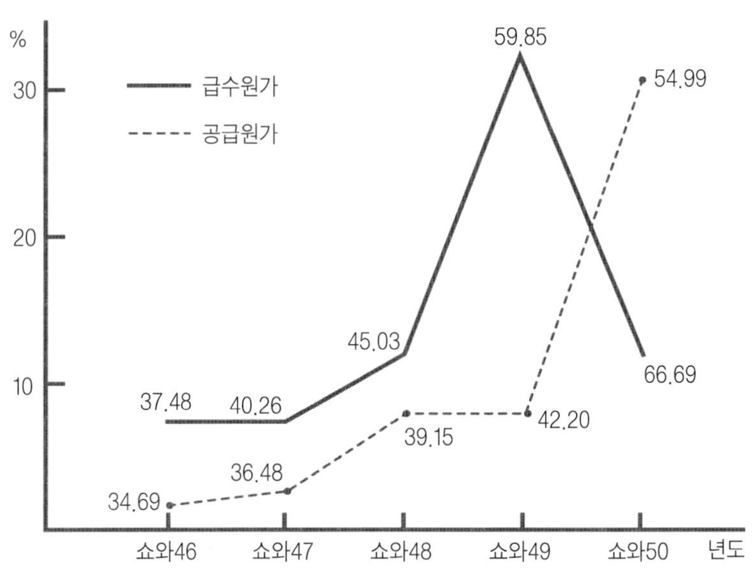

간에 걸쳐 낮게 억제하는 것은 제공하는 서비스의 질적, 양적 수준의 저하를 가져오며 또한 극단적인 수지의 악화는 사업의 유지와 존속을 어렵게 만든다."[3]는 인식도 47년도, 50년도에 처음으로 나타났다.

다시 요금개정 구조도 적정화를 늦추는 원인이 된다. 최근에는 심의회 → 의회 → 국가의 인가라고 말한 과정이 일반적이며 요금을 경영자가 결정하지 않고 이용자가 결정하고 적정하게 투명하게 한다는 것은 대개 무리한 것이다. 요금적정화가 늦어지는 것은 ① 개정의 필요성 발생, 인식으로부터 심의회의 설치, 심의까지 시차(time lag), ② 의회에 제출, 심의, 결정까지 시차(time lag), 결정부터 실시까지 시차(time lag) 때문이다. 시차(time lag)란 원안의 수정, 잠정기간요금의 설정이라는 것은 정치적 취급에 의해 증폭된다. 이렇게 하여 일단 늦어지면 기왕의 적자를 보충할 원자재를 요금원가에 부가되는 것을 인정하지 않음으로부터 그 결과 생기는 감수는 영구히 회복할 수 없다.

교통사업의 경우

경영악화의 원인도 사업별로 본다면 특색을 찾을 수 있다. 여기서 교통, 수도, 병원의 세 사업을 예로 들어보자. 도시공영기업 중 가장 경영상태가 악화된 사업은 교통사업이고 그 원인을 외부환경과 내부환경에서 찾아 볼 수 있다. 먼저 대도시가 경영하는 교통사업은 대도시권역의 인구증가, 도너츠 현상에서 보이는 것처럼 도시구조의 변화, 자동차화의 급격한 진행에 의하여 도시교통의 주역을 맡아왔던 노면전차와 버스는 수송효율의 저하를 가져와 이제는 고속철도(지하철)를 간선으로 하고 버스로 보완을 하는 역할분담을 피할 수 없게 되어 있다. 그러나 그 버스 수송은

3) 국민 생활 백서(49년도, 50년도)에 지적되어 있다.

대도시에서는 인구증가율이 낮고 지하철의 정비는 많아지고 수송인원은 줄어들고 있는데 **표 4**에 의하면 수송인원은 44년부터 47년을 정점으로 하여 줄어들고 주행거리도 정체되고 주행 km 당 수송 인원도 정체되고 있다. 이것은 대도시에 있어서 노면교통이 혼잡에 의하여 정시성을 상실하고 주행속도 또한 저하되었고(이와 관련 버스의 주행속도는 35년을 100으로 보았을 때 50년도의 토쿄는 81, 오사카는 88, 코베시는 80으로 낮아졌고 최고는 쿄토시의 14.0/km, 최저는 오사카시의 11.6/km임) 차량 당 1일 주행거리도 낮아져(35년도 150km가 50년도 110km) 공공 수송기능의 유지가 매우 곤란하게 되었다.

표 4. 6대도시 공영버스의 수송인원 · 주행거리(km) 및 차량수 추이

연 도	수송인원			주행거리			차량수		주행/㎞당 수송인원a/b
	인원(백만)	지수	전년대비	백만km	지수	전년대비	차량대수	지수	
쇼와 35년	1,140(a)	100		207(b)	100		4,643	100	5.5人
쇼와 39년	1,537	135		255	123		6,290	135	6.0
쇼와 40년	1,481	130	3.6	267	129	4.7	6,440	139	5.5
쇼와 41년	1,475	129	△0.6	270	130	1.1	6,534	141	5.5
쇼와 42년	1,438	126	△2.5	274	132	1.5	7,116	153	5.2
쇼와 43년	1,452	127	1.0	284	137	3.6	7,435	160	5.1
쇼와 44년	1,479	130	1.9	291	141	2.5	7,525	162	5.1
쇼와 45년	1,490	131	0.7	291	141	0	7,735	167	5.1
쇼와 46년	1,483	130	△0.5	298	144	2.4	8,041	173	5.0
쇼와 47년	1,523	134	2.7	299	144	0.3	8,268	178	5.1
쇼와 48년	1,439	126	△5.5	296	143	△1.0	8,511	183	4.9
쇼와 49년	1,468	129	2.0	298	144	△0.6	8,663	187	4.9
쇼와 50년	1,429	125	△2.7	297	143	△0.3	8,807	190	4.8

주: 동경도, 요코하마시, 나고야시, 교토시, 오사카시 및 코베시의 상황

이 결과, 버스 우선 차선, 버스 전용차선, 승용차의 주차 규제 등 도시 종합교통 규제나 존 버스(Zone bus)・시스템에 의한 노선의 재편성을 실시해 노면 공영 교통의 합리화 대책을 강구해도 대도시 공영 버스 교통사업의 경영 악화는 계속되고 있다. 게다가 직원 급여비는 해마다 증가해, 50년도에 있어 버스 사업의 요금 수입에 대한 직원 급여비의 점유비는 112.4%(전년도 119.6%)이며, 인건비 문제가 큰 과제인 것을 보여주고 있다. 또한 차량 주행 킬로미터 당 인건비를 민영버스의 194엔 65전과 비교하면, 65.5%가 웃도는 322엔 14전이며, 영업구역이 시가지인 것을 고려하드라도 꽤 비싸다고 말할 수 있다.

이와 같이 버스사업에는 외부 환경으로서 수송 효율의 저하, 내부요인으로서 인건비의 압력이 경영 악화의 원인으로서 볼 수 있지만, 지하철사업의 경우, 지금 더 정비확충을 하고 있어 금리부담을 포함한 자본비의 상승이 원인임을 알 수 있다. 현재, 공영 지하철은 도쿄도, 오사카시, 나고야 시, 요코하마 시 및 삿포로시의 5 도시가 영업 중이며, 쇼와 52년 3월 13일 코베시가 일부 영업을 개시했으며, 건설 중인 것은 쿄토 시, 후쿠오카 시와 치바현의 뉴 타운이다. 물론 이들 도시 모두 건설 중인 노선을 갖고 있다. 50년도 말의 164km의 영업 킬로는 40년도 말의 3.2배, 하루 평균 392만 명의 수송 인원은 40년도 말의 2.8배가 되고 있다. 그러나 지하철의 건설은 개발된 도심부의 공사를 필요로 하고 토지 관련 비용과 복잡한 공법으로 건설되기 때문에 막대한 비용을 필요로 하고 있다. 예를 들어 1972년 당시의 건설비는 1 km 당 50억 엔 내지 80억 엔 전후였지만, 최근 건설된 것은 120억 엔이 되고 현재 건설 준비 중의 것은 170억 엔을 넘는 현실이다. 그 건설비는 거의 기업체에 의하기 때문에 기업채의 원리금 상환이 해마다 증가해 요금 수입은 거의 이것에 충당되고 있다.[4)]

쇼와 50년도 결산에서는 원리금 상환이 626억 엔(원금 190억 엔, 이자 436억 엔)은 요금 수입 697억 엔의 89.8%를 차지하고 있다. 또한 이 비율은 도쿄도 157.4%, 삿포로 시 141.9%, 요코하마 시 97.5%, 나고야 시 78.1%, 오사카 시 58.8%가 되고 있다.

이러한 제 요인이 겹치고, 특히 대도시의 경영상태가 나쁘고, 6대 도시의 교통사업 전체로, 598억 엔의 순손실을 내, 누적 결손금은 3,275억 엔, 불량 채무는 2,148억 엔에 이르고 있다. 그 외의 도시 전체의 순손실은 약 84억 엔, 누적 결손금 412억 엔, 불량 채무 375억 엔이 되고 있다.

수도 사업의 경우

수도 사업의 경영 악화 원인은 요금 개정의 지연에 의한 것을 제외하면 대도시권에 있어서의 인구・기업의 집중과 인구증가, 생활양식의 변화, 생활수준의 향상에 의한 물수요의 증대를 조달하기 위한 설비 확장의 요구 때문이다. 게다가 도시권이 자기 수계에서 수원을 확보하지 못하고 타 수계의 광역 이수라고 하는 수자원 개발비나 수원의 오탁에 대처하는 공해 방제시설비도 건설비를 증대시키고 있다. 그 결과 수도 사업의 경우, 대도시권역에 속한 도시 상호간에 있어도 도시화의 선발도시와 후발도시 간의 지금 인구증가속도의 차이가 있어 설비확장의 압력이 다르기 때문에 경비 증가의 「수익적 수지」에 미치는 영향이 다르다고 하는 특수한 문제도 파생해, 급수 원가에 격차가 생기는 귀찮은 문제가 있다. 현재 전국

---

4) 여기서 기업채의 낮은 금리의 정부 자금에 의한 인수와 국고 보조 제도의 확충과 일반회계의 출자가 주장되지만 자본비에 대한 국고 보조보다 운영비 보조가 바람직하다고 하는 생각도 있다.

또 힉스는 대도시의 지하철 건설에 비판적이며, 버스 교통이 바람직하다고 한다.(U・K, 힉스, 「대도시」 토교경제신보사, 번역, 하시모토 외, 1976년)

에서 1㎥ 당 급수 원가가 30엔 미만이 24 사업(급수 인구 5만 명 미만이다)인 반면 대도시에서는 50엔 내지 90엔 사이이고 15만 이상의 인구의 도시(91 사업)에서는 대부분(56 사업)이 50엔 내지 75엔 사이이며 세 군데 사업은 100엔 이상의 급수 원가를 보이고 있다. 이것이 요금 격차의 원인이 되고 있다.

병원 사업의 경우

현재, 9개 지정도시 30 시립 병원, 239 시의 269 시립병원이 있고 공영기업으로서는 710단체, 950병원이 있다. 경영 상황을 보면 지정도시에서는 6시가 36억 엔의 순손실, 6시의 누적 결손금 126억 엔이며, 그 외의 도시에서는 83 시가 순이익 29억 엔을 낳아 155 시가 206억 엔의 순손실 178 시의 누적 결손금이 805억 엔 이다. 또 지정도시 전체의 총비용 50.9억 엔에 대해서 총수입 이익은 47억 엔으로 92.9%, 그 외의 도시는 총비용 3,130억 엔에 대해서 총수입 이익 2,953억 엔으로 94.4%이다. 또한 지정도시에서는 의업 수익에 대해 23.6%에 상당하는 것이 외부 회계 이월금이 투입되고 있는 상태인 것을 지적해 둘 필요가 있고, 직원 급여비가 의업 수익의 74.6%에 도달하는 경영 악화 상황인 것을 알 수 있다. 하루가 다른 의료 기술의 발달에 맞추어 지역의 핵심 병원으로서 설비의 근대화와 고도화를 필요로 하기 때문에 고액의 건설 개량비를 기업체와 타 회계 이월금으로 채우고 있어 재원 부족을 일으키는 것이다. 병원 사업의 경우, 수요 증대에 알맞은 설비의 확장과 직원 급여비의 증대가 경영 악화의 원인이 되고 있다.

3. 지방공영기업의 재건과 그 장래상

일반회계 편입과 재건책

50년도 결산 상황을 보면, 법적용 기업(도시의 경영만은 아니다)에 대해 타 회계로부터의 이월금은, 수익적 수입에 대해 3,420억 엔(수익적 수입의 12.1%), 자본적 수입에 대해 2,198억 엔(자본적 수입의 7.5%)으로 합계 전년도보다 679억 엔 증가하고 있다. 사업별로는 공공 하수도 사업의 2,312억 엔이 가장 크고, 다음으로 병원 사업 1,288억 엔, 교통사업 700억 엔, 수도 사업 614억 엔이 되고 있다.

현실에서는 일반회계로부터 출자금, 부담금 혹은 보조금이 전입되고 있다. 그 결과 재건책을 논할 때 일반회계로부터의 전입, 대폭의 보조를 주장하는 논의가 많다. 필수재적 고려(civil minimum적 이념) 없이 소득재분배적 배려로부터 경감 요금제를 이유로 하는 것, 도시 시설을 이유로 하는 것, 공공성 · 공익성을 이유로 하는 것 등 다양한 주장이 있다. 이미 살펴본 것처럼 비용 체감 산업에 있어서 효율성을 확보하고자 한계비용 원칙 아래에서 기업 손실을 정액세에 의해서 보전하려고 하는 것, 혹은 도시의 혼잡 현상 때문에 비용 체증 산업으로 바뀌었을 경우, 그 경비를 혼잡세에 의해서 조달하려고 하는 것도 있다. 과연 독립채산제를 버리고 일반회계로부터의 이월을 무조건 용인하는 것이 도시 경영의 종합적 견지로 볼 때 현명한 것인가?

대략 일반회계 즉 조세로 조달된 재원을 지출해야 할 목적은 크게 두 가지로 나누고 있다.

하나는 배제 원칙을 적용할 수 없는 등량 소비의 대상이 되는 순수 공공재(도시 서비스로 말하면 소방, 방역, 치수, 공원 등)라고 불리는 공공

서비스 혹은 외부성이 큰 교육 서비스나 위생 서비스이며, 둘째는 소득 재분배에 기여하는 사회 복지 서비스이다. 따라서 응능 원칙에 따른 과세를 전제로 해도 도시가 지방공영기업에 재원을 지원하게 되어 일반 행정 서비스의 수준이 저하하면, 주민의 종합적 복지는 감소할지도 모른다. 또한 일반행정 서비스는 등량 소비 때문에 서비스 수준이 조금 저하해도 주민들은 감지하지 못하고 공영기업서비스는 분할이 가능하기 때문에 요금 보류의 이익이 과대평가되고 주민들은 착각에 의해 환영을 한다는 것을 지적하지 않을 수 없다.

수도, 교통, 병원, 그리고 하수도에 있어서 일반 행정 서비스와는 본질적으로 다른 분할 가능한 사적 서비스를 공영으로 공급하고 있는 것에 지나지 않는다. 지금 공영기업 서비스의 특성을 **그림 3**을 이용해 설명해 보

그림 3. 공영기업 서비스의 외부성과 대체성

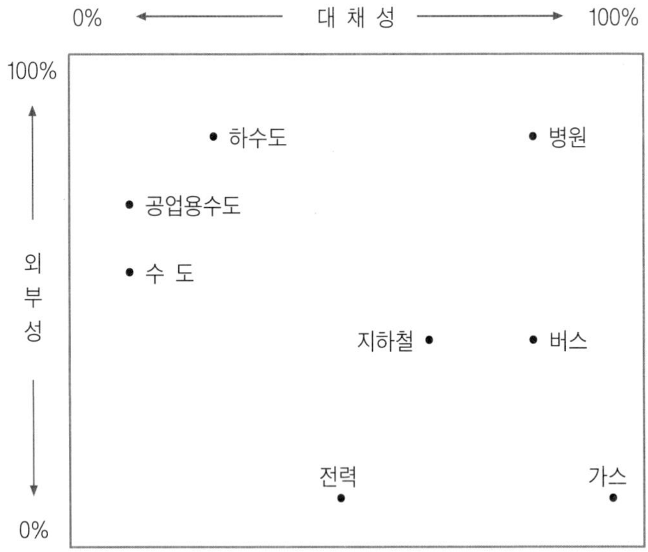

자(등급설정에 자의성이 들어가는 것은 면할 수 없는 것을 미리 이야기하자). 일반 재원은 정액세로 조달해진다고 가정해 둔다. 수도 사업은 위생상 외부성이 있어 현재는 사적 대체재(우물물)는 거의 없다. 하수도 사업은 위생상 내지 공공 수질의 오탁 방지, 침수 방지의 견지에서 외부성이 높지만, 현재 대체성(분뇨수거)이 있다. 공업용 수도사업은 지반침하 방지의 견지에서 외부성이 높고 대체성은 제도상 억제되고 있다. 지하철 사업이나 버스 사업은 도로 혼잡의 방지나 안전성이라고 하는 외부성을 생각할 수 있지만, 승용차나 자전거 등의 대체재가 존재한다. 따라서 정액세 제도 아래에서 대체성이 있기 위해 별로 이용하지 않는 사람은 많이 이용하는 사람보다 불리하다. 이른바 응익 원칙에 반하게 된다. 또한 대체성이 작은 수도 사업도 생활용수와 같이 거의 등량 소비이면 응익 원칙에 합치하지만 소비량에 차이가 있는 한(건물 냉방, 세차, 수세식 변소, 살수 등은 고소득자의 사용량의 증대를 예상할 수 있다) 응익 원칙이 충족시켜지지 않는다.

외부성이 높은 하수도 사업이나 병원 사업은(특히 고도 의료비나 간호사 양성비, 의사의 연구・연수비) 그 나름대로 일반회계든지 국고 부담의 근거가 있다. 무엇보다 현행 의료 제도의 사영 혼합에서는 대체성이 문제가 된다.

이와 같이 공영기업 서비스의 성질로부터 원가는 요금에 의해서 부담한다고 하는 독립채산제의 원칙의 확립이야말로 재건책의 본론이라고 할 수 있다.

경영의 합리화의 저해

버스 사업이나 수도 사업이 전형이지만 얼마나 재건을 위해 기업 내부의 합리화에 책임을 지고(「우리 두목은 국가다」 의식의 비능률적인 경영이나 정치적 합리화 반대는 논외로 함) 도시화 현상이라고 하는 외부 환경은 경영을 압박해 「대중의 다리」, 「생활 용수」, 「필수성」 … 등을 방패로 하고 요금 개정에 반대해, 그저 약간의 이용자의 이익 때문에 철도 병행의 버스 노선의 폐지마저 저지하거나 「행정 노선」을 온존하는 주민의 태도가 계속되는 한 경비의 상승은 면할 수 없고 경영은 파탄된다.

그런 의미에서 만약 지하철을 건설해 부담을 요금만으로 회수할 수 없는 것이 명확하면 현행과 같이 국고 보조제도의 확충에만 따르지 않고 샌프란시스코의 BART의 경험과 같이, 수익 지역의 광역 도시권이 지방세(샌프란시스코는 고정 재산세와 소매 매상세를 이용)를 시한적으로 증징하고, 주민의 세부담을 명확하게 하는 일도 하나의 방책이다.

도시의 행 · 재정제도의 제약

하나는 도시 세제의 제약이다. 만일 효율성의 문제는 무시하고 소득세를 도시 세제의 중심에 둔다면 저소득자의 요금 억제를 위한 수입 감소에 대한 보전이 소득 재분배에 기여할 것이다. 그러나 도시 세제의 부담은 응능적이지 않다. 그러므로 요금을 억제하고, 납세자에게 부담을 전가해도 소득 재분배에 기여할지 모른다. 오히려 소득 재분배는 직접적인 사회보장이나 사회 복지 서비스의 수단에 의해서 효율적으로 달성해야 하는 도시 경영의 종합적 입장으로 가령 공영기업의 서비스 편익을 뿔뿔이 흩어지게 취급하는 것은 아니다. 소득 재분배의 방식을 종합적으로 찾는데 있다.

둘째로 대도시권은 대도시를 핵도시로서 다수의 행정 단위로 구성되어 있는 현재의 행정 제도에서 대도시나 특정의 도시를 경영하는 공영기업의 서비스는 행정구역을 넘어 영향을 미친다. 교통사업의 서비스는 주간 유입 인구의 대부분이 이용하고 있고 공립 병원의 입원 환자가 시외 주민인 경우가 있다. 이러한 상황 속에서 경영 방식이나 부담의 배분을 궁리하지 않으면 안 되며 단순히 일반회계로부터 전입에 의하면 단체간의 주민 부담의 공평이 손상되는 결과 결국 공영기업의 재건은 주민 자신이 생각해 주민의 선택을 기다리는 것을 도시 자치체가 인식하는 것에 의해서 진행되는 것일까.

(칸사이 학원대학 교수)

지방채 운용론

井尻 昌一

서 론

"지방자치의 위기"가 오래 주장되어 왔다. 지방자치의 위기는 동시에 지방 재정의 위기에 기인하는 경우가 많지만, 이번 위기는 쇼와 48년 가을의 오일 쇼크를 정점으로 하는 일본 경제의 격변기를 배경으로 표면화된 것인 바 장기간에 걸쳐 심각하다. 또 일본경제가 높은 잠재 성장력에 의지해 불황과 호황을 자율 반전하고 있던 유형(고도 성장 경제)이 과거의 꿈인 것처럼 지방 재정도 같은 씨름판에서 임하고 있어 내일의 과감한 개혁은 바랄 수 없음을 명확하게 이야기하고 있다. 게다가 일본 경제가 고도 성장으로부터 안정 성장(저성장 경제)으로 궤도의 수정을 피할 수 없게 되어 현재 주민 생활 환경의 질적 향상 등 복지 행정에 대한 요구는 한층 높아지고 있어 그 만큼 지방 재정이 담당하는 과제는 중대하고 자치체는 일찍이 경험한 적이 없는 미증유의 시련에 직면하고 있는 것이다.

이러한 위기에 직면하고 있어 지방재정 운영상 「지방채」의 존재 가치가 재검토되어 일약 각광을 받기에 이른 것은 사실이다. 여기서 지방채의 역할, 운용의 실제 및 장래상에 대해 논의하고 저성장 경제하에 있어서의 지방채의 본연의 자세를 제기해 보고 싶다.

1. 지방재정 운영과 지방채의 역할

지방채의 기능

지방채는 요컨대 일년 이상의 기간에 걸친 빚의 총칭이다. 민간기업이 생산, 영업활동을 확대하기 위해서 적극적으로 타인자본을 활용하듯이 지방 재정에 있어서도 다양한 행정 수요에 대처하고, 지방채를 중요한 요소로서 고려할 필요가 있다.

재작년 이래 장기에 거친 불황 때문에 국가와 지방 모두 "세수입"에 이변이 생겨 "나루터의 배" 때문에 국채, 지방채에 의존하는 경향이 급증했다. 그러나 지방채는 적은 양이 아니다. 빌린 돈에 이자가 더해 기간이 다해 상환할 때까지 원금의 배 이상의 자금을 필요로 한다.

지방채는 세입 보완적 기능 외에 수익 사업이나 편익이 장기에 이르는 모든 시설의 건설 자금에 충당하는 것으로 수익과 부담의 공평화를 도모할 수 있다고 하는 경제적 기능을 가지고 있다. 또, 지방채는 그 자체가 직접 예산정책(Fiscal policy)이나 금융정책(Monetary policy)의 대상이 되지 않지만, 시장 공모채나 은행 연고채와 같이 민간으로부터 조달하는 자금에 대해서는 사채와 같게 공사채 시장(발행 시장과 유통시장)에 있어서의 시장 메카니즘을 통한 가격 조정 기능을 가지고 있는 한편, 신용 창조를 실시하는 은행 등의 금융기관에 대해 머니・서플라이(Money supply)(지방공공단체의신용)의 증감 요인을 구성하고 있어, 간접적인 금융 기능을 가지고 있다.

지방채의 역할

지방채는, 비유해 말하면, 영양 촉진제이다. 따라서 과량이 되면 부작용이 일어난다. 즉 상환 능력 이상으로 빚을 지면 공채비(公債比) 비율에 빨간 램프가 점멸해(부작용), 감량 등의 중점 치료에 전념해야 하는 처지에 빠진다.

지방 재정에 차지하는 지방채의 역할은, 세입면에 있어 "지방채"와 세출면에 있어서 "공채비"로서 각각의 위치를 알 수 있다. 전자는 지방채 의존도, 후자는 공채비 비율이라고 하는 척도에서 적정량의 판정이 내려지게 된다. 양자는 플로(flow)와 스톡(stock)을 표상 하는 밀접한 불가분의 관계에 있어 "차의 두 바퀴"의 관계에 있다. 따라서 지방채 의존도가 높아지면 후년도에 공채비가 증대해 장래의 재정 경직화의 원인이 되므로 지방채의 발행에는 항상 장래의 재정 부담의 전망을 파악해야 하고 안이하게 세입 보완적인 관점에서만 화살을 겨냥하는 일은 조심할 필요가 있다.

재정 운영은 "건전성"을 최고목표로 해 자기책임의 원칙에 서서 항상 장기적인 전망을 기초로 계획하고 집행해야할 것이고 지방채는 그렇게 해야 할 전형적인 것이기 때문에 규모에 대해서는 항상 공채비 비율, 현채고(現債高)의 상황 등 재정 지표를 기준으로 설정하는 자세가 중요하다.

코베시의 경우 재정 운영의 기본 자세는 전술한 기본 원칙을 근거로 삼고 수익 사업에 대해서는 원래 적극적으로 지방채를 활용하는 "기채 주의"를 선택하고 있는 것이다. 세계 제일의 규모와 기능을 자랑하는 코베항 포트 아이랜드 및 록코 아일랜드에 관해서 외화 지방채(독일 마르크채)를 재원으로 건설을 진행시키고 있는 것이 그 대표적인 것이다. 따라서 지방채 의존도, 공채비 비율로 보면 전국 평균보다 약간 웃돌고 있

표 1. 공채비 비율의 추이

(단위: %)

구분 \ 년도	쇼30	쇼40	쇼41	쇼42	쇼43	쇼44	쇼45	쇼46	쇼47	쇼48	쇼49	쇼50
전 국	8.0	5.3	5.7	5.8	6.7	5.6	4.9	4.9	5.8	5.7	5.6	6.3
도도부현	-	-	-	-	-	-	3.6	3.6	4.3	4.2	4.1	4.8
시정촌	-	-	-	-	-	-	6.7	6.6	7.7	7.7	7.5	8.2
코베시	5.2	6.0	6.2	8.0	8.2	8.4	6.9	7.0	8.2	6.7	7.0	7.2

전국, 도도리현, 시정출 — 자치성 「지방재정의 상황」에서

코베시 — 자치현 「지방재정상황조사」 코베시 부분

지만 지방채의 대부분은 공영기업 회계를 통해 수익 사업에 충당하고 있기 때문에 일반재원에게 주는 영향은 그렇게 크지 않은 것이 특색이다. 아울러 쇼와 50년도의 보통 회계 결산에 의하면 공채비 비율은 7.2%이다(표 1 참조).

2. 지방채 운용의 실제

지방채의 자금

지방채는 자금원으로 보면, 정부 자금, 공영 기업 금융 공고 자금 및 민간 등 세 곳으로 구분되어 지방채 발행계획이 이루어지고 있다. 그러나 모든 것이 지방채 계획으로 이루어지고 있는 것은 아니다. 즉 외화 지방채, 교부 공채와 같이 자금의 특수성 때문에 계획이라고 하는 구조에 넣는 것이 곤란한 것 또 도시 개발자금, 주택 금융 공고 자금과 같이 국가의 회계로 이미 그 골격이 이루어지고 있는 것은 「범위 밖에」에 있어 지방채

계획 외에서 처리되고 있다. 범위 밖 지방채도 자치대신 또는 지사, 대장대신의 허가와 협의를 필요로 하는 점으로 다른 세 개의 자금원과 차이는 없다.

지방채 계획 자체는 법적인 근거로 이루어지는 것은 아니다. 하지만, 지방재정계획 및 재정투융자 계획과 함께 국가 예산 편성 시에 참고로 국회에 제출되고 있어 각각 **그림 1**과 같이 국가와 지방을 통한 재정 자금의 흐름과 밀접한 관계를 갖는 위치에 있다.

그림 1. 지방채 계획과 지방재정 계획과의 관계

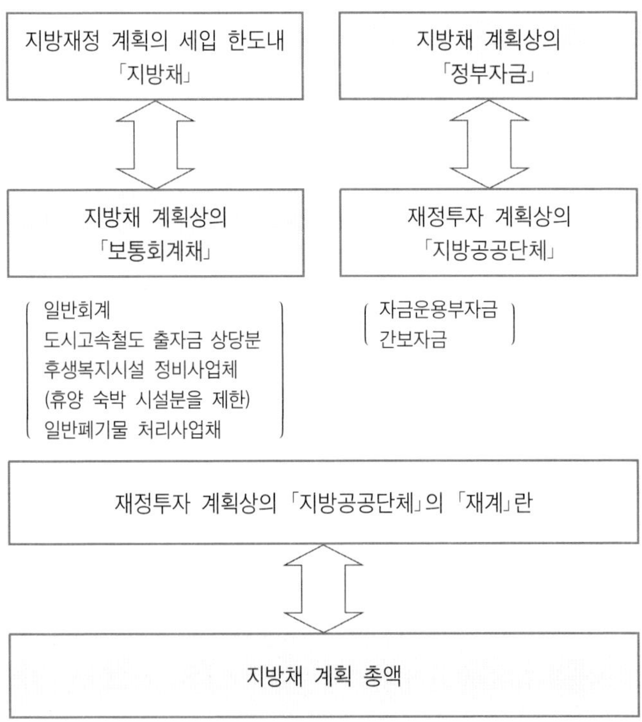

자료: 「일본의 공공채」(대장성)

여기서 각 자금의 성격, 내용 등에 대해 부언하면 다음과 같다.

① 정부 자금

정부 자금은, 자금운용부 자금과 간이보험 자금(정식으로는 간이 생명보험 및 우편 연금 적립금)으로 되어 있다. 자금운용부 자금은 자금운용부 자금법 등에 의해 자금운용부에 예탁이 의무 지워진 특별 회계의 적립금, 우체국 저금, 자금운용부 특별 회계의 적립금 및 여유금으로 구성되어 있다. 이 중 후생연금 적립금 및 국민연금 적립금은 자금 갹출자에게의 환원 융자를 위해 특별 지방채(후생연금 주택, 병원, 일반폐기물 처리·후생 복지 시설, 동화 대책, 하수도 등을 대상)에 충당되고 있어 이외의 자금은 일반회계채, 준공영기업채, 공영기업채에 충당되고 있다.

차입 조건은 금리, 상환 기간 모두 민간 자금에 비해 유리하고, 증서차입 방식에 의한 장기대부금으로서 대부할 수 있다. 따라서 민간 자금과 달리 유통성의 대상이 될 수 없다.

덧붙여 상환 기간은 최단기 3년, 최장기 30년이 되고 있어 사업마다 시설의 내용연수 등을 기준으로 구분되어 있다. 운용은 자치체 간의 자금조달력의 균형을 도모하려는 의도에서 재정력 내지 자금 조달력이 약한 자치체에 중점적으로 배분되게 되어 있다.

② 공영 기업 금융 공고 자금

공영 기업 금융 공고 자금은, 자치체를 대신해 자금을 조달, 자치체에 저리로 안정 자금을 공급할 목적으로 설립된 공영 기업 금융 공고(정부계 금융기관)로부터의 대출금이다. 자금원은 산업 투자 특별 회계 출자금, 공고 채권(정부 보증채)의 발행, 지방공무원 공제 조합 인수에 의한 연고채 등으로 구성되어 있다. 이 자금은, 준공영기업채, 공영기업채, 공영기업

표 2. 시장공모채 발행단체별 발행상황

(단위: 억 엔)

발행단체 \ 년도	쇼와 27	쇼와 40	쇼와 41	쇼와 42	쇼와 43	쇼와 44	쇼와 45	쇼와 46	쇼와 47	쇼와 48	쇼와 49	쇼와 50	(단초요망) 51
동경도	10.0	280.0	312.5	379.3	366.5	348.1	390.1	456.7	547.0	721.5	745.6	994.0	1,770.6
대판부	1.0	21.6	41.2	34.3	30.0	32.5	22.6	34.9	62.8	83.2	86.56	98.9	194.81
병고현	1.0	6.0	4.0	-	2.0	5.3	9.3	9.0	14.6	13.44	20.0	41.4	88.7
횡빙시	3.2	31.5	36.3	46.0	46.0	57.9	80.3	102.1	130.3	125.76	141.52	179.66	299.64
명고옥시	3.5	62.4	72.6	90.9	84.0	98.4	159.0	109.1	124.4	191.4	197.3	236.9	364.6
경도시	4.1	22.2	18.9	24.3	17.0	16.7	22.8	28.5	25.6	37.1	43.7	56.9	125.77
대판시	8.0	164.7	202.3	216.8	205.4	227.2	180.1	240.6	245.5	289.7	304.5	338.9	476.13
신호시	3.5	29.6	38.7	46.8	28.3	35.9	30.2	42.7	52.0	63.0	77.0	89.9	124.13
합계	34.3	618.0	726.5	838.4	780.7	822.0	894.5	1,023.6	1,202.2	1,525.1	1,616.18	1,986.56	3,444.25
쇼와48년 지정	북해도(北海道), 신나천현(神奈川縣), 정강현(靜岡縣), 애지현(愛知縣), 광도현(廣島縣), 복강현(福岡縣), 예황현(禮幌縣), 천기시(川崎市), 북구주시(北九州市), 복강시(福岡市)									155.0	149.0	265.0	740.0
쇼와50년 지정	궁성현(宮城縣), 기옥현(崎玉縣), 천엽현(千葉縣), 경도부(京都府)											80.0	210.0
합계										1,680.1	1,765.18	2,331.56	4,394.25

「지방채 통계자료」, 자치성에서 작성.

차환채 등에 충당되고 있다. 차입 조건은, 금리가 기준 금리와 특별금리로 구분되어 있고 공고의 비용에 근거해 변동하는 구조가 되어 있다. 상환기간은 사업마다 구분되고 있어 최단기 5년, 최장기 28년이다. 또한 1972년도의 공고 법 개정에 의해 지방도로공사, 토지 개발 공사 등의 공영기업 상당 사업(유료 도로, 지역개발 사업 등)에도 대부할 수 있게 되었다.

③ 민간자금

이 자금은 시장 공모 자금, 은행 등 연고 자금 및 공제 자금으로 대별되어 조달 방법이 공모인가 아닌가에 따라 공모 지방채와 비공모 지방채로 구분된다. 시장 공모채는 전자에, 은행 등 연고채(이하 단지 은행 연고채라고 한다) 및 공제 자금은 후자에 속한다.

(가) 시장 공모채는 증권거래법을 근거로 증권시장을 통해서 조달하는 자금으로 발행할 수 있는 자치체는 쇼와 27년도부터 1972년도까지는 도쿄도, 코베시 등 8 단체였지만, 쇼와 48년도에 10 단체, 쇼와 50년도에 4 단체가 추가되어 현재는 22 단체(13 도도부현, 9 지정도시: **표 2** 참조)가 되고 있다. 이러한 자금은 항만, 지하철, 상・하수도 등 이용 대상이 넓은 시설에 충당되고 있다. 연도 간 발행액에 대해서는, 매년도 지방채 계획 책정 때, 과거의 실적, 소화 상황, 사업 내용 등을 감안해, 자치성, 대장성, 증권, 은행 등에서 협의한 후, 사전에 규모 결정이 이루어지게 되어 있다. 발행 방법은, 발행자마다 증권, 은행에서 신디케이트단(인수단)을 편성해, 은행이 수탁회사가 되어(증권거래법 제45조), '모집의 취급과 인수'를 행하고 있다. 관행적으로는 증권 회사가 전액 판매하고 있다.

발행 조건에 대해서는, 국채, 정부 보증채 혹은 사업채등과의 금리 밸런스, 유통시장의 실세 등을 감안해 탄력적으로 결정되게 되어 있지만,

대체로 국채, 정부 보증채, AA격채(전력채 등)의 동향과 링크해 행해지고 있다. 이 시장 공모채는, 증권거래법 제2조의 규정에 근거하는 유가증권으로서 일본은행의 적격 담보 채권으로 지정되어 있어 질이 좋은 지방채이다. 최근 지방채의 대량 발행과 연고화가 인수 측 은행을 비롯 민간 금융에 의해 여러 가지 논의가 진행되고 있어 정세의 전개에 따라 지방채의 공모화가 진행될 것이라고 생각된다.

(나) 은행 연고채는 자치체의 지정 금융기관을 중심으로 신디케이트단, 몇 곳의 협조 융자단 또는 단독 등 은행의 인연 관계에 근거해 채권발행 혹은 증서 차입의 방법에 의해 조달하는 자금이다. 은행 연고채는 민간자금이 대종을 차지하고 있어 요 몇 년 전부터 발행량도 증대해 "지방채의 연고화"를 단적으로 나타내고 있다. 이 자금의 성격은 은행에 있어서 지방공공단체의신용의 증가로 연결되는 것인 만큼 금융정세에 좌우되기 쉽다. 또 은행 측은 항상 예대(預貸) 균형 등의 담보 급부를 인수의 전제 조건으로 하는 것이 많다. 따라서 발행자측은 충분한 자금 계획을 수립해 자금 수급의 전망을 세워 차입 시기 선정에 잘못이 없게 원활한 자금 조달 방법으로 임할 필요가 있다. 또 신디케이트단을 편성하면 자금 조달이 쉽다고는 할 수 없다. 실제로 사후 확인이 어렵다.

(다) 공제 자금이라고 하는 것은, 지방공무원등 공제 조합법에 근거하고 매년도의 책임 준비금의 증가 예상액의 일정 비율을 가지고 지방채에 운용되는 자금으로 주로 일반 단독 사업을 대상으로 대출할 수 있다. 그 밖에 중소기업 퇴직금 사업단 자금, 손해 보험 협회 자금, 전국 시(市)보유 물건 재해 공제 자금 등이 있다. 차입 조건은 대체로 정부 자금에 준해서 취급되고 있다.

④ 외화 지방채(외채)

외화 지방채(이하 외채라고 한다)는 외국 시장에서 채권을 발행해 조달하는 자금이다. 외채는 외화로 표시되는 것으로 발행시장에 따라 독일 마르크채, 미국 달러채 등으로 구분된다. 전후에 발행된 외채는 모두 정부 보증이 이루어졌다. 외채 발행 단체에 대해서는 「국제 부흥개발 은행 등으로부터의 외자의 수입에 관한 특별조치에 관한 법률」에 근거하고, 정부 보증을 할 수 있는 외채로 해서 정령으로 지정되지 않으면 안 된다. 현재는, 도쿄도, 요코하마시 및 코베시의 항만 정비 사업만 지정되어 있다. 또한 코베시가 1968년도로부터 1976년도까지의 사이에 발행한 독일 마르크채의 내용은 **표 3**에 나타나 있으며, 매회 모두 국내의 지방채에 비해 유리한 조건으로 행해지고 있다.

표 3. 코베시 마르크채의 발행상황

구 분	발행일	발행액	표면 이율	발행 가격	상환기간 (거치)	평균 연한	응모자 이율
			%	엔	년	년	%
제1회채 (공모)	쇼43.6.1	1억마르크	7.0	99.50	15(3)	9.72	7.069
제2회채 (공모)	쇼44.5.1	1억마르크	6.75	98.50	15(3)	9.72	6.954
제3회채 (공모)	쇼47.5.1	1억마르크	7.75	100	15(5)	10.5	7.750
제4회채 (공모)	쇼47.5.1	1억마르크	6.75	99.50	15(5)	10.5	6.817
제5회채 (공모)	쇼50.6.1	5,000억마르크	8.25	100	5 (일괄)	5.0	8.250
제6회채 (공모)	쇼51.6.1	1억마르크	7.5	99.00	7 (일괄)	7.0	7.720

외채는 발행량(Lot)이 커 대규모 프로젝트에 적절하기 때문에 각 자치체로부터 발행 요망이 많지만 외국 시장에서의 지명도, 사업의 적격성 등 어려운 심사 기준에 의해 결정되고 있으므로 국내채의 허가와 같은 감각에서는 도저히 발행을 단행할 수 있는 것이 아니고, 또 환율 변동에 의한 환차손 대책도 필요함으로 외채발행에 대해서는 신중한 검토가 필요하다. 외채도 이전에는 지방채 계획에 계상되고 있었지만, 외국과의 교섭마다 사전에 표명되는 인수 측의 영향 등 특수 사정이 많은 것을 감안하고, 범위 밖 채로 처리되고 있다.

이상과 같은 자금이, 각각 허가 협의 제도를 통해 채권 발행 신청 단체에 배분되는 것이지만, 지방채 계획상 세 가지 자금이 어떠한 비중을 갖고 변해 왔는지를 나타낸 것이 **그림 2**이다. 대체로 60퍼센트 대를 구성하고 있던 정부 자금이 50, 51년도에 큰 폭으로 감소하고 대신 민간 자금의 비중이 급증해 불황의 장기화에 의한 정부 자금원의 시장고민과 함께 세수입감소 대책으로서 50년도는 수입 감소 보충채를, 51년도는 재정 대책채, 교부세 대체채로서 각각 민간자금으로 대체해야 할 특수 사정에 처한 곳이 많다. 코베시의 경우 종전부터 민간 등 자금의 비중이 높아지고 있지만, 대도시형 재정 단체의 경향이 강하다. 따라서 향후, 저성장 경제하의 금융정세에서, 은행 연고채를 시작으로 하는 민간 자금을 어떻게 조달해 나갈지가 주목 대상이며, 자치체간의 격차 시정, 공사채 시장에의 대응성 등 미해결 사항을 배경으로서 꽤 어려울 각오로 임할 필요가 있을 것이다. 다음은 민간자금의 조달, 소화, 보유의 상황을 운용 및 실태를 중심으로 추적해, 지방채의 연고화에의 대응책을 찾아보고자 한다.

그림 2. 지방채자금 구분별 비중추이

주: 51년도는 당초 계획 기준, 다른 년도는 허가실적에 의해 「지방채 통계자료」, (자치성)로 부터 작성

민간자금의 조달 상황

허가 예정액 통지를 받은 지방채의 조달은 중요한 과정이다. 무엇보다, 정부 자금은 융자 사무의 절차가 번잡하고 긴 시간이 요구되는 것을 제외하고 자금의 조달 그 자체에 그만큼 부담은 없다. 문제는 민간자금이다. 특히 시장 공모채와 은행 연고채는 금융 경제정세의 다양화의 물결에 좌우되고 있어 조건 교섭, 쉐어(share) 개정 등으로 난항을 겪을 경우, 대체로는 차주의 약점에서 후퇴하는 경우가 압도적으로 많은 것이 실정이다.

(1) 시장 공모채의 발행

시장 공모채는 증권 회사를 통해서 불특정 다수의 일반 투자자를 대상으로 모집되는 공모채로 직접금융에 의한 자금 조달이다. 공사채 시장에서 발행되는 채권은 유가증권으로 해서 유통성(환금성)이 부여되고 있어 발행 시장과 유통시장을 통한 가격・메카니즘에 근거해 가격 조정 기능이 작용하는 구조가 되어 있다. 따라서 발행 조건은 양시장의 유기적인 관련 속에 탄력적으로 결정되는 것이 본래의 모습이다. 그렇지 않으면 유통시장에서 기발채(旣發債)의 유통 이율과 신(新)발채의 응모자 이율과의 사이에 괴리가 생겨 발행액의 통제, 유통성의 불안정, 개인 소화의 둔화 등 등 여러 가지의 왜곡현상이 나타난다. 그러나 시장 공모채의 발행 경비는 오랫동안 사업채에 고정되고 있었는데 쇼와 47년의 금융완화기에 공모 발행 8 단체가 보조를 함께 증권, 은행 등 제 기관에 대해 "발행경비를 낮추어 정부 보증채와 똑같게 인하해줄 것을" 요망한 결과, 48년 봄 이후의 발행분부터 개정되게 되었다.

다만 이때에 증권, 은행측으로부터 "발행 조건은 금융 등의 실세를 가미해 탄력적으로 결정하는 취지"의 부대조건을 달았지만 48년 하반기 이

그림 3. 주요금리 추이

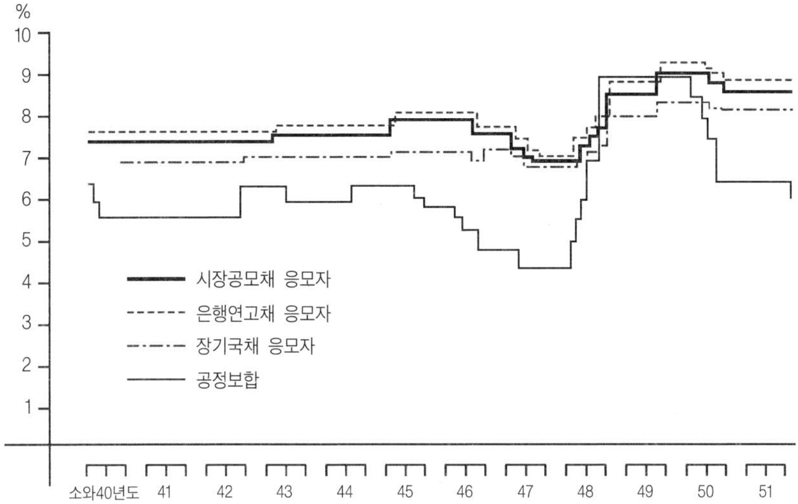

주) 일은경제 통계월보, 지방채 통계자료(자치성)에서 작성.

후 시작된 일본 경제의 고금리 시대(금융 핍박기)를 맞이해 증권, 은행측의 의사에 따라 종종 조건 개정(상향수정)을 했었다(**그림 3** 참조).

이러한 과정 중에 시장 공모채의 금리 메카니즘을 탄력화한 의의는 크고, 시장성의 회복 면에서 높게 평가되고 있다. 아무쪼록 금융완화기에 있어서의 금리의 하향수정에 대해서도 더 적극적으로 요구하여야 할 것이다. 또한 발행량이 많은 공공채의 지주인 국채, 정부보증채(정보채)의 조건 개정 경직화를 지방채에 전가하지 않도록 하기 위해 국채, 정보채와도 공사채 시장의 실세에 따라 조건 개정을 하도록 해야 한다.

발행 절차는 발행자와 수탁은행 및 인수단과의 사이에 모집 위탁, 인수 및 모집 사무 취급, 원리금 지불 사무 취급 등 계약을 체결해서 진행된다. 인수단은 코베시의 경우, 도장은행(都長銀行) 13, 상은(相銀) 2, 신탁 6으로 총 21 은행단과 종합 증권 11사로 편성하고 있다.

시장 공모채의 소화상황을 보면, 공공채는 금융기관의 인수 점유비가 크고, 개인 그 외의 금융기관의 인수 점유비는 극히 낮아 시장 소화에 꽤 긴 시간을 필요로 하는 형세에 있다. 그런 가운데 코베시의 경우는 **그림 4**에 분명히 나타난 것과 같이 개인 소화는 다른 공모채에 비해 높은 추이를 나타내고 있다. 그러나 국채, 정보채는 발행량에 현격한 차이에 있기 때문에, 점유비는 낮지만 소화액으로 보면 지방채보다 단연 많다. 인수측에 있어, 발행 조건이 제일 좋아야 할 지방채가 어째서 경원시되는지 그 이유는 다음의 유통단계로의 조건차이에 기인하고 있는 것이라고 추측된다.

그림 4. 공・사채 소화상황(쇼와 50년도)

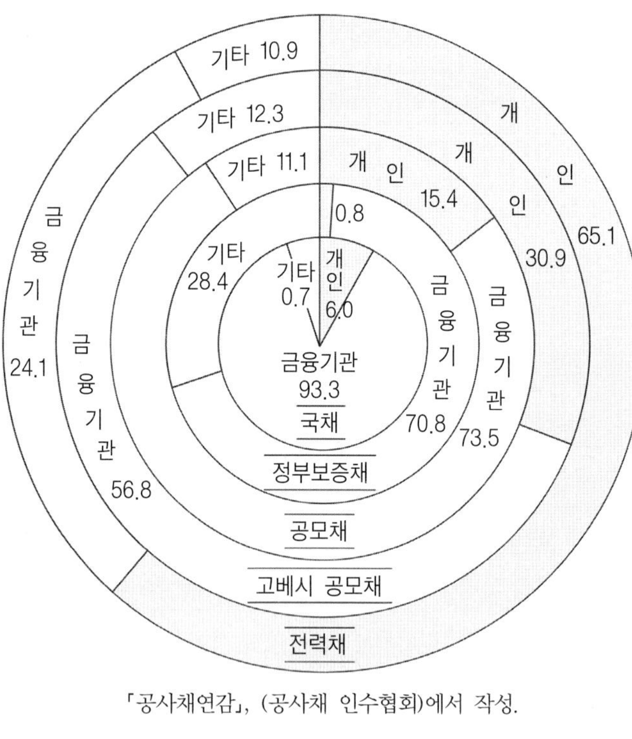

「공사채연감」, (공사채 인수협회)에서 작성.

즉, 첫째 국채에는 별도 기준 비과세 제도(52년 4월에 조세 특별조치법 및 동법 시행령이 개정되어 시장 공모채도 별도 기준 비과세 취급의 대상에 포함됨)와 누적투자 제도(국채 저축)와 같은 개인 소화 촉진책이 채택되고 있고 또 정보채는 공사, 공단 등의 대규모 공공 공사에 연계된 건설업자를 소화처로 고정하고 있는 것, 둘째로 국채, 정보채는 일본은행의 적격 담보, 시장조작(operation) 대상이 되어 있는 것 등이다. 또한 시장 공모채는 일본은행의 적격 담보로는 되고 있지만, 시장조작(operation) 대상으로 되어 있지 않다.

향후, 시장 공모채의 소화에 있어 금융기관에 의존하는 연고화를 재검토하고 장기 투자의 목적으로 채권을 구입하는 안정적 투자층을 개척해, 유통시장을 형성해 나갈 필요가 있다. 그 의미로, 1976년 1월 발행의 코베시 시장 공모채는 코베시 부인 단체 협의회(회장 土井芳子 도이 요시코, 회원 10만 인)가 "한 집에 한 구좌 코베시채를!"의 운동을 전개해 동 회원부터 시작해 다수의 시민이 구입한 사례는 일시적인 현상이라 하지만 발행액의 60퍼센트 가까운 개인 소화의 실적을 달성한 것으로 개인에 의한 소량 인수의 길을 개척한 것으로 금후의 지방채소화 방안을 모색하는데 하나의 지침을 제시한 것으로 각 방면에서 높게 평가되고 있다.

(2) 은행 연고채의 발행

은행 연고채는 발행자와 긴밀도의 높은 금융기관과의 연고에 의지해 소화되는 자금이기 때문에 발행 조건도 연고성 때문에 가지각색인 것이 보통이다. 운용상 공모채 발행 단체와 그 이외의 단체로 차이가 난다. 즉, 전자의 경우는 쇼와 48년 가을무렵까지는 표면이율, 발행가액 및 상환기간이 시장공모채와 동일하고 채권발행형식을 채택하고 있어 발행 경비에 차이가 있었으므로, 응모자 이율에서는 은행 연고채가 높고, 발행자 이율에서는 시장 공모채가 비싸다고 하는 유형 이었지만, 동년 가을 이후는 시장 공모채의 표면이율에 0.1퍼센트를 추가하는 법칙이 정착해 발행자 이율이 시장공모채보다 약간 높다. 이것은 전술한 것처럼 은행 연고채가 가지는 비유통성, 금융 핍박에 의한 자금 포지션의 악화 등의 불리한 조건이 발행 조건에 전가되었기 때문이다(**표 4** 참조). 또 후자의 경우는, 이미 발행한 연고채의 조건을 비교 대상으로 옛날의 지연성 등을 가미해 결정하고 있어 차입 금리는 전자에 비해 0.2% 상・하폭이 되고 차입기간, 상

표 4. 시장 공모채와 은행연고채의 조건비교

(단위: %)

시 장 공 모 채			연도 (쇼와)	은 행 연 고 채		
표면이율	응모자이율	발행자이율		표면이율	응모자이율	발행자이율
7.3	7.354	7.974	40	7.3	7.670	7.697
↓	↓	↓	41	↓	↓	↓
			42			
	7.441	8.071	43		7.684	7.808
	↓	↓	44		↓	↓
7.5	7.831	8.491	45	7.5	8.058	8.195
7.3	7.540	8.182	46	7.3	7.763	7.892
6.8	6.918	7.431	47	6.8	7.055	7.160
7.7	7.771	8.146	48	7.7	7.969	8.056
9.0	9.047	9.445	49	9.1	9.361	9.451
8.5	8.639	9.039	50	8.6	8.950	9.047
↓	↓	↓	51	↓	↓	↓

주1: 각연도 모두 12월말 현재 발행조건.

주2: 시장공채는 「지방채통계자료」(자치성)에서 작성.

주3: 은행연고채는 코세시의 실적으로 부터

환 방법은 천차만별이 되고 있다. 발행 형식은 대부분의 증서 차입이다.

은행 연고채가 금융기관에서 소화되기 위해 발행 시장에 대해 보험사 기능을 발휘하여 발행량을 조정할 여지가 적고 또, 금융정세의 영향을 받아 쉽게 투자 목적에 의한 장기 보유의 대상이 되기도 어렵다. 따라서 이자부 금융채와 같이 발행 후 비교적 빨리 대량으로 유통시장에 팔기 위해, 장기채의 유통 이율이 단기금리에 따라 움직임을 나타내는 특유의 패턴을 나타낸다. 이러한 일이 공사채의 유통시장을 불안정하게 하는 원인이 되고 있다.

최근, 발행자는 발행량의 증대에 대처하기 위해, 또, 인수 측은 단독 인수에 의한 자금 부담의 경감을 도모하려는 의도로 시(市)단 편성이 활발해지고 있다. 그러나 이것이 선발시단(도쿄도, 코베시 외 대도시)의 쉐어 개정, 발행조건의 조정 등에 파급되고 순차적으로 인수를 꺼리는 은행이 많아지는 경향을 보이고 있다 특히, 지정 금융기관 등을 경험한 적이 없는 금융기관은 소극적인 자세를 보이고 있다.

지방채의 보유 상황

지방채의 현재의 추이를 자금 구분 별로 보면 전국 베이스에서는 정부자금의 비중이 서서히 감소하여 쇼와 48년도 말, 정부 자금 대 민간 자금의 비율이 역전하고, 민간자금의 비중이 50퍼센트 이상을 차지하고 있다. 이것은 발행 계획 베이스에 있어서의 정부 자금의 점감 동향으로 연계되고 있는 것이다.

코베시의 경우로 보면, 민간 자금의 비중이 높아 60퍼센트를 차지하고 있다. 외채발행을 포함, 발행 베이스에 있어서 민간 자금 의존이 스톡면에서도 그대로 나타나고 있다.

현채고는 상환 방법이 똑같지 않기 때문에 원금 상환베이스에 따라서 다르다. 정부 자금의 경우 상환기간이 길고 원금 상환의 평준화에 중점이 놓여져 있으므로 상환베이스는 완만하지만, 민간 자금은 정률 상환 방식(매반기 3퍼센트)을 택하고 있는 것이 많아 상환 기간도 7년 내지 10년이며 차환(借換)에서도 상환의 평준화 기능을 완수하고 있다.

지방채의 애로 — 은행 연고채

몇 년 전부터 지방 재정은 경제 이변에 의한 파동이 크고 지방채가 "도움의 배"가 되는 경향이 정착하고 있다. 이전 각광을 받기 시작한 지방채에도 잠재하고 있던 "병근(病根)"이 표면화 해 공사채 시장을 교란할 기세를 보이고 있다. 그 병근의 첫째는 은행 연고채다. 은행 연고채가 가지는 애로는 첫째 발행자인 자치체가 채권에 임하는 방법이 좋지 않고 연구부족이 눈에 띄는 것이고 둘째로 인수측인 은행의 지방 행정에 의한 사회 환원 의식의 결여가 현저한 일, 그리고 셋째로 "당분간"이 "영원히" 계속하고 있는 허가 협의 제도와 그 저류에 있는 중앙 관청의 자치체에 대한 불신감이 뿌리 깊은 일 등에 기인해 발생하고 있다.

(1) 채권에 대한 인식 부족

첫째 은행 연고채에는 다음과 같은 문제가 표면화하고 있다.

(가) 발행 형식이 통일되지 않은 일

시장 공모채 발행 단체는 은행 연고채도 채권발행 방식을 채용하고 있어 이것이 전액 등록채여도 "지방채 증권"으로서의 조건은 갖추어지고 있으므로, 그다지 문제는 없다.

그러나 이외의 단체의 상당수는 증서 차입 방식에 달려 있지만 채권발행의 경우에도 수탁은행이 없는 것, 발행 종목에 사업명을 적고 있어 연속성이 없는 것, 채권 번호를 붙이는 방법이 다양한 점, 원리금 지불 장소가 지점 한 곳 뿐 이거나 상환 연차표가 빠져 있거나, 조상(繰上)상환의 남용으로 상환 조항에 불명확한 것이 많이 있는 것, 등록채로부터 현물채에로의 전환을 거부하고 있는 경우가 있는 것(사채 등록법 제4조의 취지에 반한다) 등 자치체에 따라 형식이 천차만별로 통일되지 않고 있다.

(나) 발행 시장의 미정비

발행액이 자치체에 의해 꽤 격차가 있고 발행시기도 가지각색이며 금융시장의 실세를 배려하는 자세도 부족하다. 공사채 시장에서는 통상 거래는 대규모 단위로 행해지므로 발행통로가 적으면 구매자가 나타나지 않고 유통성을 소외하는 원인을 만들게 된다.

(다) 시장성, 유통성의 결여

(가) 및 (나)에 해당하는 은행 연고채는 유가증권으로서의 시장성, 유통성이 부족하게 되어 금융기관의 자금을 고정화 하여 포지션 악화를 가져오고 다른 유리한 운용으로 변환하고자 조기에 처분되거나 장래의 인수 마인드에 변화를 가져오게 한다.

한편 은행 연고채는 일본은행의 적격 담보 및 시장조작 대상에서 모두 제외되고 있는 것으로 은행 측에 "가지는 묘미"가 부족한 의식을 심어 발행 단계에서 고이율 확보의식을 쉽게 파급시키고 있다.

(2) 은행의 사회적 환원 의식의 결여

두 번째로 은행이 가지는 공익성이 사회적 환원 의식에 연결되지 않은 것이다. 확실히 예대증율(証率)의 추이로 보면, 쇼와 46년 이후는, 지방

표 5. 지방공공단체의 예대비율추이

(단위: %)

구 분	여신비율			공금예금비율			예대비율		
	전 은행	도 은행	지역 은행	전 은행	도 은행	지역 은행	전 은행	도 은행	지역 은행
쇼와 45년 12월말	3.7	3.4	4.7	3.0	2.1	5.0	141.2	174.3	90.6
쇼와 46년 12월말	3.9	3.3	5.5	2.8	1.8	5.0	154.4	184.5	106.9
쇼와 47년 12월말	4.2	3.4	6.3	2.5	1.7	4.5	183.6	203.1	135.9
쇼와 48년 12월말	4.9	4.0	7.5	2.6	1.7	4.5	216.2	241.1	161.3
쇼와 49년 12월말	6.3	5.1	9.4	2.9	1.8	5.1	253.9	306.1	179.4
쇼와 50년 12월말	6.4	4.9	9.6	2.7	1.8	4.7	271.6	296.9	198.6

주1: 여신비율은 지방공공단체 여신의 총여신 점유비

주2: 공금예금 비율은 공금예금의 총예금 점유비

주3: 예대비율은 지방공공단체 여신을 공금 예금으로 나눈 %「경제통계월보」일본은행에서 작성.

재정의 어려움을 반영하고, 차례차례 악화되고 있어 **표 5**와 같이 현재는 지방은행도 포함되고 200 퍼센트를 넘어 대폭적인 여신 초과가 되고 있다. 이렇게 거래 면에서의 메리트 저하는 은행에 장래 불안감을 갖게 하고 신규 발행 시에 이율을 확보할 방향에 집중하게 된다.

그러나 인수에 참가하는 은행은 대체로 공금 취급 업무를 실시하고 있어 이것보다 받는 메리트도 클 뿐만 아니라 예금자나 대출 대상의 확대라고 하는 파급효과도 놓칠 수 없는 수익 요소이다. 또 국고 자금과 같이 자치체에 융자된 자금도 공공 사업에 투하되어 지정 금융기관을 통해 지역 금융으로 다시 자금이 순환해 새로운 신용 창조를 실시하고 있다. 게다가 은행이 개인으로부터 모은 예금 등에도 지역성이 있는 것이 있어 지역 서비스의 환류로서 현지 자치체 전용으로 융자하는 것이 그렇게까지 채산성을 줄이게 할 것인지 어떨지 의문의 여지가 있다. 은행은 자치체에 투자를 함으로 사회적 환원의 기능을 완수하는 역할을 담당하고 있는 것을 재인식해야 한다.

(3) 자치체 불신 — 허가 협의 제도

세 번째로 특정 자치체에의 자금 편재의 시정, 국가와 지방 및 민간에 있어서의 자금 수요의 종합적 조정, 지방채에의 안이한 의존의 감시 등등 요컨대 자치체 불신을 저류로 한 현행의 허가 협의 제도이며, 제도화 이래 이러한 기각이 30년을 경과했다. 이런 사이에 자치체 간에 자금 조달력의 격차는 더욱 더 확대해 갔다. 그리고 이 격차를 동일시 해, 방치해 왔던 폐해가 오늘의 은행 연고채의 공사채 시장에 있어서의 고립화를 낳았던 것이다.

앞으로는 지방채의 본질을 재검토하여 허가제를 "보조금적"으로 생각하고 있는 자치체가 응석부터 타파하는 것과 동시에, "채권발행의 유자격"을 마련해 규제할 필요가 있다.

3. 지방채 제도의 장래상

그렇지만, 현행 허가제가 가지는 메리트에 대해서도 평가해 둘 필요가 있다. 즉 시장 공모채, 은행 연고채 등의 민간자금이 증권・금융 등의 시장으로부터 조달할 수 있는 보이지 않는(음덕) 보증은 의외로 "허가"에 의거 하는 곳이 크다고 하는 사실이다. 만일 자유롭게 발행할 수 있다고 했을 경우, 현재의 금융기관의 대 자치체 융자의 자세는 극단적으로 방향 전환되어 "불신"으로부터 시작할 것은 분명하고 차입 비용의 우열차이도 현저하게 될 것이 예측된다. 아무것도 아닌 것이지만 "지방 자치법을 근거로 하는 허가"가 가지는 기능은 금융기관에게 중압으로 작용, 시장에서 "신용증"을 공유하고 있는 것이다. 그러나 이것은 현행 체제 안에서의 위치가 정해지기 때문에 이 일 즉 허가제 존속의의가 있다는 것을 말하고 있는 것은 아니다.

향후의 동향으로 허가제를 존속하는 경우와 이것을 폐지하고, 채권 발행의 자유화를 도모하는 경우를 구분해 고찰해 볼 필요가 있다.

전자의 경우 정부 자금의 증액과 대상범위의 확대를 도모하는 것이 전제 조건이며, 민간자금에 대해서도 채권발행전체는 우량 단체로 한정해(유자격 제도), 극력 "공모화"를 촉진하고, 시장성이 있는 양질의 지방채 조건의 정비를 확립하는 것이 급무이다.

또 후자의 경우 재정 운영의 자주성이 확보되는 반면, 민간 시장으로부터의 여러 가지의 압력에 어떻게 대처해 나가는 지 즉 민간자금의 시장성, 유통성에 대해 공사채 시장의 인지를 얻을 수 있는지 아닌지가 큰 포인트가 된다. 만약 획일적인 위치가 정해지지 않는 경우 발행자에 의한 격차의 확대는 불가피하고 시장 공모채를 처음 "격부제(格付制)"에의 행동은 더욱 더 고양 될 것이다.

어쨌든 자금 조달력이 약한 자치체의 처우가 허가제 존폐의 결정투표권(Casting Vote)을 갖고 있으므로 허가제가 즉시 폐지될 전망은 적다. 그 의미로 종전부터 주장되고 있는"지방 단체 금융 공고 구상(가칭)"은 현행 제도에 있어서 자금 조달면의 결점을 보완하는 대체 기능으로서 그 실현이 바람직하다. 이것은 개개 자치체가 직접 금융기관과 조건 교섭을 가지는 것은 극히 어려운 일이며 또 은행 연고채에 의한 자금 조달에도 한계가 있으므로 현재의 공영 기업 금융 공고를 발전적으로 개편해 자치체를 대신해 저리로 안정적인 자금을 시장으로부터 조달해, 이것을 자치체 전용으로 하여 정보채 같은 수준의 조건으로 대출하는 지방채 전문 기관으로 하는 것이다. 다만 대출 대상 사업을 일반회계채까지 확대해 대출범위도 큰 폭으로 증액하는 것을 전제 조건으로 한다. 또한 대출 조건은 전대방식(轉貸)이 되므로 공고의 경비분 만큼 비용이 비싸지는 것은 부정할 수 없다. 그래서 공고의 자금 비용을 경감하기 위하여 정부 출자율 등으로 조정할 필요가 있다.

공공부문에 의한 자금 조달이 증대하고 다원화하는 경향이 있어 앞으로 은행 연고채를 시작으로 하여 지방채가 증권, 금융의 각 시장에서 고립화되지 않게, 지금이야말로 지방채 제도의 장래상을 쌓아 올리는 좋은 기회이고 그런 여건은 되어있다고 생각한다.

(코베시 조역)

Ⅲ

도시경영과 행정운영

도시경영과 정책 결정

狩野 学

1. 정책 결정과정(Process)

정책 결정의 민주 · 과학화

근년 자치체에 있어 종래의 행정관리로부터 정책과학으로의 전환이 급속하게 이루어지고 있다. 무한한 행정 수요, 유한한 재정력, 그리고 다른 가치관의 대립이 두드러져 옴에 따라, 자치체의 결정 능력의 한계가 느껴지기 때문이다. 그리고 거기에 새로운 도시 경영의 중심적 과제의 하나로 정책 결정의 근대화 외에 과학화와 민주화를 그 이유로 들 수가 있다.

그것은 단순한 계량 경제 기법의 구사라든지 홍보 · 공청의 확대에 의해서 달성되는 과제는 아니다. 왜냐하면 산업 연관표, PPBS 방식, 시스템 분석 등의 관리 분석 기법의 지식은 상당히 도입되고 있고, 또 시민 집회, 시정소식 등에 의해 시민과 자치체의 교류도 꽤 넓어지고 있음에도 불구하고, 정책 결정에 아직 활기가 부족하고 있음은 부정할 수 없다. 관리 기술에의 치움침이나 대외 홍보의 확대보다도 자치체는 정책 결정의 최적화 때문에, 한 번 더 자치체의 정책 결정과정을 분석해 그 결정 프로세스에 개재하는 전통적인 속박(장애)을 들추어내는 것이 바람직하는 것이다.

그런데 자치체를 둘러싼 정책 결정의 이론을 크게 분류하면, 민주주의와 관료제(테크노크라시)라 말할 수 있다. 이 두 개의 원리가 정상적으로 가동하는 것에 의해서 자치체의 정책 결정의 최적화를 기대할 수 있는 것이지만 현상은 민주주의의 원리가 미성숙 되어 관료제의 결함을 충분히 컨트롤 할 수 없었다. 뿐만이 아니라 자치체 자신의 행정 기구가 본래의 테크노크라시로서의 기능을 발휘하지 않았던 것도 간과해서는 안 될 것이다.

이러한 폐해의 극복은 단지 민주주의의 회복, 관료제에의 비판이라고 하는 개념적인 의식의 개혁 뿐 만 아니라, 정책 결정의 프로세스를 추적해 민주주의와 관료제가 각 단계에서 어떠한 기능을 발휘했는지를 분석해 정책 결정의 프로세스에 있어서의 적정한 기능 분담의 관계를 밝혀 가는 것이 불가결할 것이다.

정책 결정의 프로세스

그러면 자치체에 있어서의 정책 결정의 프로세스는 어떻게 되어 있는가. 통상 행정 수요라고 하는 인풋(Input)이 행정 기구와 결정체계를 가지고 재정지출이라고 하는 아웃・풋(Output)으로 표현되고 있다. 이 순환과정을 「코베시의 재무 행정 제도 조사회 보고서」(쇼와 50년도)는 **그림 1**과 같이 표시하고 있다. 보고서는 이 순환도에 대해서, 「종합 기본계획 등에 의해서 행정의 이념화와 지표화를 실시하는 것과 동시에, 전세대 조사 등에 의해서 시민 요구의 이념화・지표화를 행하고 있다. 정책 결정의 순환도로서는 주민의 선호도, 타도시와의 「밸런스 정도」로부터 시내부

그림 1. 정책 결정 과정 패턴

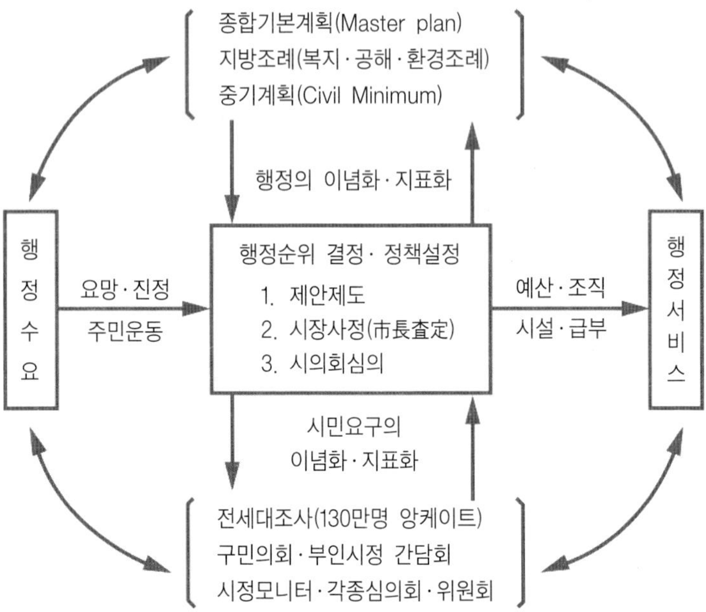

쇼와 50년도, 「코베시 행재정제도 조사회 보고서」, 16면.

에서 결정되어 가는 사이클은 크게 납득이 되지만 문제는 행정결정의 순환에 "시민참가"의 이름에 어울리는 호순환을 나타내고 있는지 어떤지 이다. 결국 시행착오를 거듭하면서, 주민요구(needs)와의 일치, 시민의 정책 결정에의 참여도를 높여 갈 수밖에 없는 것이 아닌가.」(동 보고서 16면)라고 말하고 있다.

앞의 보고서의 표현은 분명히 타당하고 문제점의 지적도 틀리지 않다. 다만, 보고서는 선택 기준과 행정 범위 등을 중심으로 구성되어 이 순환도에 대해서는, 전술 인용문 밖에 접할 수밖에 없기 때문에, 저자로서는 한층 더 이론적으로 연구할 필요가 있다.

정책 결정의 이론

관료제(bureaucracy)는 현대에 있어 경멸의 대상이 되면서도 한편으로는 착실하게 정책 결정의 주도권을 잡고 있는 것은 틀림없는 사실이며 이 경향은 도시 자치체에 있어도 변함이 없다. 그 요인은 말할 것도 없이 도시 사회의 거대화・복잡화와 시민의 정치적 무관심과 의회제 민주주의의 「부적응」현상 때문이라고 말할 수 있다.

그리고 많은 비난과 위협에도 불구하고 왜 관료제가 정책 결정에 큰 힘을 가지기에 이르렀는지는 관료제 특히 그 중추인 테크노크라트(technocrat)의 정치적 중립성, 지적 기술의 우월, 이익 집단의 조정력, 사회적 목표에의 공동 사명감에 의해서, 정치가 그룹으로부터 테크노크라트에로 이행하는 상황에 있다고 말할 수 있다.

그러나 이러한 배경, 메리트를 인정한다고 해도, 본래, 「공(公)」인 정책 결정을 모두 한 줌의 관료에 맡기는 것은 민주적 사회체제인 현대 사회에서 참기 어려운 굴욕 일 뿐만 아니라 너무 위험하다. 그것은 지금까지의 역사적 사실에 의해도 확실히 「관료제의 신화」라고 말해졌기 때문이기도 하지만 테크노크라시가 가지는 결함, 병리, 한계도 또 크다. 쟌・메이노는 다음과 같이 지적하고 있다. 첫째로 테크노크라트는 비밀리에 행동하고, 공개장소에서의 토론보다는 비공개의 논의를 선택하는 것, 즉 테크노크라트는 스스로의 무류(오류가 없음)를 확신해 요컨대 비밀 정치・폐쇄적 정치에 대해서는 오른쪽으로 나오는 것은 없을 만큼의 역량을 갖고 있다고 확신하고 있는 것이다. 둘째로 권위주의나 절대 주의에 기울기 쉬운 것이다(「테크노크라트의 독재」). 테크노크라트는 결정된 정책을 표명할 때는 성급함을 굳이 숨기려고 하지 않고 또 이것에 대한 공중의 반응에 대해 경멸하거나 혹은 그 반응에 무관심의 태도를 나타내는 경우가 있다

(예를 들어 「경제의 방향 전환」의 레벨로 이러한 태도가 보인다).」(「테크노그라시」 65면).

그러나 테크노그라시(technocracy)가 악이며 민주주의는 선이다라고 말할 수는 없다. 또 후자가 전자를 대신하는 것도 불가능하다. 전후 자치에 있어서도, 공선(公選)이라고 하는 민주주의와 관료라고 하는 테그노크라시가 서로 환경파괴를 가져왔다고 말하지만 한편 분출하는 주민운동이라고 해도 자치체의 테그노그라시를 소용없게 할 만큼, 정책화, 제도화되어 있지 않다. 거기에 민주주의가 테크노크라시를 제어 하면서 어떻게 공평하고 적정한 정책 결정을 이루어 가는가 하는 정책 결정 프로세스의 민주화 · 과학화가 결정적인 근거를 갖고 있다고 말할 수 있다.

2. 자치체 기구와 정책 결정

관료의 정책 능력

관료제에 대한 엄한 비판은 벌써 정설이 되어 있다. 형식주의, 법규 만능, 비밀주의, 무사 안일주의, 책임 전가, 세력권 근성, 개성의 매몰, 관존민비 등의 기능 저해, 병리 현상이다.

그리고 현대관료제, 예를 들어, 도시 자치체의 직원을 대해보면 최대의 관료제 결함은 먼저 말한 고전적 병리 현상이 아니고 정책 능력의 미성숙인 점이다. 꽤 많은 조사를 하고 있으면서 실시 가능한 정책 형성에 있어서는 일부의 감만 있고 또 개개의 직원으로서는 우수해도 조직의 힘으로서는 큰 힘이 되지 못하는 감이 있다.

이와 같이 현대 조직의 약점에 대해 행동과학의 관점에서 이에 헥케르 · 드로아는 다음과 같이 말하고 있다. 「(a) 개별적인 미크로 연구와 장

대한 이론과의 사이에는 큰 차이가 있고, (b) 균형 및 구조・기능 개념을 선험적(a priori)으로 받아 들여 그 때문에 아무것도 하지 않을까 혹은 점진적인 변화를 가져오는 정도의 권고 밖에 이루어지지 않는 것, (c) 생생한 사회적 문제를 정면으로 취급하는 것과 또 타부시되는 문제를 취급하는 것에 대하여 겁쟁이다 라고, (d) 완전주의이며 그 때문에 시간의 제약이 있는 문제, 따라서 모든 중요한 정책 문제로부터 손을 떼지 않을 수 없게 하고 있는 것, (e) "가치로부터 자유의", "순수의", "사실에 관한" 혹은 "행동적인" 것이라고 하는 말에 대한 연구를 넘은 응용 연구에 관련되는 것에 깊은 죄의식을 느끼는 것.」(이에 헥케르・드로아, 宮川公男 譯「정책 과학의 디자인」 12-13면)

도시 자치체에 있어서의 행동과학의 결함을 말하면, 첫째 자치체의 시책은 유동하는 도시 사회에 있고 항상 그 효과는 변동한다는 것이다. 따라서 시책의 재검토는 재정 수지의 여하에 관계없이 행해져야 할 것이다. 그런데 먼저 말한 결함 때문에 정책의 지체를 피할 수 없다. 예를 들어 복지에 대해서 보면, 일반 복지로부터 개별 복지에, 시설 주의로부터 재택 보호(care)로, 도시 복지의 시책의 이행에 병행하여 행정 시책의 변화가 보이지 않는다고 하는 엇갈림이 있다.

두 번째로 자치체의 시책 평가 기준은 본래, 수익자인 시민에 있어야 하는 것이다. 그럼에도 불구하고 제공자인 자치체에 주어져 있다. 그를 위해「허구의 제도화」가 존속하는 사태가 된다. 그리고 이러한 평가의 엇갈림은 주민 만족도의 조사에 의해서 묻히는 것이지만 시책의 평가를 시민의 평가에 기대는 자세는 반드시 충분하지 못한 느낌이다. 행정 코스트와의 관련으로 시책의 순위를 강요하면 좋은 실적이 결여되는 것을 반성해야 한다.

세 번째는, 행정 사업 · 서비스에 따르는 효과의 포착이 직접적 즉 제1차 효과 밖에 평가되어 자칫 당면의 코스트면만 한정되어 버린다. 예를 들면 적정한 시기와 장소에 쓰레기 소각장을 만들면 종합적으로는 쓰레기 운반 경비의 큰 절감이 초래되나 효과는 떨어져 있는 것이다.

이러한 결함을 극복해 공무원의 "영지(英知)", "용단(勇斷)"을 정책으로서 반영시켜 가기 위해는, 연수, 인사, 급여 면에서 거기에 대답하는 메리트 · 시스템은 무시할 수 없을 것이다. 그러나 정책 입안, 제도 개혁이라고 하는 "창조적 파괴"를 목표로 하는 행동은, 인사관리에는 친숙해지기 어려운 분야이며, 오히려 조직으로서 그것을 받아 수용해 가는 유연성이, 그 행동을 불러일으키는 최대의 자극제이다. 결국, 행정 기구의 개혁으로 연결되어 다음의 예산 편성 시스템의 근대화 · 과학화도 포함한 자기 혁신이며, 시의 「신종합 기본계획의 대강」이 **그림 2**와 같이 표시되어 있다.

그림 2. 행정기구의 개혁

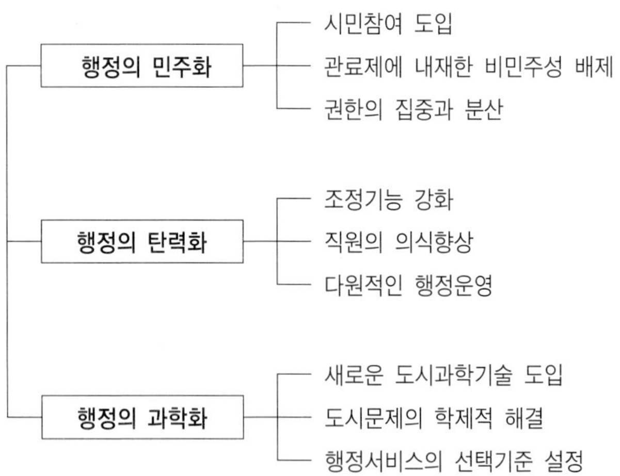

신코베시 종합기본계획안, 25면.

예산 사정(査定)으로부터의 탈피

우리나라의 예산사정의 평가는 그 영향력이 큰 것에 반비례해 평가는 어렵다고 말할 수 있다. 이런 점에 대해 雄埼玉大 조교수인 野口悠紀는 최근 잡지에서 다음과 같이 평가하고 있다.「우리나라의 예산 편성 시스템은 행정부 주도의 미(微)조정적이고 증분 주의적인 것이며, 정치적인 힘은 개별적 증압력으로 밖에 기능하지 않는 것을 보았다. 그것을 극복할 수 있는 강력한 리더십은 납세자 의식의 강세에 근거하는 국민 전체적으로의 압력을 배경으로 하지 않으면 태어날 수 없을 것이다」(쇼와 50년 9월「세계」)

요컨대 예산 편성 시스템의 결함은, 정책의 결여와 밀실 사정을 말한다. 이점 정부와 자치체에 공통의 결함이지만 단지 예산 편성 시스템에 따르는 수뇌부의 리더십은 대통령제를 채용하는 자치체에 기대가 된다. 특히 압력단체, 각 성별의 분파주의 등의 요소가 비교적 약하다고 하는 점을 생각해 예산 편성 시스템의 결함을 넘는 것은 제도적 저항이라고 하는 것보다 발상의 전환, 시스템의 개량이라고 하는 수뇌부의 재량권의 범위 내에 있다. 그 결함과 개혁의 방향을 나타내면 다음과 같다. 첫째, 지방 자치체는 우선 주체성을 가져야 하는 것이다. 분명히 중앙정부의 재정정책의 영향, 또 행정 지도에 의한 원격 조작, 그리고 지방 재정 제도의 테두리라고 하는 압력과 제약에 의해 완전한 주체성은 어렵다고 말할 수 있다. 그러나 자치체가 그 범위 내에서도 상당한 정책색을 자기의 예산에 반영시키는 일도 또 가능하다. 이것은 정부의 개발정책에 추종한 30년대와 독자적인 복지정책을 전개한 40년대의 각각의 자치체 예산을 보면 안다.

코베시에서는 이와 같이 자치체의 독자적인 정책을 형성해 나가기 때문에 신종합 기본계획도 단지 장래의 비전을 그린다든가 토지 이용을 방향 짓는다고 할 뿐만 아니라 시민 주체 도시, 인간 환경 도시, 인간 복지 도시, 시민 문화 도시 등의 정립을 실시해, 각각 장문의 이념 표명을 내세우고 있을 뿐만이 아니고, 먼저 본 것처럼 행정 기구의 개혁 방향까지 제시해 도시 사회로서의 사회적 합의를 조성해 나가기 때문에 환경 조례를 시작으로 소비자 보호 조례, 시민 공원 조례, 자동차 공해방지 조례, 그리고, 시민 복지 조례를 제정해 이러한 구상과 조례에 의해서 시의 독자적인 이념화를 보다 명확화 하는 것을 목표로 하고 있다.

두 번째로, 이러한 독자적인 정책을 더 말하는 것은 예산 편성 시스템의 제도적 제약 또는 사고의 전환을 가져오는데 불가결한 개혁이다. 예산 편성은 단기간에 무수한 행정 시책의 순위 매김을 실시하지 않으면 안 된다. 게다가 예산 편성은 한정된 재원이라고 하는 목전의 압박감 때문에 재정 당국의 주요한 관심이 재원의 조달과 충당이라고 하는 운영면에 너무 치우쳐 자원(재원)의 합리적 배분이라고 하는 핵심적 과제가 이차적이 된다. 한편 사업부서의 발상은 사업 중심의 팽창주의이며 또한 시책의 선별은 종합적이 아닐 뿐만 아니라 충분하지도 않다.

이러한 제도적 체질적 결함을 시정하기 위해서 행정 수요의 파악, 객관화를 위한 전 세대 주민 앙케이트의 실시(**표 1** 참조) 또 행정 시책의 선별 · 순위 매김을 위한 시빌 · 미니멈(civil minimum: 중기 생활 환경 기준)의 설정 등에 의해 예산 편성의 과학화를 도모해 왔다. 한층 더 재무행정 제도 조사회에 의한 서비스의 분류(**그림 3** 참조), 선택 기준의 설정(**표 2** 참조), 또 중기 재정 계획의 수립에 의해서 예산 편성이 재정 당국과 사업 당국과의 행정 역학에 의해서 결정할 수 없고 가능한 한 객관적 기준에 의거하도록 개혁해 왔다.

표 1.「전세대 앙케이트」 시계열표

(쇼와 45~49년, %)

구 분	소45	소46	소47	소48	소49
공 해	15.1	16.3	18.8	28.2	21.8
주 택	11.5	13.1	11.1	9.4	9.1
복 지	10.8	12.3	12.5	7.1	9.6
병 원	5.4	6.0	6.8	7.1	8.9
공 원	7.6	7.6	9.0	6.3	5.3
교통안전	13.9	7.7	7.8	5.2	4.7
하 수 도	8.7	8.0	7.0	4.4	4.0
교 통	7.5	5.8	4.2	3.8	3.9
도 로	5.5	5.5	3.6	3.8	4.3
쓰 레 기	5.2	6.3	3.5	3.7	3.8
방 재	2.6	2.7	1.2	2.6	3.5
교 육	2.0	3.4	4.0	2.6	4.7
문 화	3.3	5.3	3.7	2.1	2.6
기 타	0.9	-	6.9	13.7	13.8
계	100	100	100	100	100

쇼와 50년도,「코베시 행재정제도 조사회 보고서」, 17면.

그리고 이러한 정책화, 객관화가 진전하는 것보다 수뇌부의 리더십이 고차원적으로 발휘할 수 있는 소지가 있다고 말할 수 있을 것이다.

예산 심의의 평가

예산 편성 시스템의 개선이 어떻게 되어도 집행부에 의해 편성된 예산은 자치단체장의 정치적 관점, 관료 조직의 현상 유지라고 하는 경직성은 면하지 못한다. 거기에 예산 편성의 마지막 관문으로서의 의회 심의의 의의가 요구된다.

그림 3. 행정서비스의 분류

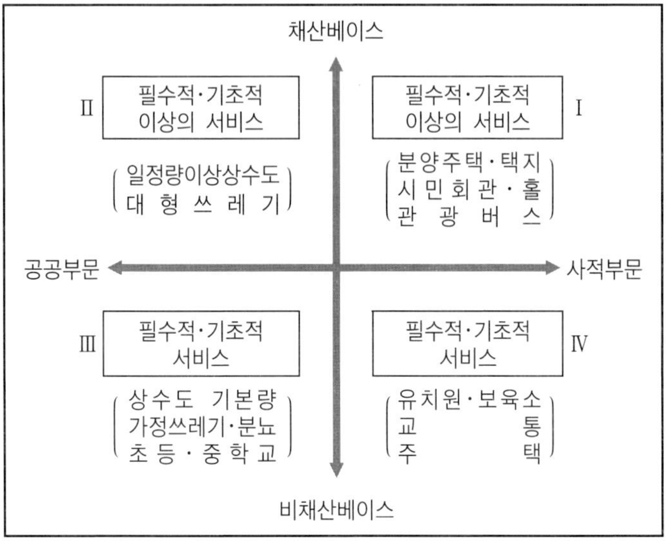

쇼와 50년도, 「코베시 행정제도 조사회 보고서」, 11면.

하지만, 현행 제도아래에서는 의회가 집행 단계에 있는 정책 결정에 대해 주도권을 취하는 것은 어려운 제도적 제약이 있는 것이다. 이것은 영국의 지방 행정과 같이 완전한 의회 민주주의 즉 의장이 시장을 겸해 각 특별위원회원장이 집행부서를 감독하는 제도를 채용해 집행권까지 의회가 갖고 있지 않는 한 제도의 벽은 두껍다고 말할 수 있다.

현행 제도아래에서는 의회의 기능은 억제, 비판 기능을 제대로 수행하는 것이 의회의 당면의 방향이라고도 할 수 있다. 의회의 예산 의결권, 예산 심의권의 존재만으로도 집행부에의 억제 효과가 꽤 있다. 한층 더 심의를 통한 비판 기능은 집행부가 자칫하면 경시하기 십상인 예산 집행의 감시, 집행 후의 평가 기능을 더하는 것으로 다음년도에 있어서의 정책 형성에 있고, 간접적인 주도권을 쥐는 행정 환경을 만들어 내는 것을

표 2. 생활서비스 선택기준

구분	선택기준 항목	소아특정 질환대책 노환노인대책 심신장애자대책	의료비 공비부담 사립유치원 취원장려조성	유치원 보육소 노인홈	아동관 지역집회소 노인쉼터	경로축하금 무료버스 동물원 등 무료
책임분담	정 부	○	○	○	×	×
	지 자 체	○	○	○	△	△
	기 업	△	×		×	×
	지 역	△	×	×	△	×
기술기준	재정효율	○	△	○	△	×
	소득분쟁	○	○	△	×	×
	핸디캡정도	○	△	△	△	△
	개인만족도	○	○	○	○	○
실시기준	자주선호도	×	×	×	○	△
	직영방식	△	○	△	×	○
	지역운영방식	△	×	△	○	×
	두담원칙	×	×	△	○	×

쇼와 50년도, 「코베시 행정재정제도 조사회보고서」, 23면.

부정할 수 없다.

의회가 이러한 비판·억제 기능의 완전을 기하기 위해서는 스스로의 정책 기능 확충이 바람직하다. 예를 들어 코베시 의회에서는 정무 조사원을 각파 마다 임용 해 행정 정보의 수집에 노력함으로써 의회의 정책 수립 능력을 높여 의원 조례의 제정 등 독자적인 정책 형성을 목표로 하고 있다.

앞으로 의회의 과제는, 「의회 보다」, 「TV토론회」 등에 두고 의회의 정책 형성·비판 기능을 효과적으로 시민의 비판·참가 기능과 묶어 고도의 정책 형성 · 비판 억제 기능을 만들어 내 자치체 전체로 정책 형성의 최적화를 도모해 가는 것이라고 말할 수 있자.

3. 정책 결정에의 시민참가

시민참가의 제도화

자치체의 정책 결정 프로세스에 있어 어떠한 개혁을 이루려고 해도 자치체가 관료기구인 이상 그 체질 · 병리로부터 완전하게 벗어나는 것은 불가능하고 그래서 시민참가에 의한 민주적 통제를 피할 수 없다.

시민참가에 관해서 반대되는 면으로 그 정책성, 공공성, 일상성에서 보면 정책 참가에의 기여는 의심스럽다고 하는 뿌리 깊은 불신감이 있다. 분명히 생활의 주민운동, 현재의 시민참가 방식이라면, 정책 결정에의 공헌도는 낮을 것이다. 그러나 시민참가의 제도화를 도모해감으로써 시민참가의 정책, 공공, 일상성이 차차 높아지는 것이며 그리고 무엇보다도 정책 결정의 최적화는, 단순한 리더십이나 이론 · 수법의 고도화에 의해서 되는 것이 아니고 민주적 절차 다시 말해서 정책 결정에의 시민참가가 처음으로 보장되어 최적 결정이 유도되는 것이다.

문제는 그러한 정책 결정에 공헌하는 시민참가가 제도적으로 확립되어 시민, 자치체가 함께 정책 참가를 유효한 것으로 할 만한 민주적 성숙도에 이르고 있는지 어떤 지이다. 단지 이 과제는 장래의 제도 개선과 훈련을 기다리는 중에 크게 사라졌다. 우려되는 것은 「대화로부터 참가로」의 슬로건의 50년대, 자치체의 시민참가는 새로운 시대를 맞이하지만 대화와 비교해서 참가는 용이하지 않다. 「코베시정에 있어서의 「시민참가」의 분류」 **표 3**을 봐도, 「시민과의 대화」, 「기반 만들기」가 씨름판의 네 모퉁

표 3. 코베 시정에 있어 「시민참가」의 분류

시민과의 대화 — 요구형에서 토의형으로 —		
	1. 요구파악	고충 · 요망의 처리
		시장에 편지, 공청회
	2. 상호이해	주민차치조직 지도자와의 대화 · 각종 간담회
		시장과 말하는 날, 시장의 현지시찰, 시민참가 패트롤
행정의 참가 — 대결형에서 해결형으로 —		
	1. 실시에의 협력	민생위원 통계조사원, 소비생활 상담원
		공원관리회, 학교공원운영 협렵의회, 생활정보센터 운영
	2. 실행에의 대화	물가안전 시민회회의, 고속2호선 재검토 전문위원회
		고속2호선 대책협의회, 명석가교 주민연락협의회
정책의 참가 — 시민참가 정책형성 —		
	1. 제언과 선택	전세대 앙케이트 조사
		시정모니터-시민제언
	2. 문제토의	주민회의, 내일의 코베를 생각하는 시민회의
		부인시정간담회, 시민심포지엄
		코베 그린시민회의, 교통심의회, 소비자보호회의
기반구축 — 활동의 기반구축 —		
	1. 의식구조	시민대학, 공공광고, 시정백서
		커뮤니티 상담센터 설치
		주민자치조직 실태조사, 자치조직 자료제공
	2. 시설구축	지역집회소 신축등의 보조제도
		집회시설 설치 · 운영 · 조정(커뮤니티 센터)
	3. 시조직구축	부구청장, 구홍보상담과, 주택환경조사
		일조조정위원회, 종합패트롤, 시민상담

이에 세운 기둥 중 둘을 차지하고 있는 반면, 「행정에의 참가」, 「정책에의 참가」는 대부분은 비공식적(Informal)인 참가이며, 제도적으로 확정된 방식이 아니다. 자치체・시민에 있어서도 시민참가의 제도화가 결정적인 근거를 갖고 있다고 말할 수 있다. 코베시를 사례로 해 그 장래상을 찾아보고 싶다.

정책 참가

정책 참가의 방법은 심의회 방식과 시민 회의 방식으로 크게 둘로 분류할 수 있다.

심의회 방식에 대한 비판은 무엇보다도 체제의 "방패역"으로서 악용 되고 있다는 점일 것이다. 이것에 대해서는 관공서의 선입관, 관료적 사고를 심의회의 운영에 무의식적으로 침투 시키는 결함이 보이지만 위원회의 구성 그 자체가 자칫하면 심의의 저조를 초래하기 쉽다고 하는 편향도 볼 수 있다.

그렇지만 심의회는 코베시의 사례(**표 4** 참조)를 봐서 알듯이 극히 다방면으로 존재하고 있어 그 영향은 크다. 왜냐하면 심의회의 답신은 단지 그 사업 목적에 대한 정책 제언이 아니고, 어떤 의미로는 시민・자치체의 정책 결정의 일반적 판단기준이 되어, 사회적 합의의 성과물로 받아들여지기 때문이다. 따라서 자치체가 해야 할 것은 심의회가 토의를 통해서 가능한 한 정책수준의 심의를 하도록 의견・자료의 제출에 유의해야 하는 것이다.

코베시에 있어서는, 특히 전문적인 심의회가 아닌 일반적 심의회는 다방면의 대표, 다채로운 계층의 대표가 참가한 균형 잡힌 위원 구성을 취하는 한편 그 때문에 잊어버리기 쉬운 전문적 정책심의를 위해 분과위원

표 4. 심의회 등의 목적별 분류

-코베시의 사례-

구 분	명 칭
정책연구	시정전문위, 하수도 처리기술 개발위, 행복촌 연구위, 생활지도연구위, 수산연구회 연합회
정책결정	행재정제도조사회, 종합기본계획심의회, 사회복지심의회, 환경보전심의회, 교통심의회, 복지조례검토위원회
개별시책의 결정	도시계획심의회, 동화대책협의회, 하수도재정심의회, 교통안전대책심의회, 풍치지구건축등심의회, 옥외광고물심의회
적정집행의 심사 · 조정	구조조정심의회, 구조조정위원회, 택지보전심의회, 건축심사회, 주거표시심의회, 고정자산 평가심사회
집행의 민주 · 효율화	예율문화추진회의, 수세화알선위원회, 주택건설촉진협의회, 빛의도시 코베추진협의회, 노동시민센터운영위원회, 시민대학운영위원회, 코베학사검토위원회
집행의 연락 · 조정	유아교육연락회의, 도로굴착공사연락회의, 소비자보호회의, 방재협의연락회의
시민주체의 정책 연구 · 결정	구민회의, 부인시정간담회, 물가안정시민회의, 노동자복지간담회, 복지문제간담회, 도로이용자회의

회 · 전문위원회 방식을 도입하여 보완하는 방식을 취하고 있다. 예를 들어, 코베시 종합 기본계획 심의회는 학자 36명, 각종 민간단체 대표 36명, 관계 행정 기관 8명, 시 의회 의원 8명, 시 직원 3명, 합계 91명이라고 하는 큰 규모가 됨으로 기반, 복지 · 문화, 환경의 세 개의 분과위원회로 구성 되고 있다. 또 행 · 재정제도 조사회는 학자 8명, 경제계 3명, 노동계 3명, 시민 대표 다섯 명, 시의회 6명, 시측 다섯 명으로 구성되어, 다방면의 대표가 위원으로서 참가하고 있는 한편 학식 경험자 8명도 전문소위원회를 만들어 전문성을 보완하는 방식을 취하고 있다. 이와 같이 심의회의 운영에는 아직도 개선해야 할 여지가 남아 있다.

일반적인 정책 참가의 전형은 시민회의 방식일 것이다, 코베시에서도 구민회의, 시민심포지엄, 부인 시정 간담회 등이 활발하게 이루어지고 있다. 이러한 회의에 대해 공통으로 말할 수 있는 것은 운영의 주도권은 시민이 갖고 있어 시로부터 독립적이라는 점이다. 이러한 주체적인 정책 토의를 통해서 처음으로 실행력 있고 참가 의식에서 증명된 정책 제언이 가능해진다. 코베시의 사례를 보아도 소비자 행정, 녹화 행정 등에서 실천이 증명된 시민참가가 보인다.

이러한 정책 참가의 수준 향상을 위해 필요한 것은, 자치체의 정보 · 자료의 공개와 함께 정책 · 실천 및 참가의 제도화(예를 들어 이른바 시민위원회 방식의 채용)일 것이다. 그리고 시민 측에 필요한 것은, 조직화(문제별 · 계층별의 시정 참가 단체의 형성)에 의한 참가의 과학화(정책화)일 것이다. 이에 헥케르 · 드로아는, 「드로아의 제3법칙」으로서 「시민이 복잡한 정책상의 문제를 이해해 정책 연구의 성과를 비판적으로 음미하는 능력을 충분히 향상시키지 않으면, 시민의 정책 형성에 있어서의 역할은 감소하든가, 혹은 열악한 정책을 가져오는 결과가 된다」(드로아 상게서, 187면)라고 하듯이 정책 결정의 결정적인 근거를 갖고 있는 것은 시민 자신이라고 할 수 있다.

(코베시 조역)

행정 운영의 과학적 수법

河崎 俊二

1. 행정의 시스템 · 매니지먼트

시스템 개념

행정에 대한 주민 수요의 다양화와 지역경제, 사회환경의 급속한 변화에 대응하기 위해서는 행정 운영에 시스템적 사고를 도입할 필요가 있다. 1965년에 미국 연방 정부에 도입된 계획 예산 시스템(PPBS)은 행정의 시스템적 매니지먼트를 목표로 하는 조직적 노력의 효시였지만, PPBS의 주된 목적은 종래의 비 시스템적 방법에서는 불가능한 유한의 자금과 자원을 둘러싼 다양한 요구의 트레이드 오프(trade off: 경합 관계)의 조정과 증대하는 불확실성(예측을 교란하는 불확정 요소)에의 대응하기 위해서 행정계획의 기능개선을 실현하는 것에 있다.

시스템이란 대상을 기능적으로 관련지을 수 있었던 요소의 모임으로서 인식할 경우에 형성되는 개념으로 시스템적 사고란, 관계 개념에 의한 대상의 인식방법을 말한다. 관계 개념이란 대상을 구성하는 요소가 어떻게 모여 있는가 하는 관점에 서서 인식에 의해 형성되며 전체의 기능을 구성하는 기능의 구성요소로서 부분을 이해한다고 하는 인식의 형식이다. 관계 개념은 실체 개념에 대응하는 용어로 후자의 대상은 어떤 모임인가, 혹은 부분은 무엇으로 되어 있는가 하는 관점에서 실체에 입각해 대상을 인식하는 것에 의해 형성되는 개념인데 전자는 인식자의 목적의식에 근거해 평가된 대상의 기능에 입각해서 형성되는 개념이다.

시스템 사고는 실체가 지닌 여러 가지 기능의 전체가 아니고 목적에 대응하는 기능만 주목해 그 기능의 구조를 분석하고, 기능의 구성요소에 가세하는 조작과 전체 기능과의 관계를 분명히 하는 것에 의해 목적 달성을 위해서 바람직한 기능 구성을 분명히 하는 것을 목적으로 하는 사고 방법이다. 우리의 사고 방법은, 자칫하면 실체 개념에 사로 잡혀 목적 달성에 있어서 별로 중요하지 않은 기능에 주의를 빼앗기거나 불필요한 상세화에 열중하거나 목적으로 즉 없는 기성 개념의 무비판적인 적용을 실시하거나 하기 십상이다. 시스템 개념은, 사고의 이러한 습성을 회피하고 목적 달성을 위해서 고찰이 필요한 관점을 명확하게 해 실체의 부분 단위에 사로잡히지 않고 문제 해결에 필요한 범위에서 부분 분할을 실시하는데 도움이 된다. 이른바 「나무를 보고 숲을 보지 않는다」의 폐를 피하는 것을 가능하게 하는 것이다.

시스템개념은 전체의 기능을 부분기능으로 분해하는 것, 혹은 필요로 하는 기능을 기능의 부분으로부터 합성하는 것에 의해서 형성할 수 있다. 기능의 부분은 시스템 요소라고 불려 블록복스(block box)로서 취급된다. 블록복스(block box)란 그 내부 구조는 의식의 대상으로 하지 않고, 입력, 출력 및 전자로부터 후자에게로의 변환 기능에 의해서만 표현되는 소자(素子)이다. 따라서 시스템 개념을 환언하면, 대상의 변환 기능을 시스템 요소의 결합으로 파악하는 것에 의해 형성되는 개념이다.

시스템 개념은 종래부터 과학적 사고와 동일하게 사용해 온 개념이며 따라서, 과학적 사고는 모두 시스템 사고로 시스템 개념이 새삼스럽게 강조되는 것은 과학의 전문 분화에 의해서 분석 목적이 세분화되어 개별 과학의 응용에 따라 문제 해결의 목적으로 종합적으로 대응하는 것이 불가능하게 된 때문이다. 현실 문제를 해결하기 위해서는 방법 중심이 아니고 문제 중심으로, 문제 해결의 목적에 입각해서, 문제의 구조를 목적 달성을 위한 기능의 연관으로서 파악하는 것이 불가결의 조건이다. 예를 들면, 지역 주민의 복지 증진을 위해서는, 환경의 보전에 유의하면서 산업의 진흥을 가져와 경제적 복지를 증진시킬 필요가 있는가라는 시책의 분석을 실시할 때 개별적으로 과학적 방법을 적용한 것은, 주민을 예를 들면 경제학의 입장에 볼 때는 경제성장에 필요한 생산요소 측면으로 초점을 맞추어 파악하는 한편 공중위생 의학의 입장에 볼 때는 환경오염에 의해서 저해되는 생리적 조직으로서 취급되는 것에 있어 시책의 다원적 목적에 대해 목적 달성을 위한 수단인 동시에 수익자이기도 해 목적 달성을 제약하는 환경의 일부인 것과 동시에 그 시책의 좋아하지 않는 부산물의 피해자이며, 시책의 대상인 동시에 그 의사결정에 직접 혹은 간접적(투표를 통해서)으로 참여 하는 결정 주체이기도 하다는 것이다. 정책 결정상 중요한 많은 측면의 일부가 단편적으로 취급해질 뿐이다. 개별 학문 분야로부터의 접근을 사후적으로 종합 하려고 해도, 각 학문 분야가 전제로 하는 정책 목적 사이에 트레이드 오프의 조정이나 상호전제 조건의 사이에 생기는 틀림없는 모순과 대립의 조정이나 논리적 정합성 확보 등이 일반적으로 극히 곤란하기 때문에 단편적 어프로치를 모아 시책의 종합적인 분석을 시도해도 많은 경우 노력은 성과가 없게 끝날 것이다. 이에 대해 시스템 개념은 목적 전체에 입각해서 형성되는 문제구조에 대하여 인식이 있음으로 시스템적 사고에 의하면 문제 배경에 있는 가치관에 대응한 종합적인 문제 인식의 형성이 가능하게 되는 것이다.

시스템 · 매니지먼트

시스템 · 매니지먼트란 시스템 개념에 근거하는 매니지먼트로 매니지먼트는 조직의 목적을 결정해 그 목적을 달성하기 위해 필요한 자원을 조달해 통합 관리하는 기능이기 때문에 시스템 · 매니지먼트란 목적을 중심으로 목적 달성을 위한 기능으로서 자원을 파악해 목적 달성을 위해서 효율적으로 기능을 발휘하도록 자원의 통합 관리를 실시하는 것을 말한다.

PPBS의 제창자인 RAND 코포레이숀(Corporation)의 데비드 · 노우 빅에 의하면 군사 부문의 매니지먼트에의 시스템 개념의 도입은 제2차 세계대전 중 1942년에 미국에서 전시생산위원회가 물자통제계획(Controlled Material Plan, CPM)을 수립했을 때 시작되었다. CMP에 있어서 유한자원을 둘러싼 다원적인 국가목적의 트레이드오프가 조정되고 물자수급 양면에 걸쳐서, 대체안이 비용과 효과 두 면으로부터 계통적으로 검토되었다. 오늘의 시스템 분석이 가지는 시야의 넓이와 고찰의 깊이는 없지만, 계획에의 시스템 개념 도입의 맹아를 여기서 볼 수 있다.[1)]

제2차 대전 후 핵전략의 시대에 들어가면, 국방 정책은 장기적 시점과 거액의 예산을 필요로 하게 되었다. 핵전략 시대의 전쟁은 종전의 전쟁과 달리 일발 승부의 위험이 크기 때문에 전쟁을 예지하고 나서 준비를 시작하는 것은 손을 쓸 수 없게 될 우려가 강하기 때문에, 평시부터 장기적 시점에서, 병기의 급속한 기술 혁신으로부터 생기는 불확실성의 영향을

1) D. Novick(ed,), 「PPBS의 이론과 수법」(福島康人 역), 일본 경제신문사, 1969년, 14-18면.

고려한 국방계획을 책정하는 것이 필요하게 되었던 것이다. 국방 예산의 거대화는 국가 목표 속에 있어서 국방의 명확한 위치를 요구하는 것과 동시에 국방 정책의 영향 범위를 확대하게 하는 것에 의해 국방 목적의 다원화를 촉진하는 결과가 되었다.[2)]

목적의 다원화에 대응하기 위해서 종래와 같은 개개 병기의 성능이나 운용의 개선 만이 아니고 목적 체계에 대해서 비용과 효과의 양면에서 보고 바람직한 기능의 집합을 선택하는 것이 필요했다. 병기를 개별적으로가 아니고 기능의 복합체로서 파악하는 것으로 이러한 목적을 가진 만큼 분석을 RAND에서는 병기 체계 분석(Weapon System analysis)으로 칭해, 이 명칭이 오늘의 시스템분석(System analysis)의 어원이 되었다고 듣고 있다.

구리랜드와 킹이 말하고 있듯이 매니지먼트의 프로세스는 전략계획(Strategic Planning)의 단계와 집행(Execution)의 단계로 나눌 수 있지만 시스템 분석은 전략계획(Strategic Planning)에의 시스템 개념적용형태이고 집행의 적용 결과가 프로젝트・매니지먼트이다.[3)]

시스템적 매니지먼트는 비군사 부문에서도 유효하다. 처음에 말한 PPBS는 시스템 분석을 행정에 도입하기 위한 제도이며, 미국에 이어 몇 개의 나라의 행정부에서 벌써 실시되고 있어 착실하게 성과를 올리고 있는 나라도 적지 않다.[4)]

---

2) E.S. Quade and W.I. Boucher(eds.), Systems Analysis and Policy Planning; Applications in Defense, American Elsevier Publishing company, Inc., pp.5-7.

3) 데이비드 구리랜드, 윌리암 킹, 시스템 매니지멘트(上田惇生 역), 다이세몬트 사, 쇼와 44년, iv면.

4) D. Novick(ed,), Current Practice in Program Budgeting(PPBS), Crane, Russak & Company Inc., 1973.

시스템・매니지먼트는 민간기업에서도 꽤 이전부터 도입되고 있다. 예를 들면, 노 빅이 지적한 바와 같이 1920년대에 벌써 제너럴 모터스에서 PPBS와 유사한 예산제도가 도입되고 있지만,[5] 민간기업의 경우 이윤 극대화라고 하는 단일의 종합적 목적이 있기 때문에 시스템 분석의 도입은 행정보다 용이하다고 말할 수 있다.[6] 민간기업에 있어서의 매니지먼트의 전통적 방법은 수요를 만족시키는 것만으로 충분한 「수요 만족형」의 경제로부터, 수요를 적극적으로 만들지 않으면 안되는 「수요 창조형」 경제로 변함에 따라서 증대된 불확실성 때문에 시대에 뒤지지 않으려고 시스템 매니지먼트 수법이 급속히 침투해서 갔다.

시스템 분석

시스템 분석의 정의에 특별히 정설로서 확립된 것은 없고 논자에 따라서 다르지만, 매니지먼트와의 관련으로 파악할 때, RAND의 다음의 정의가 가장 적당하다고 생각된다. 즉, 「시스템 분석은 의사결정자의 진짜 목적을 체계적으로 검토해 그 목적을 달성하기 위한 대체적인 정책이나 전략에 수반하는 비용, 유효도 및 위험을 가능한 한 양적으로 비교해, 세워진 대체안에 결함이 있을 때는 다른 대체안을 작성함으로써 의사결정자의 행동의 선택을 돕는 방법이다」.[7]

유효도라는 것은 화폐 이외의 척도로 나타낸 목적 달성도고 위험은 확률 분포로 알 수 있는 불확정 요소이다. 불확정 요소 가운데 확률 분포를

5) D. Novick(ed,), 「PPBS의 이론과 수법」, 19-21면.

6) E.S. Quade and W.I. Boucher(eds.), op. cit., 10면.

7) E.S. Quade(ed.), Analysis for Military Decision, North-Holand Publishing Company, 1964, 4면.

모르는 것을 불확실성이라고 읽고 있지만 RAND의 이 정의는 불확정 요소가 불확실성인 경우를 배제하고 해석해서는 안 된다. 또 화폐 척도로 나타낸 목적 달성도를 편익이라고 부르지만, 목적 달성도가 편익으로 표시할 수 있는 경우를 제외하고 해석해서는 안 된다.

시스템 분석은 대상이 되는 문제를 시스템으로서 인식함으로써 의사결정자의 목적에 맞는 문제의 개념을 형성해, 수법 중심이 아니고, 「의사결정자의 관점에서 본 문제」를 중심으로 분석을 실시해 의사결정자의 판단을 돕는 것을 목적으로 하고 있다. 기존의 과학도 본래는 모두 현실적 문제를 해결하고자 구축된 것으로 방법론에 있어 기본적으로 시스템 분석과 아무런 차이가 없다. 차이라는 것은 위에서 설명한 바와 같이 목적에 관한 시스템 분석의 최대의 특징은 목적을 주어진 것으로 하지 않고 의사결정자의 목적을 분석의 대상으로 하는데 있다. 일찍이 미국 국방부의 시스템 분석 담당 차관보 A · C 엔트벤이는 "시스템 분석의 역할을 정책 입안자와의 계속적인 대화를 통해서 문제를 명확화 하는 것이다"라고 했지만 시스템 분석의 출발점에 대해 분명히 하지 않으면 안 되는 바 이것은 정책 입안자 즉 의사결정자의 목적이다.

시스템 분석을 크게 나누면 (1) 문제의 명확화, (2) 조사, (3) 대체안 평가, (4) 평가 결과의 해석의 4단계가 있다. 「문제의 명확화」를 한층 더 세분하면 (가) 목적의 명확화, (나) 시스템으로서의 대상의 인식, (다) 평가 기준의 설정, 및 (라) 가설 및 가정설정의 4 단계로 나눌 수 있다. 「목적의 명확화」란 목적을 세분화해 그 계층적 구조를 분명히 하는 것으로 대상에 대한 시스템 개념을 형성하기 위해서 최초로 할 필요가 있다. 또 대체안의 평가는 대체안의 실시에 의한 효과 즉 목적 달성도와 실시에 수반하는 비용의 양면으로 행해지지 않으면 안 되기 때문에 효과척도의 설정과 그 체계화를 실시하기 위해서도 목적의 체계화가 필요하다. 「시스템으로서의 대상의 인식」이란 위에서 설명한 바와 같이 대상을 목적 달성을 위한 기능의 집합으로서 파악해 기능 요소의 유기적 연관으로서 전체 기능의 구조를 인식하는 것이다. 제3 단계의 「평가 기준의 설정」이란, 대체안 선택의 기준을 설정하는 것으로, 일정한 비용의 대체안 중에서 효과가 최대의 것을 선택한다고 하는 효율성 기준이나, 반대로 효과를 일정하게 두고 비용 최소의 안을 선택한다고 하는 경제성 기준 등이 있다. 제4 단계의 「가설 및 가정의 설정」 중 가설은 문제의 구조를 말이나 수식으로 나타내고 (3) 「대체안 평가」의 단계에서 검증되어야 할 명제이다. 가정이란 관계를 단순화 하거나 분석을 용이하게 하기 위해서 설정되는 분석의 전제이다.

시스템 분석의 제2 단계인 「조사」는, 데이터의 수집 · 가공 및 대체안의 열거 · 개발이다.

대체안에는 기능 대체안(Functional alternatives)과 운용 대체안(Operational alternatives)의 두 개의 유형이 있다. 기능 대체안이란, 예를 들면 범선인가 단발 비행기인가하고 말하는 대체 관계이며, 운용 대체안은 하나의 자동차설계의 세 개의 수정판을 예로서 들 수 있다.[8)] 분석에 임해서는 운용 대체안 뿐만이 아니라 기능 대체안에 대해서도 충분히 더 검토 않으면 안 된다.

제3 단계의 「대체안 평가」에서는, 제1 단계에서 설정한 가설과 가정을 이용해 정량적 모델을 구축해 이 모델에 의해 대체안의 비용과 효과를 평가하는 것과 동시에 불확실성의 영향을 분석하는 것이다.

---

8) S.L. Optner, Systems Analysis for Business and Industrial Problem Solving, Prentice-Hall Inc., 1965, 91면.

그리고 제4 단계의 「평가 결과의 해석」은 모델에 포함되지 않은 정성적 요인이나 모델수치로부터 제외된 정량적 요인 및 불확실성의 영향을 고려하고 모델에 의한 평가 결과를 해석한다.

시스템 분석자는 이상의 분석 결과를 정리해 의사결정자의 판단에 (활용하도록) 제공한다. 모델에 의한 분석은 문제의 일부를 분석함에 지나지 않기 때문에 의사결정자는 분석에 포함되지 않은 요소에 대해 주관적 판단을 보태어 분석 결과를 평가한다. 이 단계까지 왔어도 「문제의 명확화」 단계서부터 분석자의 인식과 의사결정자의 인식이 서로 다르다는 것이 밝혀지는 경우나 분석의 결과, 문제에 대한 의사결정자 자신의 인식이 개선되는 경우도 있을 때에는 「문제의 명확화」에 거슬러 올라가고 분석을 다시 하게 된다. 시스템 분석은 문제에 대한 접근 방법에 있어 기존 과학과 기본적으로 다른 것이 아니기 때문에 경제학을 예를 들어 분석방법을 설명하기로 할 것이다

지금 정책 입안자의 목적이 욕구 충족 수단의 확대에 의해 경제적 복지를 증진시키는 것에 있다고 한다. 욕구충족을 위해서는 효용을 생기게 하는 재화・서비스의 생산 필요가 있음으로 인간사회에 유용한 재화・서비스를 생산하고 또 소비하는 기능을 집합으로서 파악해 이 기능의 집합을 경제시스템이라고 이름 붙인다면 분석에 부과된 과제는 경제시스템 구조를 분석하고 시스템기능을 개선하기 위하여 시스템 재설계에 관한 대체안과 오퍼레이션에 관한 대체적 방법을 분명히 하는 것과 동시에 실시에 앞서 사전에 각 대체안의 비용과 효과를 평가하여 의사결정자의 선택을 돕는 것이다.

목적이 명확화가 되었으므로 이제 경제 시스템의 구조에 대해 고찰하자. 경제시스템은 외부 환경으로부터 투입된 자원에 인간의 노동에 의해

서 가공을 하여 욕구충족에 유용의 자원으로 변환 한다. 노동 능력을 확대하기 위해 이 변환 과정에 생산 설비 등의 자본을 투입한다.

따라서 경제 시스템의 기능은 부가가치 형성 기능과 노동력 형성 기능 및 자본 형성 기능으로부터 완성되어 있다고 생각할 수 있어 경제 시스템은 이 세 개의 시스템 요소에 분할할 수 있다.

즉, 경제 시스템의 기능을 f, 시스템 요소의 기능 A_i의 기능을 f_i로 하면

경제시스템 : f = 〈인간욕구충족을 위해 유용한 자원을 변환하는 기능〉
시스템 요소 기능 A_1 : f_1 = 〈부가가치 형성기능〉
시스템 요소 기능 A_2 : f_2 = 〈노동력 형성기능〉
시스템 요소 기능 A_3 : f_3 = 〈자본 형성기능〉으로 친다.

시스템의 구조를 그림으로 나타내면 **그림 1**과 같다. 시스템 요소 A_1은 외부 환경으로부터 자원을, A_2로부터 노동력을 투입해 A_3으로부터 자금 공급과 내부 축적을 기초로 형성한 자본을 결합해 재화・서비스를 생산한다. A_1은 노동력 공급의 대가로 임금을 A_2에 투입하고, A_2는 A_1에 대가를 지불해 취득한 소비재에 의해서 노동력을 재생산한다. A_1은 부가가치 형성시 외부 환경으로부터 기반의 정비 등에 의해서 생기는 외부경제와 자연 환경의 오염 등에 의한 외부 불경제의 영향을 받는 것과 동시에 외부경제 효과를 가져오지 못하는 시설이나 외부 불경제 효과를 가져오는 오염물질을 환경에 배출한다. 자본 형성 기능도 시스템 요소 A_3은 A_2의 저축에 대해서는 이자를 지불하는 한편 자금을 A_1에 대출해 이자를 징수한다.

그림 1. 경제시스템 모델도

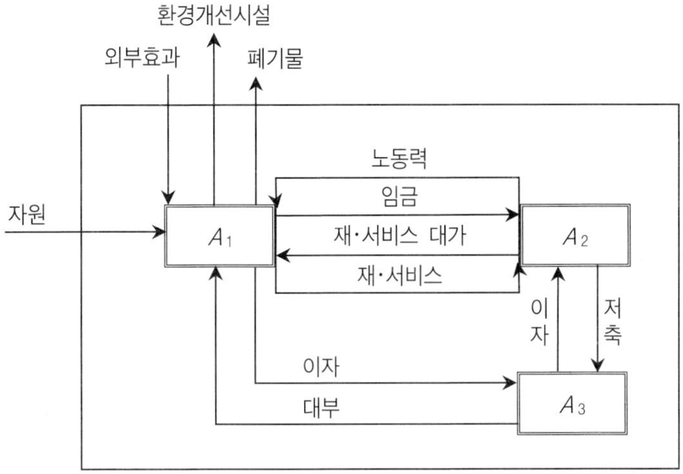

경제 시스템의 기능 f의 개선을 생각할 때 만일 환경으로부터의 자원의 투입이나 환경으로 폐기물의 배출, 노동력 형성과 소비재의 공급 등에 제약이 없다고 하면 시스템 요소의 투입과 산출을, A_1으로부터 A_2의 소득의 지불, A_2로부터 A_1에의 소비지출, A_2A_1로부터 A_3에의 저축 및 A_3로부터 A_1에의 투자라고 하는 네 개의 화폐의 흐름인 만큼 단순화 하여 시스템의 기능 f의 구조를 표현할 수 있다. 시스템 기능 f는 생산물의 가치를 나타내는 소득(Y)의 크기로 표현할 수 있기 때문에, 대체안의 평가 기준으로서 Y를 이용하는 것으로 하면, Y를 규정하는 인과관계를 이 네 개의 화폐의 흐름으로 설명할 수 있으면 소기의 목적은 달성된다. (단순화이기 때문에 대체안의 비용은 생각하지 않는 것으로 한다.)

다음과 같은 가설을 설정한다.

가설 1, 소비지출(C)은 소득(Y)의 함수이다.

즉 소비함수는

$$C_t = g(Y_t) \quad (1)$$

다만 여기서 t는 시점을 나타낸다.

가설 2, 단순화이기 때문에 생산된 가치는 모두 분배되는 것으로 해, 해외와의 사이에 소득의 교류가 없는 것으로 한다. 따라서 국민소득(=국민 총생산)은 국민총지출 즉 소비지출과 저축의 합계와 동일하고, 저축은 국부 증분 즉 투자와 동일하다.

$$Y_t = C_t + I_t \quad (2)$$

또

$$I_t = S_t \quad (3)$$

분석을 용이하게 하기 위해, 두 개의 가정을 설정한다.

가정1, 소비 함수는 선형(일차식)이다.

가정2, 소비 함수는 오차항을 포함한다.

가정2는 소비지출의 규정 요인에는 소득 이외에 다수의 요인이 있고 또 소득이 소비에게 주는 영향에 대해서도 선형으로 표현할 수 없는 복잡한 관계가 있어 이러한 요인이나 관계를 모두 식별하는 것이 불가능하다. 뿐만이 아니라 식별할 수 있는 것에 대해서도 정량적인 인과관계에 대해 계측하는 것이 불가능하기 때문에 제외된 인과관계에 대해서는 통계학적으로 무작위로서 취급하는 것을 의미하고 있다.

가정1과 2를 이용하면 경제 시스템의 모델을 다음과 같이 쓸 수 있다.

$$C_t = \alpha + \beta Y_t + u_t \tag{4}$$

$$Y_t = C_t + I_t \tag{5}$$

여기서 α, β는 계수, u는 오차항이다.

(3)식은 생략해도 분석 목적으로 지장을 초래하지 않는다.

분석의 제2 단계인 「조사」의 단계에서는 (4)식의 계수 α와 β를 추정하기 위해 데이터 C_t, Y_t 및 I_t의 데이터를 수집하고 대체안의 설계를 실시하는 것이다. 정책 입안자에게 있어서 대체안으로서 조작 가능의 요인은 투자 I_t의 크기이다. 재정투융자 등에 의한 의 I_t의 콘트롤이 (4)식과 (5)식의 연립 방정식에서 표현되는 피드백 · 루프를 통해서 소득 Y_t와 소비 C_t에 영향을 준다.

투자의 증분 ΔI가 가져오는 소득 증분 ΔY은 (4)식과 (5)식을 대입하면 알듯이

$$\Delta Y_t = \frac{1}{1-\beta} \Delta I_t \tag{6}$$

이 된다.

케인즈의 투자 승수 효과라고 불리고 있지만, 이 승수효과의 크기는 수식으로부터 분명하게 한계소비성향 $\frac{dC}{dY}(=\beta)$에 의존하기 때문에, 데이터에 의해서 β를 추정하면 ΔI에 대한 대체안의 효과를 계측할 수 있다.

분석의 제4 단계인 「평가 결과의 해석」은, 승수효과의 계측에 포함되지 않은 요인, 예를 들면 ΔI가 물가에게 주는 바람직하지 않은 영향이나 고용에게 주는 바람직한 영향 외 ΔI의 일부가 공공투자일 때는 공공 지출의 비효율성에 의한 경제적 손실이나 자원 배분의 효율성에의 영향도

고려해 대체안의 평가를 행하지 않으면 안된다.

「의사결정자는 결정에 즈음하여 이러한 결과를 참고로 하면서 제4 단계에서의 해석을 음미해 또 각 대체안이 경제적 복지 이외의 가치 예를 들면 문화, 사회, 윤리 등에 주는 영향도 고려하면서 대체안의 평가를 실시하지 않으면 안 된다. 의사결정은 최종적으로는 각 대체안의 목적 달성도에 관한 판단(사실 판단)과 각 목적에 대한 상대적 중요성(가치 판단)이라고 하는 두 가지를 의사결정자의 판단에 의존하지만 시스템 분석은 사실 판단의 과정에서 객관적으로 취급할 수 있는 부분에 대해 모델을 이용하고 분석을 실시하는 것에 주관적 판단을 필요로 하는 부분에 의사결정자의 주의를 집중시킨다고 하는 이점을 갖고 있다.

2. 행정의 의사결정 과정

의사결정 과정

의사결정이란 목적 달성을 위한 대체적 행위로부터 실행을 위해서 그 하나를 선택하는 과정이다.[9] 의사결정은 사실적 전제와 가치적 전제로부터 도출 된다.[10] 사실적 전제는 대체안의 목적 달성도이며 가치적 전제는 조직의 목적이다.

사실적 전제라고 하는 경우의 "사실적"은 경험에 의해 검증이 가능하다는 것을 뜻한다. 의사결정의 사실적 전제는 이용 가능한 시간과 정보의 제약 때문에 확신을 가지고 결정할 수 없는 것이 보통으로 이 때문에 사실적 전제의 선택이 필요하고 여기에 판단이 개입 된다.[11] 전절에서 사실

---

9) 하버드 사이몬, 「경영 행동」(松田武彦 역), 다이세몬사, 쇼와 40년, 6면.
10) 상게서, 10면.

판단이라고 하는 말을 이용한 것은 이 때문이다.

의사결정이 단순한 사실적 명제가 아닌 것은 분명하다. 의사결정은 장래의 사태에 대한 기술(記述)을 포함하고 있어 의사결정의 사실적 전제의 기술은 엄밀하게 경험적인 의미로 진실인가 허위인가 중 한 쪽이다. 그러나 의사결정은 동시에 윤리적 내용을 포함하고 있다. 결정이 바르다는 것은 직접 사실과 비교하는 것만으로 결정할 수 있는 것이 아니고 당위를 포함하고 있다. 당위를 주장하는 윤리적 명제의 정당성을 경험적 또는 과학적으로 검증하는 방법은 존재하지 않음으로[12] 의사결정 과정은 「여건」이라고 여겨지는 윤리적 전제로부터 출발해야 한다.[13]

「합리적」이라고 하는 말을 "사이먼"이 이야기한 바와 같이 목적 달성을 위해서 바람직한 일이라고 하는 의미에 둔다면[14] 합리적 의사결정을 실시하기 위해서는 첫째 실현의 정도를 평가할 수 있도록 조직의 목적으로 하는 가치가 명확하게 되어 있지 않으면 안 된다. 또 두 번째로 특정의 행위에 의해서 이러한 목적을 달성될 가능성에 대해서 판단하는 것이 가능하지 않으면 안 된다.[15]

가치 판단에 있어 조직을 위해서 설정된 목적을 윤리적 전제로서 받아드리지 않으면 안 되는 것에 대해 행정과 개인기업에 본질적인 차이는 없지만 양자 간에는 설정된 목적의 내용이나 목적을 확립하는 절차와 기구에 대해 중요한 차이가 있다. 사기업에서는 목적 설정의 책임은 이사회에 있고 최종적으로는 주주에게 있는데 반해 행정의 경우는 목적 설정의 최

11) 상게서, 63-64면.

12) 상게서, 57-58면.

13) 상게서, 63면.

14) 상게서, 96-97면.

15) 상게서, 63면.

종 책임은 의회에 있다.[16)]

개인이든 조직이든 목적에는 계층성이 있다. 각 계층은 아래 계층에서 보면 목적이라고 생각할 수 있고 위의 계층에서 보면 수단으로서 생각할 수 있다. 목적의 계층적 구조에 의해서 행동은 통합되어 정합성이 있는 것이 된다. 왜냐하면 각 행동이 가치의 포괄적 척도, 즉 궁극의 목적에 의해서 평가되기 때문이다. 합리적 의사결정은 이러한 수단－목적(means-ends)의 사슬 속에서 행해지는 것이다.[17)]

그러나 행정의 경우에는 대부분 윤리적 전제는 사실적 전제와 혼합하고 있다.

예를 들어 레크리에이션(recreation)의 진흥을 생각하면 그 목적으로 「건강 증진」, 「여가의 유효한 이용」, 「비행 방지」 등을 들 수가 있는 데 수단-목적 사슬을 위로 더듬어 올라가면 마침내 「복지의 증진」과 같이 명확하게 정의하는 것이 곤란한 단계에 이르게 되어 수단과 목적과의 관계는 조직 관리의 관점에서는 무가치한 것이 되어 버리기 때문에 행정의 경우 가치판단은 수단- 목적 사슬의 중간적인 가치단계에서 실시할 수밖에 없다.[18)]

이것이 행정과 입법의 기능 분담을 애매하게 하고 있지만 만약 윤리적 요소와 사실적 요소를 구별하는 것이 타당하면 다음과 같은 결론을 이끌 수 있다. 첫째 이것들 두 개의 요소를 효과적으로 분리하는 방법을 마련함으로써 의회가 가치 결정을 실시하는 능력을 강화할 수 있다.

두 번째로 특정의 문제에 대해 행정과 입법의 어느 쪽이 결정을 실시해

16) 상게서, 65면.

17) 상게서, 80-81면.

18) 상게서, 63-66면.

야할 것인가는 그 내용에 포함되어 있는 두 가지 요소의 상대적 중요성과 사실적 문제에 포함되어 있는 논쟁 여지의 정도에 의해서 결정할 수 있어야 하는 것이다.

세 번째는 입법부도 필연적으로 많은 사실 판단을 실시하지 않으면 안 되기 때문에 정보나 조언을 곧바로 입수할 수 있도록 해야 한다. 정보로서는 권고 뿐 만 아니라 대체안의 사전 평가에 관한 사실적 정보도 포함되어야 한다.

네 번째로, 행정도 많은 가치 판단을 해야 하기 때문에 법제화 되어 있는 이상으로 사회의 가치에 대해 책임을 갖지 않으면 안 된다.[19)]

결정의 계층성

의사결정의 계층화로 합리성에 대해 보다 넓은 고려를 하는 것이 가능하게 되었다. 의사결정자가 만약 모든 대체안에 대해 그 목적 달성도를 확실하게 예측해, 각각의 가치를 판단할 수 있다면, 최적 수단을 선택하는 것이 가능하다. 그러나 실제로는 이러한 일은 불가능하고 합리적 결정을 위해 취할 수 있는 현실적인 방법으로서는 먼저 말한 수단- 목적 사슬의 상위로부터 순서대로 선택을 실시해 가는 방법 밖에 없는 것이다. 계획이란 하위의 의사결정에 대한 틀로서 기능하는 의사결정이지만 계획의 책정을 위한 목적보다 고차계층에 있어서 합리성의 유지가 가능하게 되는 것이다.[20)]

19) 상게서, 71-72면.

20) 상게서, 125-127면.

조직의 영향

개개 의사결정자의 결정을 조직목적에 적합하게 하기 위해서 조직은 여러 가지의 방법으로 그 구성원에게 영향을 준다. 합리적 의사결정은 가치적 전제와 사실적 전제가 주어지면 그 내용은 일의적으로 결정될 것이기 때문에 조직은 전제의 컨트롤을 통해서 개별의 의사결정에 대해서 영향을 행사할 수 있는 것이다.[21)]

조직영향의 주된 것은 권위, 커뮤니케이션, 효율의 기준 및 조직에의 일체화 내지 충성심이다. 이것들은 모두 개개 구성원에 대해서 내면적, 외면적의 양면으로부터 영향을 주지만 어느 쪽 일까하고 말하면 전자는 주로 외면적으로 다른 둘은 주로 내면적으로 영향을 준다고 말할 수 있다.

권위는 타인의 행동을 좌우하는 의사결정을 실시하는 권력으로 부하는 상사의 권위에 의해서 대체 가능한 행동 속으로부터 자기 자신의 능력으로 선택하는 것을 그만두어 명령이나 지시에 의해서 행동을 선택하는 것이다.[22)] 권위와 조직 목적의 계층을 대응 짓는 것에 의해서 조직으로서의 합리적 행동이 확보된다.

커뮤니케이션이란 조직 내의 멤버로부터 다른 멤버에게 의사결정의 전제를 전달하는 과정이며 두 가지 길의 과정을 갖고 있다. 하나는 명령, 정보, 결정 등을 의사결정자에게 전달하는 과정이며 또 하나는 의사결정자로부터 조직의 다른 부분에 결정을 전달하는 과정이다.[23)]

효율의 기준이란 투입에 대한 산출의 비를 최대로 한다고 하는 기준이

---

21) 상게서, 289면.

22) 상게서, 163-164면.

23) 상게서, 200-201면.

며, 이 기준을 각 의사결정자가 가지는 것에 따라서 조직 목적의 효율적인 수행이 보증 된다.[24]

조직에서 일체화라면 개인이 의사결정을 할 때 조직이 가진 결과라고 하는 시점으로부터 선택을 실시한다고 하는 상태를 가리키고 있다. 일체화에 의해 개인행동의 준거 기준이 조직 내의 것보다 상위의 의사결정에 의해서 결정되는 것이다. 일체화에 의해서 자신에게 주어진 목적을 일의적으로 생각하는 것처럼 되어 예산의 부족을 탓하는 경향이 있다. 주어진 목적을 최대한으로 달성하고 싶다고 하는 소망을 효율의 기준에 대신 두는 가장 중요한 수단이 예산이다. 예산은 경합하는 목적의 사이에 조정하게 할 수 밖에 없고 일체화에 의해서 잘못된 가치 평가를 실시할 우려가 없는 관리계층의 상층부에서 조정을 하게 하는 것에 의해서 이 기능을 발휘할 수 있다.[25]

3. 행정 계획 지원 시스템

계획의 기능

다원적인 목적 사이에 트레이드 오프(trade off)에 대한 예산의 조정 기능은 예산 편성이 단년도 대상에 행해지는 것이나 세입의 제약을 중심으로 행해지는 것은 현실에서는 충분히 그 효과를 발휘할 수 없다. 예산 편성 과정에서 중심적인 사고는 활동을 단위로 해 활동을 야기하는 가치보다는 활동 수준 자체를 대상으로 하는 활동 지향이며, 조달 가능 재원액을 웃도는 요구액에 대해서 어떻게 삭감하는가 하는 투입(input)면의 제

24) 상게서, 234면.

25) 상게서, 273-275면.

약을 중시하는 것이어서, 거기서 이뤄지는 결정은 조직의 각 단위에 있어서의 활동을 결정한다.

트레이드 오프의 조정은 이것과는 반대로 목적 지향의 사고 방법이며 산출(output)를 주된 제약 조건으로 대체적 프로그램(공통 목적을 가진 활동의 집합)의 선택을 장기에 걸쳐 실시하는 접근을 필요로 한다. 활동의 결정이 아니고 프로그램의 선택을 실시한다고 하는 의미는 시민의 입장에서 보면 효과가 동일한가 유사한 시책(예를 들면 가로와 도로)을 예산의 경우와 같이 행정 활동 단위를 분할해 단 년도 마다 생각하는 것이 아니라 활동을 목적 마다 정리해 프로그램이라고 하는 단위로 하여 효과의 종합 평가를 실시, 요구에 가장 잘 합치하는 프로그램을 선택하는 것이다.

계획의 기능은 이 프로그램 선택을 행하는 것이다. 계획기간은 프로그램이 효과를 발휘하는데 필요한 충분한 기간을 취하는 것이며 일반적으로는 결정에 포함되는 코미트먼트(약속)의 이행을 봐 통과시키는데 필요한 기간이라[26] 할 것이다. 행정의 경우 도로계획 같은 것은 코미트먼트(commitment)의 기간이 길 것이므로 트레이드 오프 조정을 위해서는 기간이 가장 긴 것에 맞추어 계획기능을 결정할 필요가 있다. 기간이 장기가 되면 투입(input)면의 제약을 정확하게 파악하는 것이 곤란하기 때문에 지역경제사회의 장래 예측에 근거해 행정 수요만 내세워 투입의 대체로의 제약을 기초로 목적의 조정을 실시할 수밖에 없고 이 의미로 계획은 산출(output) 중심이 되지 않을 수 없다.

문제는 계획과 예산이 이와 같은 사고에 대해서도 제약조건이나 결정

26) 커미트먼트(Commitment) 원칙이란?, H. Koontz and C. O'Donnell, Principles of Management, 4th edition, McGraw-Hill Book Company, 1968, 224면.

내용 그리고 기간에 있어도 차이가 나기 때문에 그대로는 연동하지 않는다는 점이다. 우리나라의 지방 행정 계획이 실효성이 부족한 것은 이 점에 대한 배려가 부족하기 때문이다.

계획과 예산의 중개를 제도적으로 실시하려고 한 것이 미국 연방 정부의 PPBS였다. PPBS에서는 양자 간에 프로그램 계획을 개재시켜 투입(input)면의 제약이 비교적 파악하기 쉽고 중기기간을 잡고 장기 계획으로 선택된 프로그램의 산출(output) 대리 지표와 소요투입(input)을 연차별로 대비하는 것으로서 프로그램의 우선순위를 판정해 프로그램의 실시를 결정해 그 중 다음 년도 계획분을 다음 년도 예산으로 해서 결정하는 방법을 취한다(**표 1** 참조). 프로그램 계획기간을 미국 연방 정부에서는 5개년을 표준으로 하고 있지만 코미트먼트 기간이 넘을 때는 프로그램 기간 중의 효과를 완전하게 계측할 수 없기 때문에 효과에 큰 영향을 주는 활동수준을 그 대리 지표로서 이용하고 있다. PPBS적 접근을 취하여 계획과 예산의 기능을 서로 보완시키는 것이 행정 조직에 있어서의 합리적 의사결정을 위한 필요조건이다.

표 1. PPBS(Planning-Programming-Budgeting System)의 원리

항　목	Planning	Programmin	Budgeting
사　고	목적지향	—	활동지향
제약조건	out-put 중심	Out-put 대리지표와 In-put 대비	In-put 중심
결정내용	프로그램 선택	장기그리드 실시 결정	활동결정
기　간	장기 (커미트먼트의 원칙)	중기 (인프트제약의 예측가능성)	단년도

계획의 계층

계획은 다음과 같은 특징을 가진 의사결정이다. 첫째, 행동에 앞서 장기를 봐 결정을 실시하는 예견적 의사결정이다. 둘째로 목표나 순서에 관해서 상호의존적인 의사결정의 모임이며, 셋째로 바람직한 상태를 지향하는 혁신적 의사결정이 있다.[27] 이러한 특징으로부터 생각하면 장기 계획은 더욱 두 개의 계층을 생각할 필요가 있을 것이다. 왜냐하면 계획으로 결정해야 할 내용 속에 기간에 관한 계층이나 가치 체계 위에서의 계층이 존재해, 계층의 상위에 속하는 것으로부터 차례차례 결정해 갈 필요가 있기 때문이다.

구체적으로 장기 계획은 정책 레벨과 전략 레벨로 분할해야 한다. 정책 레벨의 계획은 규범적 계획으로 가치 체계를 선택하는 계획이며, 전략 레벨 계획은 규범적 계획에 근거해 구체적인 계획 목표를 설정해 프로그램을 선택하는 계획이다. 목표 설정에 즈음해서 자원을 둘러싼 트레이드 오프의 조정을 한다. 전자는 목적론적 성격을 갖고 후자는 운동론적 성격을 갖는다고 말할 수 있다.[28]

계획 책정 과정 지원 시스템의 구상

쇼와 40년 1월에 사토(佐藤) 내각에 의해 책정된 중기 경제계획으로 계량 경제 모델이 활용되었던 것이 하나의 계기가 되어 그 전후로부터 40년대 후반에 걸쳐 지역 계획에의 계량 경제학적 방법의 응용이 크게 유행했었다. 정치적 슬로건이 경제개발로부터 인간 존중으로 변함에 따라 유행은 끝나고 50년대에 들어오고 나서는 시스템·다이나믹스(SD: System

27) 宮川公男, 「의사결정론」, 쇼와 50년, 255-256면.

28) 상게서, 271-272면.

Dynamics)가 대 유행의 징조를 보이고 있다.

계획 책정 과정을 지원하기 위한 분석은 이미 말한 것처럼 의사결정자의 목적을 중심으로 문제의 구조를 묘사해 모델을 작성하고 문제에 대한 이해가 깊어지는 것과 동시에 대체안의 사전 평가를 실시하는 것을 목적으로 하고 있어 계량 경제학적 방법도 의사결정자의 목적에 따라서는 뛰어난 효과를 갖고 있는 것은 말할 필요도 없이 지역 계획에 있어서의 계량 경제학적 방법의 쇠퇴는 계획기능과 분석역할에 대한 관계자의 인식 부족에서 유래하는 것이다.

최근 계획기능과 계획책정 과정에서 분석역할에 대해 몇 개의 현(縣)이나 시(市)에서 재검토를 시작하고 있다. 분석방법과 계획기능에 대해서는 이미 말했으므로 여기서 간단하게 계획 책정과정에서의 분석 작업의 운영방법에 대해 말하고 원고를 마무리하고자 한다.

행정 조직의 가치 전제는 기본적으로는 의회에서 결정하는 것이지만 가치와 사실의 완전 분리가 곤란하기 때문에 행정도 가치에 대해 책임을 지지 않으면 안 된다고 하는 점에 대해서는 벌써 말했지만 행정이 가치 전제를 결정하는 차이에는 주민 사이에 서로 대립해 경합 하는 가치를 조정하면서 사회적 합의를 형성할 필요가 있다. 이 사회적 합의 형성을 지원하는 의사결정 과정 지원 시스템 속에서 분석 수법이 자리 매김 되지 않으면 안 된다.

가치적 요소와 사실적 요소가 완전하게는 분리할 수 없다고 해도 분리할 수 있는 곳에서는 가능한 한 명확하게 분리하는 것이 이 합의형성을 위해서 중요하고 이 때문에 모델을 사실적 요소에 대한 커뮤니케이션의 매체로서 이용할 수 있는 기능이 필요하다. 계획 책정 과정에서 의견의 차이가 사실적 전제의 차이에 의한 것인가 아니면 가치적 전제의 차이에서 비롯된 것인가를 분명히 하지 않으면 의견조정은 불가능하다. 의견의 불일치 원인을 분명히 하기 위해서는 우선 사실적 전제에 차이가 있을지를 조사하지 않으면 안 된다. 선택된 사실적 전제와 그 배후에 있는 논리가 명시적으로 나타난다면 이 작업은 꽤 용이하게 된다.

사실적 전제의 차이는 데이터에 의한 모델의 검증이라고 하는 방법으로 어느 정도까지 해소할 수 있다. 데이터에 의해서 부정된 논리는 지지를 잃을 것이 틀림없기 때문이다. 또 사실적 전제가 명확하게 되면 가치판단이 차이가 나도 같은 대체안을 수용할 수 있는 경우도 있다. 의견 차이의 원인을 검토대상으로서 대체안의 범위나 외부 환경에 대한 생각에 차이가 있을 때는 그 원인을 모델에 의한 커뮤니케이션에 의해서 해명할 수 있고 이를 공통 기반으로 하여 사실적 요소의 조정을 도모할 수 있다.

가치 판단의 차이에 대해서는 시스템으로부터 트레이드 오프에 관한 정보를 제공받음으로 자신의 요구와 경합 하는 다른 사람의 요구에 대해 알게 되고 완전한 만족을 얻도록 하는 것은 불가능하다는 것을 깨우칠 필요가 있을 것이다. 사회에 충만하는 불만을 파악하여 개인적 불만을 사회적으로 타당한 수준으로 조정한다고 하는 「불만의 사회화」를 통해서 주관적인 의미로서 「불만의 공평 배분」을 달성하는 과정을 지원하는 기능이 필요하다.

계획 책정 과정 지원 시스템은 데이터의 검색이나 모델의 작성과 수정 그리고 대체안 평가 등이 누구나 아는 형식을 반복해 실시할 수 있고 게다가 결과가 즉석에서 누구에게나 아는 형식으로 표시할 수 있는 기능을 가지지 않으면 안 된다. 이러한 생각에 근거한 시스템으로서는 효고현(兵庫縣)의 「계획 정보 분석 시스템(PIAS)」이 있지만 이제 막 개발에 착수한 상태이다.

계획 과정 지원 시스템의 연구와 병행 하여 행정과 의회와의 기능 분담은 어느 정도 이어야할 것인가, 주민참가는 어떠한 영역에(행정 시책의 어느 분야에, 결정의 어느 계층에, 결정 과정의 어느 단계에),[29] 어떠한 방법으로(참가자의 범위를 어디까지 확대할 것인지, 참가자에게 행정상의 결정에 참여 시키는지 그렇지 않으면 권고에만 머물게 하는 지 등) 그리고 어떠한 절차로(참가자의 선택 방법, 의견의 정리하는 방법을 어떻게 할까 등) 실시하는 것이 바람직할 것인가라고 하는 문제에 대해서도 연구할 필요가 있지만 이러한 이론 연구는 모두 향후의 과제이다.

(코베 상과대학 조교수)

29) 사이먼은 의사결정 과정에 다음과 같은 활동이 포함된다고 하고 있다.
① 정보 활동(Intelligence activity)
의사결정에 필요한 모든 조건을 찾아내기 위한 환경의 조사 단계.
② 설계 활동(Design activity)
행동의 프로그램을 개발·설계할 단계.
③ 선택 활동(Choice activity)
실행 가능한 행동의 모든 과정에서 하나의 행동 과정을 선택할 단계.
(사이먼·안소후·리카르, 「변동에 도전하는 경영」, 일본 생산성 본부, 쇼와 45년, 50면)

도시재정에 있어서 기업회계방식의 도입

吉田 寛

1. 도시재정의 정보개시(開示)제도는 어떻게 시행해야 하는가

도시의 경영 상태를 평가하고 분석하는 주체자는 시민이다. 도시경영의 담당자인 행정당국이 시민의 생활 요구를 어떻게 받아들이고, 어떠한 시책을 유효하고도 공평하게 실시하고 있는 가를 시민이 평가할 수 있도록 도시경영의 실태에 대한 정보를 개시해야 한다. 이 정보 개시의 책임은 행정당국에게 있다. 이 경우 지방자치법 제243조3을 확인해 두고 싶다.

지방자치법 제243조3

보통 지방 공공단체의 장은 조례에 정해져 있는 바에 따라 매년 2회 이상 세입 · 세출 예산의 집행 상황의 재산, 지방채 및 일시차입금의 현 재고 그 외 재정에 관한 사항을 주민에게 공표해야 한다.

이 규정은 기업에게 부과되어 있는 재정상태 및 경영성적의 공표의무와 본질적으로 다른 것이 아니다. 상장회사는 「공익 또는 투자자보호를 위한」(증권거래법 제24조), 유가증권 정보서를 대장대신(大藏大臣)에게 제출해야 한다. 대장대신(大藏大臣)은 이것을 5년간 「공중의 공람으로 내놓아야한다」(증권거래법 제25조). 또한 상법상의 계산 서류와 감사(監査) 보고서는 「주주급 회사의 채권자」에게 그 열람을 허가하고 그 등본 혹은 초본은 요구에 따라 교부해야한다(상법 제282조). 더욱이 임원은 대차대조표를 공고해야 할 의무가 있다(상법 제283조 제3항).

이것들이 회사의 재무정보개시에 관한 기본적인 법적 근거를 이루는 것이지만, 증권거래법에서는 투자자보호를 목적으로 하고, 상법에서는 주주 및 채권자보호를 목적으로 한다. 이렇게 투자자, 주주 및 채권자가 보호의 대상이 되는 것은 미래 또는 현재의 재무적 지분권자로서의 자격에 의한 것이다. 즉 주주는 출자지분권자로서, 채권자는 채권지분권자로서, 기업에 대한 재무정보를 제공받을 권리를 지니는 것이 법적으로 확인되어 있다.

증권거래법상의 투자자 보호는 재무적 지분권자의 입장을 더욱더 잠재적 주주층에까지 확대하고 있다. 하지만 이러한 확대에 따른 재무정보개시는 책임과 의무 보고부터 증권투자를 위한 정보 제공에 이르기까지 확대되고 정보개시의 질적 변화가 일어나고 있다.

책임과 의무를 위한 정보개시는 기업이 의무적으로 행하는 것이다. 즉 자본의 수탁 및 채무를 위하여 자본제공자 및 채무자에 대해 보고해야 하는 것으로 특히 주주에게는 관리의 책임과 의무가 있다. 잠재적 주주인 증권투자자에게는 이러한 책임과 의무는 없지만 증권 투자자의 판단을 바르게 하기 위해서 공정한 재무정보를 제공할 의무가 있다. 이러한 의미의 정보개시는, 관리를 대신해서, 사회적 책임과 의무의 성격을 가진 것이다. 즉, 증권투자자를 위한 재무정보개시는 수탁책임보고가 아닌, 증권매매를 위한 공정정보개시인 것이다.

주주는 자본제공자로서 경영자의 경영책임을 추구할 수 있는 입장에 있다. 경영의 적법성 및 적정성을 감시하는 입장에 있다. 잠재적 주주인 증권투자자는 주주가 되든지 아닌지의 의사결정을 하는 입장에 있다. 따라서 같은 재무정보에 대해서도 권리자로서의 입장을 달리한다.

도시의 시민은 어떠한 입장으로 재무정보개시를 요구하게 되는 것인가. 도시의 행정당국은 어떠한 입장에서 정보개시를 하는 것인가. 시민은 도시행정의 위탁자이고 납세자인 동시에 통치되는 객체이기도 하다.

도시의 행정당국은 시민의 위탁에 의해 행정 하는 측면과 위정자로서의 통치권을 발동하는 측면을 겸비하고 있다. 이 행정위탁과 통치와는 모순되는 점이 있다. 그 모순은 구체적으로 행정 안에서 서로 충돌, 마찰, 논쟁을 일으킴으로 인해 명백해 진다. 통치자로서의 행정당국은, 한편으로는 국가 의사의 대변자이자 대리자이고 다른 한편으로는 시민의사의 부탁에 응하는 것이기도 하다. 이러한 도시행정의 성격을 전제로 정보개시제도의 모습을 검토할 필요가 있다.

2. 도시재정의 「공보(公報)」는 어떻게 시행해야 하는가

지방자치법 제243조3은, 지방자치단체의 재무정보개시의 의무를 규정한 것이고 또한 시민의 알 권리를 규정한 것이다. 하지만 이 권리는 주주, 증권투자자 및 채권자가 가진 정보개시상의 권리와 같은 것은 아니다. 즉, 시민은 정보개시를 요구하는 입장인 동시에 통치의 객체로서 의무가 부과되는 입장이다.

이것은 정보개시를 맡은 행정당국에게 재량권에 해당하는 선택의 권리가 보유되어 있는 것을 의미한다. 도시재정의 정보개시제도의 모습을 검토하는 경우, 시민은 행정위탁자 및 납세자로서 알 권리를 가지는 동시에 통치되는 자로, 행정당국의 의사에 의해 선택적으로 알게 되는 입장에 있는 것을 간과할 수 없다.

행정당국은 국정기관의 의사를 반영하고 의무적인 「공보」를 가능한 한 적극 억제하고 정책적인 재량의 결과인 「홍보(廣報)」에 의해 정보조작을 할 여지를 충분히 가지고 있다.

공보의 홍보화현상은 의무적인 보고부터 서비스적인 정보제공까지의 변질을 나타내는 것이다. 공보가 의무적으로 행해지고 있는 경우는 책임 보고이자 책임과 의무 보고 이지만, 그것이 홍보화 된 경우에는, 여러 차례 정보 제공으로 바뀌고, 책임보고의 본질을 파괴하게 되며 의무인 공보의 공동화 현상이 생겨난다.

이러한 정보개시의 애매함을 방지하기 위해서는 정보개시 기준을 명확히 할 필요가 있다. 즉, 공시제도의 사회적 확립이 필요하다. 필요 충분한 공보를 확립한 가운데 그 외각인 홍보를 풍부하게 해야 한다. 도시재정에 관한 정보개시제도는 이러한 점에 유의하면서 그 충실화를 도모해야 한다. 그렇게 하는 것이 도시행정을 정말로 시민의 것으로 만들기 위한 조건이다. 도시재정의 정보개시는 주민의 알 권리에 속하는 것이지만, 다른 방면에서는 행정당국의 통치 수단으로도 이용되는 것이기 때문에, 양자의 균형을 어떻게 할 것인가는 행정당국의 행정자세에 의해 좌우될 수 있다. 그렇기 때문에 정보개시에 애매함을 남기지 않는 객관적 기준이 필요한 것이지만, 기업회계에 있어서 재무제표 규칙, 혹은 상법 계산 서류 규칙에서 보는 바와 같이, 사회적 기준은 사업회계를 제외하면 아직은 확립되어 있지 않다. 그 두드러진 결함은, 재산 및 채무 표시에 조직성이 없는 것이다. 지방자치법에서 세입세출 예산 집행 상태의 보고와 함께 재산 및 채무의 현 재고를 보고하는 것이 규정되어 있지만, 양자의 보고를 조직적으로 결부시키는 것을 명확히 요구하고 있지는 않다. 즉, 거기에는 기업회계에 요구되고 있는 정규 부기(簿記)의 원칙 적용이 되고 있지 않다.

정규 부기의 원칙은, 장부기록에 의거하여 대차대조표 및 손익계산서 작성을 요구하는 원칙이다. 그 의미로서 유도법(誘導法)에 의한 재무제표 작성 원칙이라고 불리고 있다. 이것에 대치되는 것은 재산목록법에 의한 대차대조표 작성 원칙이다. 이 경우 대차대조표와 장부기록 사이에 조직적인 관련은 없다. 따라서 손익계산서와 대차대조표 사이에 유기적 관계는 상실되어 있다. 정보개시제도는 그 조직의 측면에서 봐도 문제가 있다. 즉, 이 두 가지 재무보고서 사이에 유기적 관련이 존재 하지 않는 경우에는 회계 수치의 계속성을 보증하는 수단이 결여되어 있다. 대차대조표는 기간 손익계산의 연결 고리에 의해 기간 손익계산의 완전성을 충족하는 역할을 가지고 있다. 특정 기간의 손익계산에 편입되지 않은 미해결 항목을 수용하는 것이 대차대조표이다. 대차대조표는 그러한 의미로 적극 및 소극적인 재무상의 힘이라는 의미로서 저장고라 불리고 있다. 전기말의 폐쇄잔고는 당해 기수의 개시잔고이며 기간손익은 그러한 기수잔고를 이어 받아 기말잔고를 차기에 이월하는 수단을 취함에 따라 회계 수치의 기록·계산이 기간상호 사이에서 계속 가능하게 되며 그 완전성이 보증된다.

정보개시제도는 이러한 장치를 가지지 않으면 그 자체의 자기완결성을 가질 수 없다. 이러한 자기완결적인 정보개시제도는 플로와 스톡(flow·stock)의 계속적인 반복·실행 체계를 이루는 것에 의해 기록·계산 내용의 망라성, 조직성을 확보한다.

도시재정의 정보개시제도에 있어서도 이러한 정보개시의 반복·실행

체계가 필요하다. 도시재정의 정보개시에서는 예산・결산에 관한 정보개시제도는 잘 정비되어 있지만, 재산 및 채무 등의 정보개시는 불충분하다. 예산・결산에 관한 정보는 연간 업무활동에 대해서 그 행정목표치와 실적치를 비교・표시하는 것이기 때문에 업무집행 상태에 대한 재무적 평가 수단을 제공한다. 이러한 의미로서 우선 책임과 의무에 대한 보고서의 기능을 가지고 있다.

책임과 의무보고서는 의무적인 보고서이기 때문에 보고내용은 발행자가 자유롭게 선택할 수 있는 것이 아닌, 공적기준에 의해 객관적으로 확정되어 있는 것이 적합하다. 하지만, 사업회계를 제외하면 도시재정의 정보개시제도는 스톡표와 플로표의 사이에 충분한 관련이 있다고 할 수 없다. 이러한 측면을 개정하기 위해서 사업회계 이외의 회계에 대해서도 플로표인 세입세출표와 연관된 모습으로 스톡표인 대차대조표를 작성할 필요가 있다.

3. 도시재정의 플로(Flow)표와 스톡(Stock)표의 모습

무엇보다 도시재정의 일반회계 및 특별회계는 민간 기업회계 또는 도시 사업회계와는 본질적으로 다르다. 즉 그것들은 행정사업을 대상으로 하는 것이지 수익사업을 대상으로 하는 것이 아니다. 따라서 기업 회계상의 대차대조표는 작성기준을 그대로 적용할 수 없지만, 그 근본원리는 같다. 필요한 것은 행정사업의 특성에 맞게 수정하는 것이다. 하지만, 이렇게 필요한 수정은 대차대조표 작성의 근본원리의 변경을 의미하는 것은 아니다.

세입세출표와 대차대조표가 조직적으로 결합하고 있지 않는 경우에는 재무정보의 자기검증기능이 결여된다. 양자의 유기적 연관을 갖게 하기 위해서는 재산, 시채(市債) 및 차입금 등의 대차대조표 수지(收支)와 재산 및 채무와 같이 스톡으로서 잔류하지 않는 수지(收支)를 구별할 필요가 있다.

즉 현금수지(收支)계산의 세입세출표를 대차대조표수지(收支)와 손익수지(收支)로 분리해야 한다. 이러한 분리에 의해서 재산형성 및 채무부담의 수지(收支)와 행정경비의 수지(收支)가 세입세출표로부터 유기적으로 유도 된다. 이러한 유기적 관계를 가지는 재정정보의 공개제도가 확립되면 재정상태 및 행정상의 수익수입과 비용지출의 적합관계에 대한 조직적인 정보가 제공된다.

세입 중에서 변상(반제(返濟)을 필요로 하지 않는 것은 수익수입 또는 자본적수입이다. 세출 중에서 채무의 변상으로 사용되지 않는 것은 비용지출 또는 재산형성을 위한 지출이다. 비용지출은 수익적 지출이고 재산형성을 위한 지출은 자본적 지출이다. 세입세출에 대해 이러한 수지의 성격을 구별해서 인식하는 것은 일반회계에서도 가능하다.

재무보고 중에서 재산에 관한 조서 및 시채일람표와 같은 재산 및 채무에 관한 보고가 포함되어 있지만 이러한 것들의 보고는 현실에서 재산목록의 형태를 지니고 있다. 재산목록은 법적재산개념에 의해 작성된다. 예를 들어 코베시의 「재산에 관한 조서」를 보면 동산, 부동산(토지 및 건물, 산림 등), 물권, 채권이라고 하는 개념을 채용하고 있고, 회계학적 자산·부채의 개념인 유동자산 및 유동부채, 고정 자산 및 고정부채라고 하는 분류는 채용하고 있지 않다. 이러한 개념의 차이에서 재산목록과 대차대조표는 근본적으로 차이가 있는 것이다.

재산목록은 현유재산 및 채무 일람표로 손익수지와 결합해 재정 상태를 표시하는 수단인 대차대조표와는 근본적으로 다르다. 재산목록에 근거하여 대차대조표를 작성하는 경우에는 손익수지의 유기적 관계가 상실했기 때문에 그러한 대차대조표로부터 재정 상태를 정확히 판단할 수는 없다. 재정 상태는 플로인 손익수지의 결과로서 생겨난 스톡의 상태이다. 양자 사이에서 우선 언급되는 수지의 분류를 전제로 화폐적 평가에 의한 통일성이 있다. 조금 전 언급한 「재산에 관한 조서」에서는 수지적 기록 결과로서 재산재고의 금액표시에 일관성은 보이지 않는다. 공유재산으로 표시되고 있는 토지 및 건물, 산림, 동산 등의 재산항목에 대해서는 물량에 의한 표시만 있을 뿐이고 그 취득원가에 해당하는 지출액은 전혀 기재하고 있지 않다. 기업회계에서는 이러한 일은 정말 있을 수 없는 일이다. 지방자치법 제243조3에 의해 시당국이 의무로서 공표한 재산 상태에 관한 보고를 「공보」에 해당한다고 쓰여 있는 서적, 「재정의 개요」를 통해 보면 다음과 같다.

이 「공보」에서는 소유유가증권 및 출자에 의한 권리에 있어 재산에 관한 조서에 기재되어 있는 당해 자산의 금액은 표시되어 있지 않고 대신 주(株)수 및 건(件)수만이 기재되어 있다. 이것은 같은 표 속의 단위를 물량단위로 통일한다는 취지로부터 생겨난 것으로서 그 나름대로의 충분한 이유가 있지만, 재정상태 표시에 차이가 많은 공표방법이다.

공 유 재 산

공유재산이라 함은, 시(市)가 소유하고 있는 재산으로서, 토지, 건물, 선박, 항공기, 지상권, 유가증권, 출자에 의한 권리 등의 재산을 말하고 그 사용목적에 의해 행정재산(청사, 사무실 혹은 학교, 공원 등과 같은 공용 또는 공동용으로 이용되는 재산)과 보통재산(행정재산 이외의 모든 공유재산)으로 분류된다.

1975년 3월 31일 현재, 지방공영기업 법적용사업(하수도 · 항만 · 개발 · 병원 · 교통 · 고속철도 · 수도 · 공업용 수도의 8가지 사업)을 제외한 공유재산의 현 재고는 다음과 같다.

■ **공유재산**

(쇼와 50년 3월 31일 현재)

종 류	수 량				비 고
	단위	행정재산	보통재산	계	
토 지	㎡	15,420,173	25,474,531	40,894,704	
건 물	년㎡	2,716,455	47,744	2,764,199	
입 목	㎥	-	58,057	58,057	
선 박	쌍	1	-	1	36톤
항 공 기	기	1	-	1	
지 상 권	㎡	7,556	-	7,556	
주 권	주	-	8,379,544	8,379,544	관서전력주식회사 7,161,444주 외 15건
출자에 의한 권리	건	-	34	34	판신고속도로공단 외 33건

이러한 재산내용의 개시는 재산 그 자체에 대한 것조차 충분한 정보를 제공하고 있다고 할 수 없다. 재산내용에는 이러한 공유재산 이외에 채권 및 기금 등도 존재한다. 그러한 의미로서 이 재산표시는 재산내용의 전부를 개시하고 있는 것이 아니라 망라성이 결여되어 있다. 즉, 재산목록에 의한 재산표시라도 충분한 것은 아니다.

4. 도시재정의 「홍보」화는 어떻게 시행해야 하는가

이러한 기초적인 보고를 충분하게 하지 않고 다른 방면으로 여러 분석적인 「홍보」를 전개하는 것은 선전의 악용이다. 정보개시와 의무적 보고와의 구별은 확실히 해둘 필요가 있다. 이 구별은 의무적 보고가 사회적 감사로 할 수 있음을 기본 조건으로 한다. 그러한 기초 위에 「홍보」가 행해져야 한다.

즉, 「공보」는 책임과 의무 보고로서, 시민의 행정신탁에 대한 행정당국의 의무이고, 「홍보」는 그 보고를 해설하고 보조적 정보를 제공하며, 시민에게 「공보」에 대한 이해를 구하기 위한 수단이다. 하지만 사실상 행정당국의 정책적 정보조작의 수단으로 사용되고 있다.

시민은 행정의 신탁자로서 행정당국에게 행정내용의 보고를 받을 권리가 있다. 다른 측면으로, 행정당국은 통치자로서 홍보활동을 실행한다. 이러한 시민의 행정신탁과 행정당국의 통치와의 관계에는 매우 미묘한 점이 있다. 행정당국은 신탁에 의거하여 법적 권한을 가지고 공권력을 행사하는 입장에 있다. 시민의 행정신탁은 주권재민의 사상으로부터 시작되지만, 선거를 매개로 하는 간접민주주의에 의해서 그 제도적 보증을 얻는 정도이다. 그 이외에는 소위 「운동」에 의한 권리요구가 유지되고 있다.

도시재정의 정보개시제도 개선도 이러한 「운동」의 일환으로 전개하는 것 이외에는 그 진보・발전을 기대할 수 없을 것이고, 이 개시를 요구하는 측과 개시를 제시되는 측 사이에 있는 신탁과 통치의 미묘한 관계부터 살펴봐도 충분히 짐작할 수 있다. 이러한 점에 대해서 시민과 행정당국과의 사이에 새로운 사회계약의 성립이 전망된다.

5. 도시재정의 사회감사는 어떻게 시행해야 하는가

도시재정의 재무정보개시에 대한 사회계약 내에서 새롭게 요구되는 것으로 행정에 대한 사회감사가 있다. 이 사회감사는 시민의 입장에서 행정감사를 목적으로 한다. 이 경우, 감사는 행정의 적법성 감사보다도 오히려 행정목표가 어느 정도 적절하게 달성되었는가가 감사의 주안이 되어야 한다. 그러한 의미로서 행정효과 감사가 있다. 이러한 감사를 필요로 하는 것은 행정당국의 행정효과에 대한 자기평가와 그 홍보화에 대해서 제3자에 의한 감사에 의해 사회적 판정을 하기 위함이다. 이러한 감사는 결국 시민의 행정 요구를 어떻게 행정당국이 소화하는가를 객관적으로 확인하기 위함이다. 이것은 행정 신탁자로서 시민의 입장에서 실행하는 행정 평가이다.

이 사회적 평가는 행정당국이 이미 행하고 있고 이러한 것들로부터 실시하려고 하는 계획에 대한 적정성을 다각적·종합적으로 평가하는 것에 있다. 그렇기 때문에 무엇보다도 재정적 기초부터 그 적절성을 판단할 필요가 있다. 따라서 재무기록·계산을 확인하고 그 내용을 분석해야 한다.

행정에는 행정 측의 자기감사가 있고 의회 측에도 의회감사(지방자치법 제98조)가 있지만 그 목적은 오로지 적법성의 감사에 있다. 즉 허위·부정의 방지가 중요한 목적이다. 이러한 목적은 감사의 기본적인 기능을 유지하는 것이지만 감사를 향한 기능을 갖기 위해서는 감사에도 「경영지도」의 역할을 지니고 있어야 하고 그러한 목적에 부합하는 감사의견서를 필요로 하고 있다.

감사의견서는 독립 감사인에 의해 작성되어야만 한다. 예를 들어 미국의 지방자치단체의 재정에서는 독립된 감사법인에 의한 감사가 실시되도록 제3자 감사를 행하고 있다. 또한 재무보고서에는 이 감사의견서를 첨부해야만 한다. 그러한 것은 시민에 의한 행정신탁의 이념에 부합하는 것이기 때문이다.

행정 감사에는 통치권의 위양(委讓)에 따른 감사 내지 검사가 있다. 이것은 중앙관청에 의한 지방자치단체 행정에 관한 각종 감사 내지 검사이다. 다른 측면으로 시민에 의한 지방자치단체 행정의 감사에는 시민의 청구에 의한 감사위원감사(지방자치법 제75조)가 있다. 전자는 통치권에 의거한 감사이고 후자는 행정신탁에 의거한 감사이다. 따라서 굳이 이 위에 사회감사를 도입할 필요는 없다는 의견도 있을 수 있을 것이다. 하지만 사회감사는 이미 서술한 대로 중앙관청에 의한 감사라든지 의회의 감사와는 그 목적을 달리한다. 마치 기업에 대해 감독관청에 의한 특별사항의 감사 내지 검사, 감사역감사 및 감사법인에 의한 감사가 실시되고 있고 각각 그 목적을 달리하는 것과 같다.

이러한 도시재정의 감사는 일반회계, 특별회계 및 기업회계마다 각각 실시됨과 동시에 이들 회계의 결합계산에 대해서도 실행해야 한다. 그 경우에는 당해 도시재정을 종합적 회계단위로 하는 결합 대차대조표 및 결합 손익수지 계산서를 작성해야한다. 이 결합계산서는 도시재정의 실상을 총람하는 것에 도움이 될 뿐더러 각 회계 간의 재정적 의존관계를 명료하게 표시해야 한다.

6. 도시재정의 회계간 · 관련분석은 어떻게 시행해야 하는가

이러한 도시재정의 종합화와 동시에 다른 측면으로는 부속명세표를 활용할 필요가 있다. 부속명세표는 재산목록으로 대신하는 것이지만 그 작성의 기초부터 본다면 재산목록과 같은 것은 아니다. 재산목록은 소유자산 및 채무의 실지조사에 의거하여 작성되는 것이지만 부속명세표는 수지기록에 의거하여 작성되는 것으로서 회계 장부에서 유도되는 재무보고서의 주요계정에 대한 내역명세이다.

부속명세표에는 대차대조표 계정에 관한 내역명세와 손익수지 계산서에 관한 내역명세가 필요하다. 손익수지 계정에 대해서는 각종 주요 손익수지 항목에 대한 명세서 이외에 각 회계간의 이월·차입 관련표의 작성을 필요로 한다. 이 관련표는 각 회계간의 상호의존 관계를 명확히 할 수 있는 것이어야 한다. 이 관련표에 의해 각 회계의 이월·차입 전의 수지손익을 명확히 해야만 한다. 이월·차입금의 각 회계간 상호관련은 특히 일반회계의 조출과 특별회계의 조입 및 사업회계의 조입금 이라는 관계가 지배적이기 때문에 이월·차입금 관련표 작성을 대신해서 일반회계 출금명세서를 사용하는 것도 가능하다. 하지만 각 회계 사이에서 다액의 이월·차입이 쌍방적으로 행해지고 있는 경우에는 관련표 작성이 불가결하다.

이러한 관련분석을 행하는 것은 각 회계단위의 독립성을 확인하기 위함이다. 각각의 회계단위는 자기완결적인 감정의 체계여야 한다. 즉 하나의 회계단위에 속하는 감정부터 대차대조표와 손익계산서가 자동적으로 작성 되어야 한다. 이것은 회계단위가 기금단위로서 독립성을 가진 것을 의미한다. 이러한 관련분석은 이월·차입 전의 상태에서 각각의 기금회계로서 회계단위의 균형을 판정하기 위함이다.

어째서 그러한 판정을 해야만 하는가. 그것은 말할 것도 없이 각 회계단위의 재무적 건전성을 명확하게 하기 위함이다. 게다가 이러한 이월·차입 전의 상태에서는 본 모습이 명확해지는 이점이 있다. 또한 부담구분의 명확화에도 도움이 된다.

이러한 분석을 행하는 경우에 법제도에서 인정되는 회계규정을 일방적으로 의존하는 것은 분석의 목적을 달성하기 위해 유익한 일은 아니다. 알아내려고 하는 것은 회계단위의 경제적인 의미이기 때문에 비용지출과 수익수입과의 대응을 가늠할 필요가 있다. 그러기 위해서는 가령 일반회계에서 부담하는 것이 법적으로 인정되는 비목 내지 금액에 있어서도 분석의 대상인 특정 회계단위가 그 비목에 해당하는 용역의 제공을 받고 있는 경우에는 그 용역을 사용하는 데에 걸리는 비용 금액은 그 특정 회계단위의 비용지출로 처리해야 한다. 그러기 위해서는 분석목적을 위해 대체지출을 할 필요가 있다. 물론 이것은 정규 법적인 계정처리 이외에 분석을 위한 목적으로만 실행해야 한다. 수익수입에 대해서도 마찬가지로 대체수입을 필요로 한다. 비용수익대응의 원칙을 회계단위 마다 적용할 필요가 있다. 이러한 경우, 관청회계의 특수성을 너무 강조하는 것은 유익하지 않다. 도시재정 내에서도 일반회계는 전형적인 관청회계이고 재무적으로는 소비경제단위라고 해도 그 수지를 대차대조표수지와 손익수지로 구분할 수 있다. 수입의 경우 손익수입에 해당하는 것은 수익수입으로 비용지출에 대응시킬 수 있다. 회계 단위간의 수치로 나타내도 이것을 각 회계단위의 부담구분에 따라 귀속되는 회계단위를 명확히 할 수 있다. 관청회계에 있어서도 지출만 있고 수입은 없는 회계단위는 실질적으로 있을 수 없다. 실제로 수입이 발생하지 않는 하위의 회계단위에서는 상위가 실제 수입이 있는 회계단위이기 때문에 그 하위가 회계단위에 귀속되어 있는 계산상의 수입을 대체해야 한다. 현재 이러한 상태는 일반회계에서 실제로 수입이 계상되고 하위 회계단위에서는 지출만 발생하며 그것이 일반회계의 지출에 통합되어 있다. 일반회계는 그 하부요소인 하위의

회계단위 계산을 통합하고 있다.

이렇게 계산상의 대체수지를 포함하고 계산단위마다 수지의 상태를 실질적으로 명확히 하기 위해서는 법적인 회계처리를 경제적인 회계처리로 재편성하는 작업이 필요하다. 즉 회계단위마다 경제적 평가에 필요한 실질적인 수지를 배분하고 그 단위마다 재정상태 및 손익수지의 상태를 명확히 할 필요가 있다. 이것은 수입의 귀속구분 및 지출의 부담구분을 경제적인 기준에 의해 명확히 하는 것을 의미한다. 이러한 수지 재편성표가 작성되면 관청회계도 경제적 판단의 도구로 유효성을 발휘할 수 있다.

조금 전 언급한 사회감사도 이러한 목표를 향해 노력하는 가운데 확립되어야 한다. 즉 도시재정의 경제적 가치판단을 가능하도록 재정수지자본을 법적개념에 전적으로 의존하여 회계 처리하는 것이 아닌, 기업회계에서 보여지는 발생주의의 원칙, 비용배분 원칙 및 비용수익대응의 원칙 등을 가능한 한 도입하고 경제적 개념에 의한 회계 처리를 실시 할 필요가 있다. 사회감사는 그러한 기초 위에서 행정의 경제적·사회적 책임을 평가하고 명확화 할 수단으로서 활용되어야 한다.

도시재정의 정보개시제도는 행정의 경제적 효율과 사회적 형평성을 객관적으로 판단할 수 있는 정보를 회계 간 재정수지의 흐름을 명확히 하고 제3자 감사에 의한 감사증명을 덧붙여 주민에게 제공해야 한다.

회계 간의 관련분석은 결합재무제표로서도 파악 할 수 없는 재정의 경제적 실태를 명확히 하기 위해 필요하다. 재정수지의 흐름을 그 경제적 관련에 의해서 재편성하고 경제적 대차대조표 및 경제적 손익계산서를 작성하는 것이 재정수지의 경제적 관련분석의 최종적 목표가 되어야 한다.

(코베 상과대학 교수)

Ⅳ

도시경영의 실천적 과제

공공개발자론

佐野 雄一郎

1. 공공 개발자의 의의

도시개발의 계보

도시는 사람들의 기대와 소망으로 급속한 팽창을 이뤄왔다. 하지만, 도시문제라고 총칭되는 주택·토지·교통·공해 어느 쪽도 근본적인 해결책을 찾지 못해 도시에서의 일상생활은 오늘날 한층 더 곤란으로 가득 차 있다고 할 수 있다. 오늘날의 도시는 과거의 축적으로 인해 존재 하고 있고 그것에 포함되는 문제 또한 과거의 유산이라고 말할 수 있을 것이다. 미래의 도시상을 생각한다면 지금까지의 도시개발 계보를 총괄하는 것은 무시할 수 없는 과제이다.

전후(戰後)의 도시개발의 특징을 한마디로 말하면 그것은 민간자력건설이라는 말로 대표되는 민간의 「자유」로운 활동에 대부분을 맡긴 점이라 할 것이다. 쇼와 30년경의 "택지분양 붐"이 그 전형이다. 10헥타르 한도의 소규모 개발에서 일부씩 분할하여 파는 방식에 의한 택지의 공급으로 인해, 시가지의 무분별한 확대가 급속히 진행되고 있었다. 그곳에는 파는 쪽도 사는 쪽도 지가의 급등을 부채질 하고, 개인자산인 토지가옥을 추구하는 개인적 견해가 앞섰으며 도시형성적 관점은 완전히 무시되었다. 마침내 1950년대 후반에 들어서 중소건설 매매업자를 대신해서 전철자본 등의 대자본을 배경으로 한 기업들의 진출이 시작되었고, 30~40헥타르 이상의 대규모 택지개발이 활발히 전개되었다. 이러한 대규모 택지개발에는 다음과 같은 측면에서부터 크게 기대되었다.

그 첫 번째는, 철도건설과 병행해서 택지개발을 하는 등 토지이용의 고도화에 의한 이익을 목표로 하고 지가 상승에 의존하지 않는다는 점이다. 두 번째는, 규모의 이익이 발생하는 공동・공익시설을 자신이 직접 비용을 부담하는 식으로 정비하고, 채산의 토대로 올려놓기 때문에 우수한 거주환경을 확보할 수 있다는 점이다. 세 번째는, 택지의 대량공급에 의해서 대국적인 지가안정 효과를 기대할 수 있다는 점이었다.

이러한 논거를 배경으로 대규모 택지 개발 담당자로서 "민간 개발자"의 육성・활용론이 등장하였다. 1966년 1월, 경제동우회는 「도쿄의 주택대책」의 의견을 발표하고, 그 중에서 개발자에 대해 「용지의 수용 권한을 인정하고 혹은 국가가 용지수용을 대행해 주는 등, 법체계 정비의 시작, 재정・금융・세금제도 상의 원조조치」를 강구할 필요가 있다고 주장하고 있다. 또한, 1968년 6월에 공표된 자민당 도시정책조사회에 의한 「도시정책대강」은, 「도시형성과 주택건설의 추진력으로서 민간 개발자를 참가시키고, 자금공급 등의 원조를 시행 한다」와 「주택 이외에 교통・유통 등을 하나로 묶어 대도시의 양 개발과 신주택지의 건설은 민간 개발자를 주체로 하는 추진력으로 해야 한다」(밑줄 인용자)고 서술하며, 그러기 위한 「도시계획에 의거한 도시개조에 참가하는 민간 개발자에 대해서는 공익성에 비추어 새로운 법률에 의해 도시계획사업 시행자가 될 수 있도록 한다」와 함께 「토지수용의 청구권을 부여하고 장기저리의 자금을 공급한다」라고 의견을 내고 있다. 이 주장은 1969년 4월 각의에서 결정된 「신전국 종합 개발계획」에 의해 추인되어 민간 개발자에 대한 정부 방침이 공표됨과 함께 신도시계획법(1968년 6월 공포)과 도시재개발법(1969년 6월 공포)에 의해 정책의 구체화가 실행되었다.

민간 개발자의 파탄

민간 개발자는 그 기능적 특징으로서 경영의 기동성과 탄력성, 시장의 가격경쟁성, 수익자 부담원칙에 의한 공동·공익시설의 자기부담능력을 가지고, 사적자본 고유의 적극적 경영에 의해 양호한 택지의 대량공급을 실현할 수 있게 되었다. 하지만, 1965년대의 민간 개발자의 실태는 일부를 제외하고 이 기대를 저버렸다.

경영의 기동성과 탄력성은 본래의 도시개발에 발휘되어야 하나 도시근교지대의 토지매점에 의한 이익추구에만 발휘되었다. 전철 사업 쪽의 개발자도 스스로 교통시설과 전반적인 토지개발 시행을 포기하고, 난개발 형식의 토지조성을 이행하고 있다. 또한, 이상한 지가의 급등을 부채질하고 수요자 측의 토지취득 기호가 가열 중에 있어서 실재로 가격경쟁효과는 없었다. 게다가, 수익자 부담에 의한 공동·공익 시설의 정비는 이윤추구의 뒷전으로 밀려버려 결국 지방자치단체를 따라 부득이하게 투자시키는 경우가 속출했다.

이러한 개발행위는 대도시 주변 행정구역의 재정파탄을 부르게 되었다. 1970년의 자치성 조사에서는, 학교건설비가 전체 예산의 4할이나 차지하고 있다는 결과가 나왔고, 인구 급증 도시에서는 재정상의 자위책이 초미의 과제가 되었다. 그 솔직한 표현이 "단지(團地) 거절"이고 개발자는, 지방 행정구역부터 간선도로 신설의 비용부담, 초등·중학교와 보육소 등의 무상양도, 공동・공익 시설의 설치 등 엄격한 조건이 부과되었다.

지방자치단체의 자위책은 민간 개발자 주도 형식의 도시개발에 대한 거부권 행사를 의미하는 것이고, 도시개발의 주도권을 도시로 되돌리려는 움직임으로 발전했다. 그것은 다시, 도시문제를 구성하고 있는 각각의 과제가 서로 뒤엉켜서 복잡화되고, 주택문제 혹은 공해문제의 단독 해결책은 있을 수 없기 때문에 도시정책전반을 주시하는 것부터 시작되며, 그 결과로서 해결 방안을 찾을 수 있었다.

공공 개발자에 대한 기대

지방자치단체가 취할 수 있는 도시개발의 통제수단으로서는 다음의 다섯 가지를 생각할 수 있다. 첫 번째는 국가의 법률에 기초한 권한의 행사이자 도시계획법에 의한 개발허가와 사전 협의 등의 제도가 있다. 두 번째는 지방자치단체의 자주입법인 조례・규칙제정권의 활용이다. 1960년에 코베시가 가장 먼저 착수한「경사지의 토목공사 규제에 관한 조례」등이 그 선례이다(이 조례가 선도된 후에「택지규제법」이 제정되었다). 세 번째는 법의 테두리 안에서 행해지는 행정지도이다. 코베시의 경우, 개발지도 요강・기술기준에 의거한 개발행위의 지도・규제가 있다. 네 번째는 특정지역의 종합개발계획의 확립과 이것을 기초로 도시개발의 실제를 제어하는 방법이다. 다섯 번째는 지방자치단체 스스로가 토지를 취득하고 개발행위를 행하는 것이다. 즉, 지방자치단체가「공공 개발자」로서 도시개발의 제 일선에 서있는 것을 의미한다.

도시개발의 질서를 세우기 위해서는 이 다섯 가지 수단을 최대한 활용해야 하지만, 그 중에서도 공공 개발자가 완수해야 하는 역할은 크다고 할 수 있다. 이제까지, 도시개발은 주택공급과 같은 수준으로 파악되는 경향이 강하고, 민간 고유의 분야로 인식하게 되고, 공동 개발자의 기능은 간과되어 왔다. 하지만 공공 개발자론은 결코 드문 것이 아니고, 그 원류를 에베네저 하워드(Ebenezer Howard)의 "내일의 전원도시"에서 찾아볼 수 있다.

하워드의 "전원도시"는, L. 멈퍼드에 의해 극찬 받은 것이지만, 오늘날 더욱더 도시형성의 기준점으로서 자리하고 있다 할 수 있다. ① 대도시근교에 건설한다. ② 건강하고 독립된 도시생활을 할 수 있는 산업·문화·사회 여러 시설을 겸비한다. ③ 인구는 3~5만 명을 한도로 한다. ④ 도시주변을 농업지대로 한다. 게다가 중요한 것은, 전원도시의 토지는 공유하고, 교통·전기·가스·상하수도라고 하는 기간시설은 전부 공영으로 경영된다는 점에 있다. 게다가 이러한 것들의 기본설계가, 「도시의 규모는, 의식적으로 당연히 통제할 수 있는 문제이다」라고 하는 철학이 내포되어 있다는 것은, 정말 주목할 만한 것이다. 토지의 공유, 도시 시설의 공영화, 도시규모의 적정한 통제라고 하는 명제는, 공영 개발자가 아니면 완수할 수 없는 과제이다.

현대의 도시개발은 사전에 설계된 종합계획에 의거하여 도로·교통시설·상하수도 등의 도시기반시설의 건설이 시행되고, 그 위에 주택과 생산시설 등이 배치되어 있는, 공적시책선도형이여야 한다. 생활 및 그것을 유지하는 생산의 물리적 기반인 도시공간은, 도시시설·주택·생산업무시설 등 여러 요소의 유기적 복합체로서 구성되어 있어서, 그 여러 요소들의 전반적인 정비가 되어 있지 않는 한, 스톡으로서의 가치를 갖지 않는 "결함도시"의 형성으로 끝나버린다. 그곳에는 전체라는 도시형성을 통제하는 지방자치단체의 강력한 지도성이 필요하고, 그 실전부대로서, 공공 개발자의 선도성이 요구된다.

2. 공공 개발자의 실제

매립사업으로부터 출발

1972년 채택된 코베시의 「인간 환경 도시선언」이 널리 알려진 바와 같이, 코베시는 「초록의 산, 파란 하늘, 검푸른 바다, 그리고 태양의 광채」로 아름다운 도시이다. 시가지의 전면에 오사카 만이 트여있고, 뒤로는 푸르른 록코 산맥이 솟아있으며, 대도시로서는 드물게 자연환경이 갖추어져 있다. 반면, 이 자연조건은 시가지의 발전을 크게 제약하고 있고, 인구밀도 17,000명을 넘는 매우 조밀한 시가지 형성을 초래했다. 1955년대의 도시팽창압력은 록코산 산기슭에 주택이 무계획적으로 확대되는 현상을 심화시키는 한편, 공장용지・코베항의 확충정비를 필연화 시켰다.

도시팽창압력에 대응하기 위해, 1953년부터 착수하고 있던 해면매립사업에 박차가 가해지고, 코베시는 공공 개발자로서의 한발자국을 내딛었다. 해면매립은 현지사(도지사)의 허가를 받으면 민간사업으로 실시할 수 있고, 실제로 민영에서도 시행한 적이 많다. 하지만, 코베시의 경우, 첫 번째로 코베항과 전반적인 정비를 진행할 필요가 있다는 점, 두 번째로는 수심이 10m가 넘는 매립은 독자적인 기술개발이 필요하고, 사업에 위험부담이 컸다는 점, 세 번째는 대량의 매립용 토사를 채취하고 난 터의 이용을 생각할 필요가 있었다는 점 등에서 비추어 볼 때, 코베시의 직영사업으로서 개시되었다. 물론 코베시 자체에 대량의 자금을 투입하고, 어려운 기술개발이라 했던 장애를 극복하며, 계획적인 도시 개발을 위해 주도권을 확립해야 한다는 강력한 도시경영의욕이 직영실시를 선택하게 한 최대의 이유라고 할 수 있다.

1953년부터 개시된 연안지대 매립사업은, 1970년에 완료되고, 제1기

표 1. 제1기 사업의 개요

	지구명	전체사업비	조성면적	매립토양	시행연도
매립지	동부 1공구	15 억엔	114 ha	1,081 만㎥	쇼와 28~42
	동부 2공구	57	88	1,084	쇼와 35~43
	동부 3공구	82	116	1,480	쇼와 36~43
	동부 4공구	87	121	1,727	쇼와 39~45
	서부 1공구	24	38	286	쇼와 32~42
	서부 2공구	11	19	225	쇼와 38~43
	서부 3공구	35	47	379	쇼와 35~41
	매립지 계	311	543	6,262	
택지	학갑단지	28	46	-	쇼와 34~43
	와삼단지	24	38	-	쇼와 36~45
	택지 계	52	84	-	
합 계		363	627	6,262	

사업으로서 그 성과를 정산했다(**표 1** 참조). 매립지는 동부와 서부로 크게 나뉘어, 동부는 439헥타르, 서부는 104헥타르이다. 그 토지이용은 기업입지를 중심으로 하면서도, 발판이 될 기지 · 청소공장 · 하수처리장 · 중앙도매시장 · 야구장 · 수영장 등 공공 · 공익시설 용지로서 활용되고 있다. 또한, 흙을 채취한 터에는 쓰루카부토(鶴甲) 단지(46헥타르, 1,700호)와 우즈모리(渦森) 단지(38헥타르, 1,590호)를 건설하고 시민에게 분양하고 있다.

공공 개발자에 대한 염려 중에 하나로 "무가(武家)의 상법"에 빗대어, 그 경영수완을 의심하는 목소리도 있지만, 제1기 사업은 사업수지에서 보면, 매립지에서 78억 엔, 택지에서 19억 엔의 이익을 계상하고 있고(**표 2** 참조), 그 일부는 개발사업 회계의 이익 처분으로서 일반회계로 편입시키고 있다. 게다가 사업비의 기반에서도, 관련 사업비 부담이라고 하

표 2. 제1기 사업의 수지

(단위: 억 엔)

	전체사업비	매각수입	사업수익
매 립 지	331	389	78
택 지	52	71	19
합 계	363	460	97

표 3. 일반회계에의 이월 상황

① 사업비에 따른 도입 (단위: 억엔)

연 도	쇼33	쇼40	쇼42	쇼42	쇼43	쇼44	쇼45	쇼46
도입액	0.5	0.4	2.4	4.3	4.8	7.6	26.5	46.5

② 이익처분에 따른 이월 (단위: 억엔)

연 도	쇼45	쇼46	쇼47	쇼48	쇼49	쇼50	계
도입액	5	13	10	10	10	10	58

는 모습을 통해서, 실질적인 일반회계로의 연이은 투입을 시행하고 있고, 코베시의 재정운영에 크게 공헌해 왔다고 할 수 있다(**표 3** 참조).

뉴 타운 건설

제1기 사업은 코베시의 공공 개발자로서의 발판을 다지고 있다. 도시개발이라고 하는 시점에서 보면, 종합적인 토지이용계획의 선도성보다도 사업실시계획이 먼저 선행되는 경향이 있지만, 대략적으로, 착오 없이 사업경영을 궤도상에 올려놓은 의의는 크다고 할 수 있다. 이 성공에 의해서 도시개발을 전면에 내걸었던 제2기 사업의 비약적인 발판이 준비되었다고 해도 좋을 것이다.

표 4. 스마 뉴타운의 개요

지구명	면적	인구	시행연도	사업명	시행자
	ha	人	쇼		
수 마	96	12,000	36~50	일단의 주택경영	코베시 개발국
횡 미	142	12,000	46~51	신주택 시가지 개발사업	
명 곡	276	36,000	44~54	신주택 시가지 개발사업	
낙 합	240	35,000	43~52	토지구획 정리사업	코베시 토목국
백천대	66	10,000	40~44	토지구획 정리사업	백전토지구획정리조합
북수마	76	8,000	39~49	일단의 주택경영	병고현주택생활협동조합
계	896	113,000			

제2기 사업도 해면매립과 내륙개발의 전반적인 시행이자 그 기본 패턴에 변경은 없었다. 하지만, 포트 아일랜드, 스마(須磨)와 나란히 세이신(西神) 뉴타운 건설은, 명실상부한 코베의 장래를 건 야심찬 프로젝트이다.

스마 뉴타운은 개발면적 896헥타르, 예정인구 11만 3천명의 규모를 가지고, 3가지의 사업주체와 사업수법으로 된 복합 뉴 타운이다(**표 4** 참조). 세이신 뉴 타운은 642헥타르, 7만 명의 신주택시가지와 249헥타르의 세이신 공업단지를 전반적으로 정비하고, 직장·주택 근접형의 뉴 타운을 목표로 하고 있다.

이 두 가지 뉴 타운은 코베의 도시문제해결을 기본적인 관점으로 하고 있다. 그 첫 번째는 주택 환경의 정비이고, 코베시 주택 5개년 계획에 의거한 주택 필요호수 충족의 일익을 담당하고 있다. 두 번째는 쾌적한 직장의 제공이다. 시가지재개발과의 연계·제휴를 밀접하게 하고, 공장 등의 기업이전을 수용함과 동시에, 그 단지면적의 21%를 공원녹지로 조성하면서 풍부한 환경 속에 기업 활동에 필요한 많은 시설을 배치하는 등, 전체를 “산업 공원”로서 정비한다. 이러한 직장 · 주택 근접배치는 뉴 타운에서의 주간 도시 활동을 높이고, 각종기능을 조절하는 것에 의해 도시 생활의 안정성과 영속성을 보장하고, 통근 · 통학에 의한 모(母)도시로서의 집중을 해소하기에 빠뜨릴 수 없는 근본적 요소이다. 세 번째는 여유 있는 시민생활의 보장이다. 단순한 택지의 대량공급에서 탈피하고, 훗날 시민생활의 모습에 부합하는 주택의 제공을 기초로, 근린(近隣) 주택지구 구성, 보도 · 차도 분리 구조를 철저하게, “길가의 풀을 뜯으며 통근 · 통학 할 수 있는 도시”를 실현한다. 네 번째는 철도건설의 일체화이다. 뉴타운은 기능적으로는 하나의 독립된 도시로서 자리 잡을 수 있지만, 모도시와는 서로 불가분의 관계에 있고, 그 기반으로 대량수송기관은 빠질 수 없는 시설이다. 여기서 말하는 전반적인 건설은, 건설 템포의 조정도 언급 할 수 있지만 개발이익에 의해 철도 건설비용을 보충하고, 그 당초의 비용을 경감하는 효과를 노리는 것이다.

마지막으로 공공 · 공익 시설건설의 수익자 부담원칙을 관철하는 것이다. 뉴 타운이 기존의 도시시설에 의존하지 않고서는 존립할 수 없다고 한다면, 그것은 이미 “하나의 독립된 도시”로서의 의미를 갖지 않고, 뉴 타운이라는 이름에 제 값을 하지 못한다고 할 수 있다. 하지만, 그 정비가 모도시로서 요구되는 것은 현행의 정태적인 도시재정제도에서 봐도 불가능하고, 또한 시민의 공평한 세금 부담의 관점에서도 허용될 수 없다. 현재 코베시가 실시하고 있는 개발지도요강은 개발자가 부담해야 하는 도시 시설로서, 상 · 하수도, 하천, 도로, 교통시설, 공원녹지 등이 있고, 그 부담액은 세이신 뉴 타운의 경우, 전체 사업비의 27%에 달하는 시산(試算)이 있다. 정말로 매력적인 도시형성을 통해서 사업수지의 벽을 넘을 필요가 있고, 그 성패는 공공 개발자의 운명을 좌우하는 시련이라 할 수 있다.

미래도시 - 포트 아일랜드

포트 아일랜드는, 코베의 도심에 있는 산노미야부터 남쪽으로 3km의 해상에 떠있는, 남북 2km, 동서 3km의 인공 섬이다. 이 포트 아일랜드는 코베항의 취급 화물량의 증대와 외무(外貿) 화물수송의 기술혁신에 대처하기 위해 창조된 「새로운 항만」으로, 코베의 도시발전의 에너지를 계획적으로 도입하기위해 창조된 「새로운 도시공간」이다. 그 목표는 ① 훗날 세계의 창구의 역할을 담당하는 국제적인 도시 ② 녹색 · 생활 · 문화시설 등의 적정배치에 의한 활동적인 사람들이 모인 활기찬 근대적 도시 ③ 많은 시설이 하나가 되어 유기적으로 기능하는 새로운 도시경영의 모델이 되는 도시를 조성하는 것이다.

이 세 가지 목표를 실현하기 위해, 다음의 여러 가지 기능을 가진 토지이용 · 시설배치를 계획하고 있다. 그 첫 번째는 부두와 항만기능용지에서 구성하는 포트 스퀘어(port square)이다. 두 번째는 국제적인 스퀘어라고 이름 붙인, 국제 회의장 · 호텔 · 국제 전시장 등 문화 · 정보 시설, 또한 축제 · 집회의 장인 다목적 광장과 국제적인 거래와 사무를 위한 센터, 게다가 코베 패션 등의 각종 시설을 중심으로 새로운 코베 문화의 창조에 기여할 수 있는 공간을 형성한다. 세 번째는 주거를 시작으로 생활기능을 집중하는 커뮤니티 스퀘어이고, 그 외 바다와 항구에 근접하는 공원을 배치하고, 중앙도시축의 일환인 녹지축과 유기적으로 결합하도록 계획하고 있다(**그림 1** 참조).

포트 아일랜드는 21세기를 바라보는 "실험도시"이자 도시시설에 대해

그림 1. 포트아일랜드 기본패턴

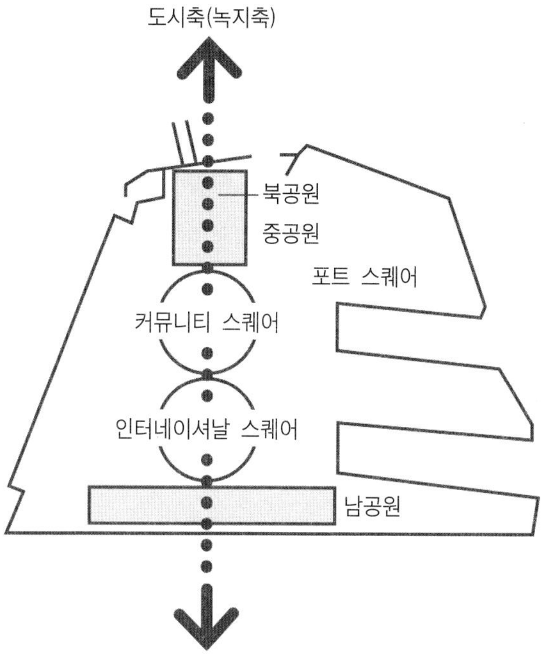

서는 신 교통 시스템을 도입하는 한편, 폐기물의 진공수송·중수도·지역냉난방 등 신기술 시스템을 검토하고 있다. 또한 도시설계에 대해서는, 폭넓은 민간 아이디어와 자금을 유치하기위해, 커뮤니티 스퀘어의 도시축에 면하고 있는 부분에 대한 설계심사를 전제로 하는 공모분양방식을 채용했다. 하지만, 도시형성의 실험성은 물리적인 설계만을 문제 삼는 것은 아니다. 오히려 도시로서 일체성·유기성을 어떻게 확보할 것인가 라는 도시경영면에서의 과제가 크다고 할 수 있다. 각 사업주체의 경영이나 운영의 자율성을 충분히 보장하고, 도시로서의 활력을 고도로 유지하면서, 전체 목표를 향해 통합해 가는 기능이다. 그에 대한 한 가지 대안으로는 코베시의 출자를 기초로 하는 제3섹터 방식에 의한 관리공사 설립이다. 코베시에서는 제3섹터 방식에 의해, 지하도 · 빌딩 · 백화점을 최초, 다방면으로 사업경영의 실적을 올리고 있고, 그 연장선상에서 해결책을 강구 할 수 있다고 생각하고 있다.

3. 공공 개발자의 미래상

공공 개발자의 "공공성"

개발자를 도시개발의 주체로서 정의하면, 민간 개발자라 할지라도 그 사업에 관해서 "공공성"을 묻지 않을 수 없다. 사업동기에 의해, 민간 기업은 사적이윤을 추구하고, 공기업은 전체의 복지향상을 목적으로 하며, 어떠한 본질론을 전개하더라도 공공성의 명확한 설명은 불가능하다. 지금까지의 공적개발에 대해서는, 「공적주택개발의 공공성은, 주민 본위의 입장에서 주택지를 기획 · 계획하고, 이윤이 없는 원가가격으로, 추첨 등의 공평한 방법으로 제공고 하도록 한다. 즉, 이 경우 공공성은 스톡의 공공성이 아닌 프로세스의 공공성이라 해도 좋을 것이다.」(巽和夫;타츠미 카즈오 「민간개발과 도시건설」 「현대도시정책Ⅶ」 133면.)라고 하는 논거를 절차적인 "공평성"으로 요구 되어야 하는 현실이다.

공공개발자에게 기대되는 역할로서 일반적으로 다음과 같은 많은 과제가 주어지고 있다. 그 중 하나는, 자연환경을 포함한 공공재의 필요수준(지방자치 단체가 갖추어야 할 최소한의 시민 생활환경 기준)을 자신의 예측으로 확보하는 것이다. 두 번째는 신용 능력을 배경으로 하는 낮은 원가자금을 활용하여 건설 원가의 인하를 실현하는 것, 세 번째는 이윤동기에 의한 외부경제 의존 방식의 개발이 아닌, 외부효과 창출 방식의 개발 패턴을 정착시키는 것, 네 번째는 민간 공급수준을 향상시키는 방향으로 전형적인 효과를 발휘하는 것, 다섯 번째는 종합적인 도시개발계획과의 긴밀한 정합성을 담보하기 위해, 기간적인 발전 프로젝트를 담당하는 것, 여섯 번째는 영속적 과제인 도시시설 경영 혹은 커뮤니티 형성에 책임을 지는 것이다. 공공성의 추상적 논의가 아닌, 이러한 것들의 구체적인 과제에 대해서 공공 개발자가 실적으로 어떻게 응할 수 있는가가 현재부터 미래에 걸친 과제라고 할 수 있다.

새로운 도시형성으로의 도전

「도시는 신진대사를 한다」라고 하지만, 그것은 도시의 구성요소가 각자 변화・발전하는 것을 의미하고 있다. 하지만, 철도, 도로, 항만, 공장, 주택도, 전부 제각기 자기경신하도록 내버려 두자는 방식이기 때문에, 질서 있는 도시형성은 불가능하고, 플로(flow)로서의 도시개발은 활발하게 할 수 있어도, 미래로 이어지는 스톡을 만들어 낼 수는 없다. 도시개발은 하나의 사고를 근거로 구상되고, 그 밑으로 많은 부문의 사업이 결합될 필요가 있다.

그것은 반드시 실시주체의 일원화를 의미하는 것이 아니라, 계획의 일체성을 확보할 수 있으면 된다. 하지만, 실천을 뒷받침해 줄 수 없는 계획은 공론으로 빠지기 쉽고 실천 경험이 없는 계획지도에는 설득력이 떨어진다. 따라서 기간적인 프로젝트를 공공 개발자 자신이 담당하고 도시개발의 기술을 지방자치 단체 내에서 축적하는 것은 지방자치 단체의 도시경영능력을 비약적으로 높이게 된다.

대규모의 도시개발은 대량의 자금과 새로운 기술개발을 필요로 하고 그 사업 위험은 대단히 크다. 사업의 채산성을 지상명령으로 하는 민간기업에서는 미래를 바라보는 대담한 도시개발은 기대할 수 없고, 다른 자본에 의존한 자금 구성에서는 도시개발투자의 단기회수와 투기성을 배제할 수 없으며 당초의 비용과 운영비용을 종합 할 수 있다는 발상은 나올 수 없다. 이러한 점에서, 공공 개발자는 위험 부담을 총체적인 도시경영 내에서 보충할 수 있고, 장기적인 관점에서 종합 원가를 생각하여 사업을 진행할 수 있다. 예를 들어, 철도와 함께 뉴 타운 발전을 시행하는 경우, 사업전체의 당초의 비용은 철도를 신설하지 않는 경우와 비교해서 당연히 높아진다. 하지만, 철도가 없는 뉴 타운에서의 교통수단은 자동차에 의존 할 수밖에 없고 그 운영비용을 포함하는 사회적인 종합 원가를 계산해보면 오히려 높아지는 것은 명백할 것이다. 종합 원가에 의거하여 올바른 선택을 하지 않는 현행제도의 모순을 장기적 전망 아래 극복하려는 능력은, 공공 개발자 이외에는 기대하기 힘들 것이다.

「개발이란 여건을 변수로 바꾸는 것이다」라고 말할 수 있다. 포트 아일랜드는 신 교통 시스템을 시초로 하는 새로운 기술체계의 도입으로, 기존의 도시기반시설 체계에 한 가지 커다란 변혁을 야기하는 가능성을 감추고 있다. 또한, 스마 뉴 타운에서 시도하고 있는 근린 주택지구 방식은, "인간사막"이라 불리던 도시사회에 새롭게 활력을 불어 넣어줄 것이라 기대하고 있다. 공공 개발자가 대담한 도시개발에 도전하는 것은 허용해야 한다. 왜냐하면 미래의 눈부신 도시형성은 그 도전 안에서 발생할 가능성이 높기 때문이다.

(코베시 조역)

도시경영의 실천적 과제

池田 正治

1. 사무근대화의 계보

사무근대화의 배경

종전(終戰) 직후 1946년 지방자치제도가 종래의 행정구역 제도에서 근본적으로 개정되었고, 신헌법에 보장된 「지방자치」가 확립 된지 30년 후 사회 · 경제의 활발한 발전은, 행정 분야를 확대(擴大)의 길로 걷게 하였다.

특히, 1955년대 이후의 소득배증 계획의 실마리를 알리는 경제의 비약적 발전, 소위 고도경제성장은, 국민소득의 상승을 가져오고 물질적인 풍요로움을 일으켰다. 하지만, 인구 · 산업도시로의 집중, 그중에서도 대도시로의 지나친 집적은 집적의 이익보다도 과밀의 폐해를 가져오고, 공해 · 자연파괴를 시작으로 각종 도시문제를 발생시키기에 이르렀다.

또한, 메이지(明治) 이후의 가족제도는 전후(戰後)에 법적으로나 사회적으로 커다란 변혁을 일으켰고, 주택사정의 열악함을 때문에 "핵가족화"로 진행되었으며, 청소년 · 노인문제 등이 커다란 사회문제가 되었다.

이것들은 너무 많아서 일일이 셀 수가 없음에도 불구하고 심각해져 가는 도시문제의 해결은, 전부 행정당국에게 맡겨졌기 때문에 행정 수요는

그림 1. 직원정수의 추이

(쇼와 30년도=100)

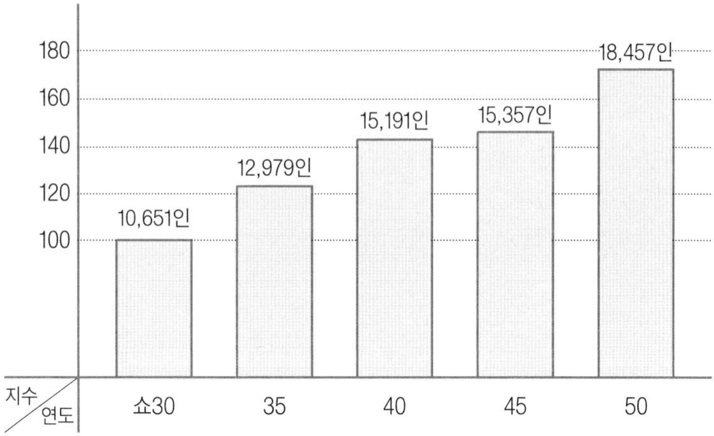

그림 2. 조직수의 추이

(쇼와 30년도=100)

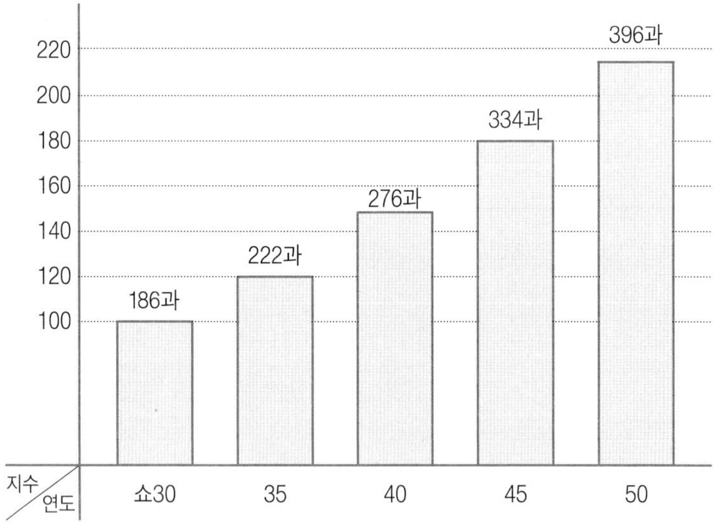

주: 그림 1, 2는 코베시의 예에 따라

한 없이 증대되었다. 따라서 지방자치 단체에서는 이처럼 증대하는 행정 수요에 대응하기 위해 인원・조직을 끊임없이 팽창시킬 필요가 있었다 (**그림 1・2** 참조).

이러한 상황 하에서 지방자치 단체는, 경제성장에 의해 다소의 재원 증가를 기대 했지만, 도저히 이러한 수요를 충족시킬 만한 재원을 확보하지 못했고, 국가 보조금 등의 조치도 사무・사업을 수행하기 위한 충분한 조성이 아니라 오히려 자신의 재원을 낼 수밖에 없는 상태였다. 그러나 「최소의 경비로 최대의 효과」를 내기위해, 각 지방자치 단체는 사무관리(사무개선)에 착수했고, 인건비・사무비의 절감, 사무의 합리화에 노력했다.

다른 측면에서 사회전반에 걸친 생활 리듬은 날이 갈수록 가속화되고, 소위 「비능률적인 관청의 일」라고 하는 비능률적 사무 처리 방식으로는 다량의 사무 처리가 불가능하며 주민의 수요에도 응할 수 없기 때문에 민첩한 처리가 크게 요구되는 시대가 도래 하였다. 이와 같은 많은 조건이 상승적으로 움직이고 한층 더 사무의 근대화가 진행되었다. 더욱이, 이러한 것들을 보다 실현 가능케 하는 것으로서 컴퓨터를 시작으로 마이크로 촬영기・복사기 등의 사무용 기기 수의 비약적인 발달을 언급하지 않을 수 없다.

1965년대 전반까지의 사무 관리는, 전반적으로 사무소 관리이자 사무 작업 관리였다. 1965년대 후반부터는, 이러한 마이크로(미시적)적인 시점의 사무 파악부터 시작해 한발자국 더 나아가, 조직체 경영의 의사결정에 필요한 정보의 수집・가공・전달・보존이 사무의 본질이라고 하는 매크로(거시적)적인 관점이 강하게 인식되었다. 사무 운영이 정보시스템으로서 강조되고, 각 계층의 관리자부터 직접적인 사무・사업담당 직원까지 포함하여 직무상의 의사결정에 필요한 정보를 적절한 시기에 얻을 수 있는 관리 체계가 요구되었다.

1975년대에 들어와서, 고도 경제 성장시대부터 안정 경제성장 시대를 맞이한 오늘날, 한정된 자원으로 지금까지 시민복지의 확충・사회자본의 충실을 기해야 하는 지방자치 단체에 의해 다양화 되는 주민 수요에 응하고, 수동적 행정에서 벗어나 주민을 위한 자치행정－「창조적 행정」－을 확립해 가기 위해서는, 계획과 관리의 과학적 기법－시뮬레이션에 의한 계획의 효과예측, 비용과 효과분석 등－을 구사하고, 종래의 관리적 행정에서 경영적 행정으로 탈피해 갈 필요가 있다.

사무근대화의 진척

지방자치 30년 역사의 흐름 속에 각 지방자치 단체는 가지고 있는 힘을 결집하고 사무근대화에 노력해 왔다. 아래는 코베시의 구체적인 예이다.

코베시 사무근대화의 효시를 되돌아보면 멀리 1941년까지 거슬러 올라간다. 현재의 매뉴얼 수와 비교해도 결코 뒤지지 않는 「집무제요(提要)」가 간행되었던 것은 1941년이다. 이어서 「구정사무개요」, 「기안제요」 등이 차례로 간행되었고, 사무의 표준화・능률화에 크게 기여했다.

전후 사무근대화의 진척을 한번 훑어보면 **표 1**과 같다. 그곳에는, 대략 아래에 서술된 커다란 조류를 찾아 볼 수 있다.

1955년 까지 ～사무개선의 계발～

1952년에 설치된 코베시 행・재정 심의회의 「코베시 행정제도의 개혁에 관한 보고서」[1]의 답신을 계기로 전후의 사무근대화는 시작되었다. 그 후 1955년까지 사무개선의 계발, 이른바 「분위기 형성」이 중심이었다.

---

1) 행정사무의 검토(내부관리사무의 능률화와 간소화 및 행정사무의 적정화) (2) 행정기구의 개혁 (3) 행정사무처리방식의 합리화 등을 내용으로 하는 보고서

표 1. 사무근대화의 진척

항목 \ 연대	쇼와 27년~30년	31년~40년	41년~45년	46년 이후
개선의 연수·개발	사업개선 강습회시작(28년) 팜플렛 「능률」 간행시작(29년) 제안제도 실시(30년)	능률단대 「3급 사무관리사 과정」시작(38년)	EDP입문 과정, 프로그래밍 과정 시작(42년) 시스템 계획가(System planer) 양성 연수 (기초과정) 시작(45년)	시스템 계획가 양성 연수(각종과정) 시작(48년)
사무 표준화		장표양식작성기준 마련(31년) 일반공문서 가로쓰기 실시(32년) 공문서 가로쓰기 전면 실시(39년) 책상·의자 규격통일(33년) 「사무안내서(공통사무편)」간행(35년) 「사무안내서(구청편)」간행(36년) 「공용문 작성법」간행(37년)	「사무안내서(공통편)」 개정(45년)	「공용문 작성법」 개정(50년)
개선일반		마이크로 카메라 도입(34년) 메일링머신(Mailing Machine) 이용 우편사무 집중관리(35년) 도면·서류복사의 집중관리(36년) One-writing시스템 이용 전입사무개선(37년) 구청 창구 통합실시(40년)	OR연구회 발족(44년) 사무개선 시리즈(1)「프로젝트의 견해 · 작성법」 간행(45년)	시세 지로(Giro) 납세제도 실시(46년) 공업용 TV 이용한 화재감시센터 설치(45년) 팩스전송장치 이용, 주민표 등 교부 시작(46년)
사무 기계화	PCS 도입(27년)	IBM 1440 도입(39년)	IBM S/360-40 도입(43년) OCR 도입(44년) 행정사무 종합기계화 연구시작(41년) 종합업무개선기본계획결정(43년) 인사급여사무의 전산처리개시(45년) 재무회계사무의 전산처리개시(45년) 시세수납사무의 전산처리개시(45년) 도로점용요금사무의 전산처리개시(45년) 매립토량계산사무의 전산처리개시(45년)	IBM S/370-135 도입(49년) -158 국민연금보험료 전산처리개시(46년) 환경오염감시 시스템 완성(47년) 발생원감시 시스템 완성(50년) 토목전산 시스템 연구개시(49년)
행정정보 시스템			행정정보시스템개념형성(45년)	지역정보 시스템 연구개시(48년) 항만정보 시스템 연구개시(49년) 소방방재정보 시스템 연구개시(49년)

많은 직원들에게 사무의 능률화에 대한 이해의 보급과 기초적인 사무개선 지식의 습득을 목적으로 한 「사무개선 강습회」의 개최와 팜플렛 「능률」의 간행 및 제안제도가 시작되었다.

1955년대 전반 ~장부나 전표(이하 장표)를 중심으로 하는 사무의 흐름 개선~

계속해서, 「분위기 형성」을 충실히 하는 한편, 사무개선 또한 구체적으로 진행되고 있었지만, 특히 장표를 중심으로 하는 사무의 개선에 중심을 두고 있었다.

장표개선을 적극적으로 추진하기 위한 구체적인 지도서로서 「장표양식의 작성에 관한 기준(훈령 乙)」을 제정하고, 장표의 사용글자・용어・항목의 배치 등 양식설계의 지침을 표시했다.

문서의 기입방법을 통일하는 것은, 사무를 정확하고, 빠르고 편리하게 처리하기 위한 기초적 요건이다. 하지만, 각 부서에서는 꼭 통일되어 있지 않고, 세로쓰기와 가로쓰기가 병용되고 있었다. 세로쓰기에 비해 가로쓰기는, 쓰기가 쉽고, 서류의 취급이 쉽다는 점 등 많은 이점이 있었다. 첫 번째 단계로, 조례・규칙 등의 예규와 같은 것을 제외한 일반 공문서를 가로쓰기로 통일하고, 문서사무의 능률화를 도모했다. 두 번째 단계로서, 예규와 같은 것에 대해서는 1964년 가로쓰기로 개정하고 이것에 의해 코베시의 모든 문서는 가로쓰기로 통일되었다.

1964년대 후반 ~사무안내서의 간행을 중심으로 하는 사무의 표준화~

절차화된 사무를 정확하고 신속하게 처리하기 위해서는, 사무안내서의 작성이 반드시 필요하다. 그러기 위해 예산・회계・법규・문서 등 공통사무를 주로 하여 해설한, 공통사무편 「사무안내서」를 간행했다. 계속해서, 구청의 사무에 대한 합리화, 표준화를 도모하고, 시민 서비스의 향상에 이바지하기 위해, 호적·주민등록·국민건강보험·국민연금 등의 구청 사무를 해설한 구청편 「사무안내서」를 간행했다. 또한 일상적으로 사용되는 정형적인 문서의 작성 요령·구체적 예를 표시한 「공용문의 작성법」도 이 시기에 간행되었다.

한편, 각 부서에서도 각각의 사무에 대한 안내서가 작성되었고, 사무의 표준화가 크게 추진되었다. 게다가, 종래 구청에서는 호적·세·연금 등 각각의 사무마다 창구가 설치되어 있었기 때문에, 시민에게 적지 않은 불편을 끼치고 있었다. 그래서 모든 창구를 한 곳에 통합하고 사무단위 간의 서류의 왕복은 컨베이어 벨트 등을 이용하여 시민 서비스의 향상을 도모했다.

1965년대 ~전자계산기의 고도이용~

「코베시 행정제도의 개혁에 관한 보고서」 내에 표시된 사무 기계화의 답신을 받고, 우선 1952년에 회계·급여·통계사무를 기계처리 하는 방식 PCS(Punched Card System) 도입을 시작으로, 사무의 기계화를 적극적으로 추진해왔다. 특히 1965년대는, 전자계산기 처리업무 범위의 비약적 확대와 전자계산기의 처리능력의 향상이 서로 맞물려서, 세·인사·급여·회계·국민건강보험·연금 등의 대량 반복 업무에 대한 전자계산기의 고도이용은 장족의 진보를 이룩했다.

2. 도시경영의 전환과 그 실천

주민을 위한 자치행정을 창조적으로 수행하기 위해서는 종래의 관리적 행정에서 탈피해 경영적 행정으로 전환해야 한다. 그러기 위해서는 행정

내지 행정정보의 시스템화, 즉, 각종 행정정보 시스템(도시경영정보 시스템)에 의한 행정의 과학화, 의사결정의 객관화를 추진하는 것이 필요하다. 복잡・다양화되는 현대사회에서, 주민의 수요를 정확히 파악하고 일정한도의 예산 범위와 권한 중에서 정책결정자가 무엇보다 나은 결정을 하기위해서는, 컴퓨터를 매체로 하는 명시적, 계산적 분석에 의한 해답을 참고로 하는 것이 좋은 수단이라 할 수 있다. 코베시에서는, 이러한 도시경영정보 시스템의 한 가지 예로서, 「항만정보 시스템」과 「지역정보 시스템」의 개발을 진행하고 있다.

한편으로, 이러한 시스템을 유효하게 기능시키는 도시경영이라고 하는 관점에서 행정관리를 진행하기 위해서는 기획력, 판단력, 실행력을 모두 갖춘, 이를테면 문제 해결능력을 가진 직원이 많이 존재하는 것이 불가결하다. 이러한 것을 위해, 「시스템 계획가(System Planer) – 양성연수」라고 하는 모습으로 인재양성을 시행 하고 있다.

항만정보 시스템

(1) 배경과 현상분석

코베시에는, 연간 1만 척에 달하는 외항선의 입・출항이 있다. 이 선박의 입・출항에 관해, 선박동정・화물동정 등 다양한 정보가 민간・관공서 등 각 관계부문 사이를 복잡・다양하게 왕래하고 있다.

이것들은, 관념적으로는 인식되면서도, 구체적으로, “어떠한 정보인가”, “언제”, “무엇을 위해서”, “어떤 부문 사이에서”, “어느 정도의 양이”, “어떠한 수단으로” 전달되고 있는가 라는 내용은 그다지 명확하게 되어 있지 않았다. 이러한 것을 위해 코베시에서는 1971년에 코베항 정보관리 시스템 연구회를 발족했다.

먼저 항만정보 중에서 선박동정(動靜) 정보에 관심을 두고 그 흐름을 조사했다. 그 결과 1 척에 대한 정보가 적게는 300건, 많게는 700건, 평균 500건에 달하는 정보가, 약 60부문 사이에서 교신되고 있는 것이 판명되었다. 그 네트워크를 나타낸 것이 **그림 3**이다.

이러한 네트워크에서 시간과 함께 변화해 가는 선박동정정보를 수작업으로 처리하고 있는 것이 현 실태이다. 이 현 실태를 분석한 결과 다음과 같은 결점이 명확히 드러났다.

- 세세한 정보 서비스의 요청에 비해 정보 처리량이 방대하고 수작업 시스템으로는 대처할 수 없게 되었다.
- 정보의 발생부문이 많고 전달 수단이 여러 가지 종류로 교신되기 때문에 정보의 중복이 많고 동일성, 확실성이 빠져있다.
- 정보의 발 · 수신부문이 많고 게다가 거리적으로 분산되어 있기 때문에 정보전달에 손실 시간이 많다.
- 시간의 경과와 함께 변화하는 정보에 대해서 즉시 처리가 어렵기 때문에 정보의 신속성이 저하 되고 있다.
- 동일 정보가 각종 부문에 개별적으로 축적되고 있어서 정보관리의 허비가 많다.
- 문의정보가 많고 이것이 정보처리를 한층 번거롭게 하고 있다.

이러한 반성과 함께 연구회에서는 정보 네트워크의 핵으로 「항만정보 시스템 · 센터」를 설립하고, 데이터 뱅크기능을 가진 센터와 각 조직체 부문 사이를 온라인화 하며 센터의 컴퓨터를 중간에 넣어 정보의 집중관리를 시행하는 것을 입안(立案)했다. 이것에 의해서, 정보의 중복, 손실 시간의 감소, 정보의 즉시성, 동일성, 확실성을 회복하고, 보다 한층 더 세세한 정보 서비스제공의 가능성을 통하여, 항만 경영의 효율화를 촉진할 수 있다.

그림 3. 선박동정에 따른 부서(部局)간 정보망

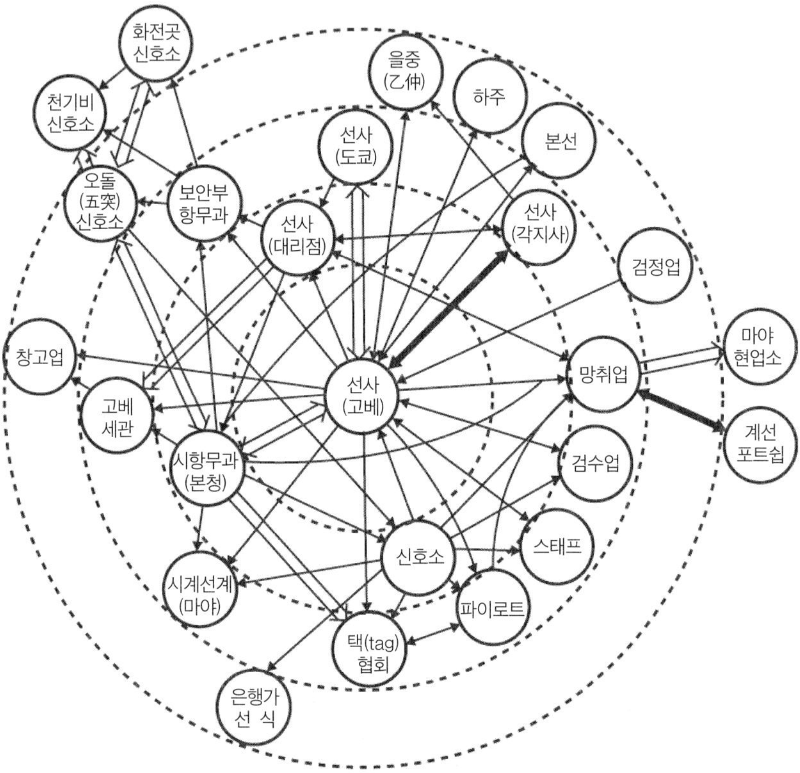

[설명]

(1) 조사선 전체 평균 1회 이상 정보전달이 이루어진 부서(부문)간의 정보전달 상황이 다음 화살표로 표시됨.

━━━━▶	선박 1척당 16-20회
해당 없음	선박 1척당 11-15회
═══⇒	선박 1척당 6-10회
───▶	선박 1척당 1-5 회

(2) 화살표 방향은 두 부서 간 쌍방향 또는 한 방향을 표시하고 25개부서(부문)에 총 68회임

(3) 선사를 중심으로 원심원에 가까운 부서(부문)일수록 항만정보전달 정도가 강함

(2) 시스템의 기본구조

항만정보 시스템은, 크게 나눠서(**표 2**)의 세 가지 기본 시스템으로 구성되고 있다. 그것들은 각각 단독 시스템으로서도 기능하고 있지만, 동시에 다른 시스템과도 유기적으로 결합하고 항만 전체의 경영 효율성을 높이고 있다.

표 2. 항만정보 시스템 구성

<table>
<tr><th>기본시스템</th><th>하위시스템</th><th>내 용</th></tr>
<tr><td>1. 선박동정관리 시스템</td><td>-</td><td>-</td></tr>
<tr><td rowspan="14">2. 화물관리 시스템</td><td rowspan="3">2.1 선복관리 하위 시스템</td><td>부킹정보 관리</td></tr>
<tr><td>선복 관리</td></tr>
<tr><td>적부(積付)계획 작성</td></tr>
<tr><td rowspan="2">2.2 화물관리 하위 시스템</td><td>화물특성(명칭 · 수량 · 마크 · 하주 · 취급점 및 회사 등)</td></tr>
<tr><td>화물이동상황 파악</td></tr>
<tr><td rowspan="2">2.3 서류작성 하위 시스템</td><td>선적서류</td></tr>
<tr><td>통관서류 기타</td></tr>
<tr><td rowspan="3">2.4 하역관리 하위 시스템</td><td>하역계획 관리</td></tr>
<tr><td>하역수배</td></tr>
<tr><td>하역진행상황 파악</td></tr>
<tr><td rowspan="2">2.5 시설관리 하위 시스템</td><td>공공시설 관리</td></tr>
<tr><td>사유시설 관리</td></tr>
<tr><td rowspan="3">2.6 요금관리 하위 시스템</td><td>공공시설 사용료 계산</td></tr>
<tr><td>사유시설 요금 계산</td></tr>
<tr><td>각종작업 요금 계산</td></tr>
<tr><td rowspan="3">3. 항만관리 시스템</td><td>3.1 운영관리 하위 시스템</td><td>항만개발 · 이용 · 개수계획 관리</td></tr>
<tr><td>3.2 통계관리 하위 시스템</td><td>각종 통계 처리</td></tr>
<tr><td>3.3 안전관리 하위 시스템</td><td>기상정보 · 사고정보 관리</td></tr>
</table>

그렇지만 전술한 **그림 3**과 같이 많은 기업이 망(Net)을 구성하고 게다가 동일업종에 대해서도 기업규모의 크고 작음보다 이용되는 정보의 질·양이 서로 다른 시스템이다. 따라서 동일 조직체 내에서 종적 계열만의 시스템화가 아닌 각 기업 간을 횡축으로도 연결한, 입체적 시스템화로서, 이 시스템의 특징과 난해함이 있다. 이 때문에 많은 외국에서도 검토되고 있지만, 아직 완전히 실시하지 않는 것도 이러한 점에 한 원인이 있다고 생각할 수 있다.

(3) 시스템의 개발과 의의

항만정보를 온라인에 의한 전산처리 시스템에서 실시하기 위해 코베항에서는 새로운 시스템을 필요로 하는 선박·항운·창고·항구 서비스의 기업 및 관계 관공청 53사가 회원이 되는 「코베항 EDP(Electronic Data Processing)시스템 개발 협의회」를 1975년 12월 설립하여 공동개발체제를 시작했다. 현재, 두 가지 프로젝트 팀을 결성하고 선박동정 관리 시스템과 하역관리 서브시스템의 설계에 적극적으로 몰두하고 있다.

오늘날, 항만시설의 근대화는 세계의 수많은 항에서 시행되고 있다. 이제는 시설의 우열만으로 항의 좋고 나쁨을 결정하는 것은 불가능하다. 이후 항의 좋고 나쁨은, 이러한 항만관련 정보를 얼마나 빠르고 정확히 처리하고 항만 전체의 효율을 얼마나 높이고 있는가 라고 하는 것이 중요한 요소가 될 것이다.

지금까지 「항만관리자」의 행정이 단순한 관리적 행정으로 중시되는 한 항의 발전은 기대할 수 없다. 관리적 행정에서 탈피하고 항만을 경영체로서 경영행정으로 전환해 가는 것으로 인해 커다란 비약이 기대되며, 그 전략으로서 항만정보 시스템의 완성은 중요한 의의를 갖는다.

지역정보 시스템

(1) 배경

사회가 고도화됨과 동시에, 주민의 행정에 대한 수요는 점점 더 다양해지고, 게다가 거주하고 있는 지역·주민의 속성에 의해 달라진다.

한편으로 주택·교통·공해라고 하는 각종 행정과제는 서로 복잡하게 관련되고 근본적인 해결책을 강구하는 것은 쉬운 일이 아니다. 또한, 이것들의 많은 문제를 해결하기 위해 소요되는 인적·물적 자원은 한정되어 있다.

이러한 행정을 둘러싼 혹독한 상황 속에서 시민의 건강과 생활을 지키고 보다 풍요로운 시민생활을 영위하기 위해서는 지역의 특성을 자세히 파악하고 그 지역에 맞는 시책을, 종합적인 관점에서 실시할 필요가 있다.

이러한 행정 과제에 답하기 위해 코베시에서는 1973년도부터 소지역 단위의 각종자료 들의 정비와, 그 자료를 사용하여 여러 가지 정책 대체안을 평가할 수 있는 수단의 개발을 목표로, 지역정보 시스템의 개발을 진행하고 있다.

(2) 시스템의 기본구조

지역정보 시스템은 몇 개의 요소로 구성되고 그것이 유기적으로 연결되어 비로소 유효하게 수행한다. 시스템을 구성하는 주요 요소로는

- 통일 자료(데이터 베이스)
- 계획 모델
- 도시구조 모델

이라 할 수 있다.

여기서 통일자료는, 행정에 필요한 데이터를 여러 가지 형식으로 수집 · 관리 · 제공하는 시스템이다.

계획 모델은, 구체적인 계획(예를 들어 공원정비 계획 등)을 작성하는 경우에 여러 가지 대체안을 사전평가하고, 중점시책 · 중점지역 등 유용한 정보를 정책담당자에게 제공하는 모델이다.

도시구성 모델은, 각 지역의 특성을 나타내는 기본적인 변수(인구 · 산업 · 토지이용 등) 간의 관련을 묘사한 모델이다. 이것에 의해서 각 지역의 장래 동향을 예측할 수 있다.

지역정보 시스템을 구성하는 각 요소간의 관계 및 시스템과 정책담당자의 관계를 그림으로 나타내면, **그림 4**와 같다.

그림 4. 지역정보 시스템 개념도

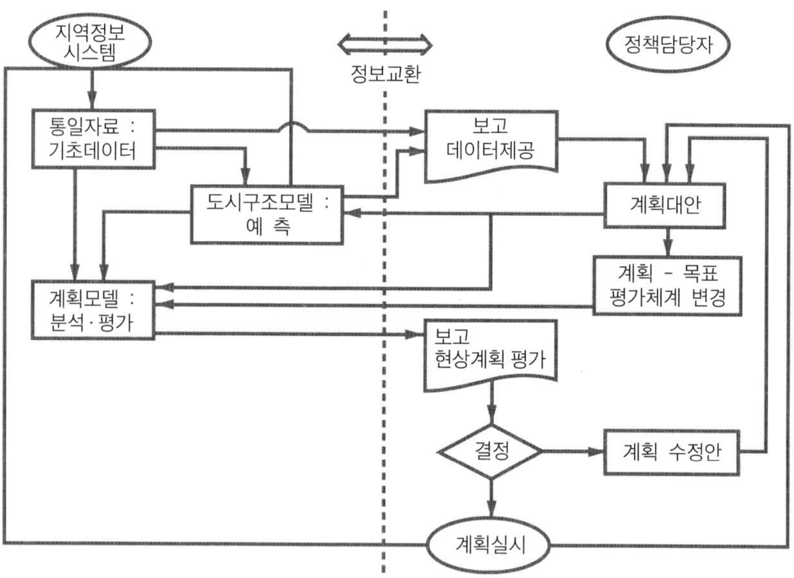

(3) 연구개발 사항과 그 진행 방법

연구개발을 진행하는 데에는 다음의 두 가지 사항을 기본 방침으로 한다.

- 연구대상은 코베시 정책의 중점시책이 되는 사업을 구체적 주제로 하여 채택하고, 이 문제를 해결하는 과정으로 데이터의 수집・모델의 개발 등 정보시스템의 정비를 시행한다.
- 주민의 생활환경을 향상시키기 위해서 지역 실정에 맞고 자세한 시책을 진행할 필요가 있다. 따라서 소지역(통계 구역・초등학교 구역 등) 단위의 정보제공・분석・평가・예측이 가능한 정보 시스템을 만든다.

지역정보 시스템의 연구개발경과는 **그림 5**와 같다. 다음으로 그 개요에 대해서 소개하겠다.

❍ 통일자료의 정비

통일자료 데이터의 주가 되는 것은,

- 인구속성 데이터
- 토지이용・각종 시설 데이터
- 산업・경제활동 데이터

이고, 이러한 것들을 정(町)단위로 수집・정비하고 있다. 또한, 데이터는 이용자의 요구에 맞춰, 표・그래프・지도・페이스 메소드(face method) 등으로 제공할 수 있다.

이러한 데이터들의 정비에 이르러서는 계획 모델・도시구조 모델의 개발에 보조를 맞춘, 각각의 모델에 필요한 데이터를 중점으로 수집한다.

❍ 계획 모델의 개발

계획 모델 개발의 단계로서 1973년도에는 보육소 서비스 수준평가 모

그림 5. 지역정보시스템의 연구경과

<table>
<tr><th colspan="3"></th><th>쇼와 48년도</th><th>쇼와 49년도</th><th>쇼와 50년도~</th></tr>
<tr><td rowspan="5">지역정보시스템</td><td colspan="2">통일자료정비</td><td>• 45년 국세인구 · 세대, 수용각종 지정 통계
• 패턴지도</td><td>• 아동놀이터 (공원, 샤잇광장, 사사경내, 학교공원, 도로개방)
• 곤지 · 녹지
• 패턴지도(모든시)</td><td>• 시설데이터
• 50년 인구, 세대수 등</td></tr>
<tr><td rowspan="3">계획모델개발</td><td>단일계획평가 (단일부국의 단일사업)</td><td>보육소 서비스 수준평가</td><td>보울소 서비스 수준평가 (모든시)</td><td></td></tr>
<tr><td>복수계획평가 (복수부국의 사업)</td><td></td><td>아동놀이터 서비스 수준평가 (모든시)</td><td></td></tr>
<tr><td>계획종합평가 (옥수부국의 복수사업 상호연관평가)</td><td></td><td></td><td>생활환경수준의 종합평가</td></tr>
<tr><td colspan="2">토시구조모델개발</td><td>• 지역특성 분석의 페이스법 응용</td><td>• 남녀연력계급별 인구예측</td><td>• 예측의 정밀도 향상</td></tr>
</table>

델을 개발했다. 이것은 단일 부서의 단일 사업에 대한 평가를 목적으로 하는 것이었다. 1974년도에는 이것을 발전시켜 여러 부서에 걸친 여러 사업에 대한 평가를 목적으로 아동 놀이방 서비스 수준평가 모델을 개발했다.

1975년도부터는 이 발전의 흐름에 따라 통계구역 단위로의 종합적인 생활환경 평가 모델의 발전을 목표로 하고 있다.

그림 6. 생활환경평가 모델의 흐름

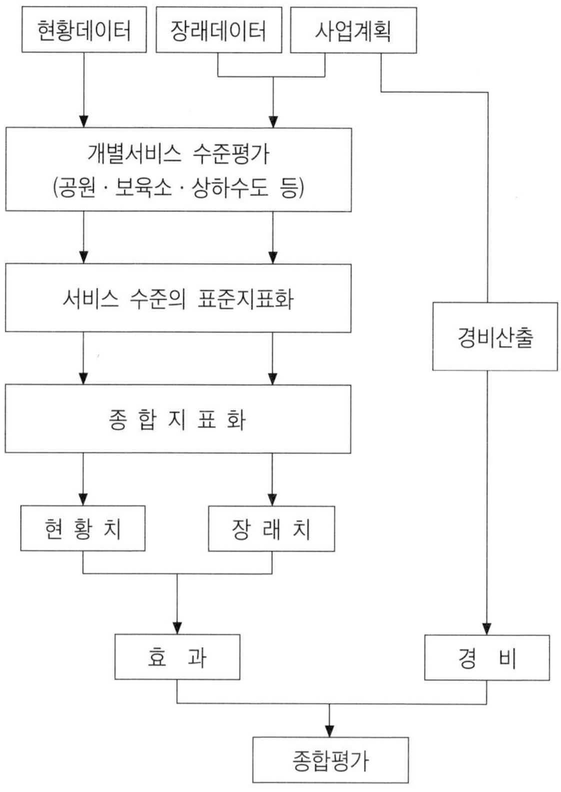

이 모델의 기본적인 흐름은, **그림 6**과 같지만, 그에 대한 효과로서 기대되는 것으로는 주로 다음과 같은 것을 들 수 있다.

- 각 지역의 생활환경의 수준을 종합적으로 파악할 수 있다.
- 여러 가지 사업을 시행한 경우, 생활환경의 수준향상에 어느 정도 기여하는가를 서로 비교 할 수 있다.
- 「생활환경 기준」의 달성 상태를 각 지역마다 파악할 수 있다. 또한 기준달성에 필요한 사업량 · 경비를 파악할 수 있다.

○ 도시구조 모델의 개발

계획을 입안・평가하기 위해서는, 각 지역의 현 상태뿐만 아니라, 각 지역이 앞으로 어떻게 변화할 것인가를 알 필요가 있다. 따라서 1973년도에는 주로 특성분석과 페이스 메소드 수법을 응용하여 지역 특성을 분석하였다. 1974년부터는, 통계구역 단위로 남녀연령 계급별 인구 예측이 가능한 모델 개발을 진행하고 있다.

앞으로의 방향은, 시스템 그 자체의 발전・정밀도 향상을 진행하는 것은 물론, 지금까지의 성과를 각 부서에서 폭넓게 활용할 수 있는 체제형성을 목표로 하고 있다.

시스템 계획가 양성연수

정보시스템을 도시경영의 유력한 수단으로 사용하기 위해서는 직장에서부터 문제의식・필요성을 시작으로 하는 시스템이 도움이 될 것이다. 그것만큼은 언제나 정세에 대응하고, 정보의 질을 높이며, 문제발견 능력을 가진 직원이 필요하다. 연수는 매년 약 30일에 걸쳐 진행해 왔다. 수료자는, 1976년도 까지 약 500명을 배출하고 있다. 앞으로는, 각과에서 최소한 한 명의 수료자를 배치시킬 것을 목표로 하고 있다.

연수의 기본방침은 시스템적 사고력과 문제해결능력의 양성에 있다. 시스템적 사고라고 하는 것은, 종래의 개별적 수단개선의 틀을 벗어나, 사무의 목적・기능을 뛰어넘어 조건 분석에서부터 전체를 구성하고, 각각 요소의 최적화를 도모한다는 사고방식이다. 이러한 폭넓은 관점으로 바라보는 가운데, 사무개선・조사 분석・컴퓨터 등의 수법을 습득하고 구사하여, 실제 사무에 적용시키고 있다.

많은 정세와 주민의 수요・직장의 여러 가지 문제 등에 대응하고 해결해 나가기 위해서는, 문제발견능력, 발상력, 기획력, 대체안의 책정·평가 능력 등이 필요하기 때문에, 이 종합적 문제 해결능력의 양성은, 연수의 중점이자 연수의 성과를 간단한 지식습득만으로 끝나지 않는 직장을 만들기 위해, 연수는 연습을 중심으로 실천력의 양성에 주안을 두고 있다.

커리큘럼은, 이 목적을 달성하기 위해 광범위하게 수준이 높아지고 있지만, 이것을 「그룹의 체험」, 「많은 기법의 습득」, 「종합연습」으로 크게 구별할 수 있다. 「그룹의 체험」으로는, 브레인 스토밍(brain storming)·KJ법을 사용해서, 소그룹마다 집단발상에 의한 문제 해결을 연습하고, 그것을 통하여 팀워크의 증진을 도모하고 있다. 「여러 기법의 습득」이라고 하는 것은, 경영과학과 행정관리의 사고방식부터, 사무개선기법·PERT·컴퓨터 입문·EDP 시스템 설계 등 광범위한 과목의 강의와 연습을 시행하고 있다. 연수의 모든 마무리인 「종합연수」에서는, 습득한 기법을 체계화하고 실천력을 높이기 위해, 직장과 관계가 깊은 실례를 소재로 사무개선을 시도해보는 그룹연습을 시행하고 있다. 연습의 진행방법은, 프로젝트 메니지먼트의 사고방식을 주입하여, 「초기활동」, 「조사분석」, 「발전」, 「이행·운용·평가」라고 하는 부분으로 구분하고, 합의 형성을 얻으면서 프로젝트를 진행시키고 있다. 즉 조사 분석과 대체안의 책정·평가를 연습하는 과정을 통해서, 종합적 문제 해결 능력의 양성을 도모하고 있는 것이다.

끝으로 현재, 코베시에서는 2001년을 목표로 하는 마스터 플랜이 시민참여를 토대로 만들어졌다. 그것으로 그려진 코베의 도시상은, 「인간 환경 도시」이고, 「인간 복지 도시」이며, 「시민 문화 도시」, 「국제 정보 도시」이지만, 그 중핵을 이루는 것은 「시민 주체 도시」이다(**그림 7** 참조).

그림 7. 인간도시 코베시의 기본계획 구성

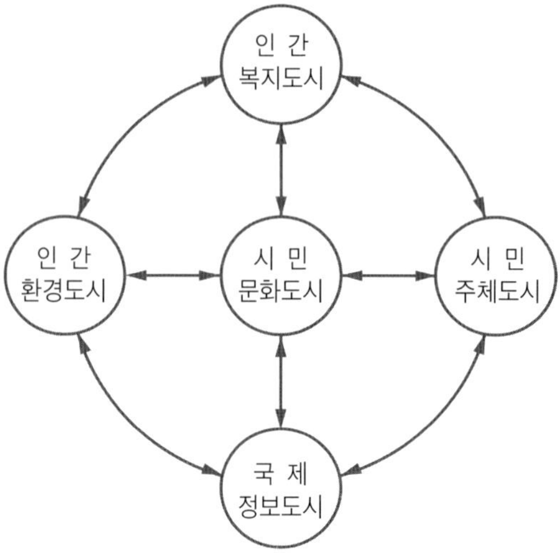

이 도시상의 실현을 위해서는, 시민참여의 이념을 기초로 행정을 진행해야 한다. 동시에 「시민참여 시스템」의 존재방식에 대해서도 모색해 보아야 한다. 새로운 지방자치의 싹도 그것에서부터 생겨나고, 「시민에 의한 시민을 위한 시정」도 실현된다. 전후 30년, 지방자치의 실정은 유감스럽게도 이러한 정세부터도 차이가 많았다. 지방자치와 지방분권의 실체는 확립할 수 없는 채로 오늘날에 이르렀다. 그리고 지금 심각한 환경변화 아래서 새로운 움직임이 더디게 일어나고 있지만, 확실하게 커다란 힘이 되어 현재화되어 가고 있다. 종래의 정태적인 「관리적 행정」으로 시종일관 하고 있어서는 앞으로의 도시경영을 이끌어 나갈 수 없다. 동태적인 「경영적 행정」으로 전환하는 것이야 말로, 주민의 요구에 응할 수 있는 행정의 모습이 아닐까.

주민참여를 위해서도, 또한 주민 수요의 선택을 위해서도, 시정정보 시스템과 비용효과분석 수법 등의 개발이 필요하다. 하지만 이러한 것들의 도시경영 시스템은 그 자체에서 정책을 규정할 수 있는 것이 아니라는 것은 두 말할 필요도 없다. 정책결정은, 본래 정책담당자의 판단에 의해야만 한다. 그것과는 관계없이 이 시스템 개발의 필요성은 조금도 감소되지 않는다. 그것은 당해 정책의 효과를 예측하고, 더불어 대체안을 제공하는 것에 의해, 정책담당자와 주민의, 보다 정확하고 양호한 판단에 일조하기 때문이다.

이 시스템의 완성이야 말로 시민주체의 도시형성을 추진하고, 보다 즐겁게, 보다 풍요롭게, 보다 행복하게 생활할 수 있는 도시를 만들기 위해, 도달해야 하는 과정이라고 할 수 있다.

(코베시 총무국장)

지방공사론

高寄 昇三

1. 행정환경의 변화

지방공사는 고도성장의 "사생아"라 불려져 왔지만, 저성장기에 들어서도 착실히 증가해왔다. 자치성의 「지방공사에 관한 조사」(1976년 4월 1일 현재)에서는, 지난 번 조사 때(1973년)와 비교해서 378사가 증가하고 있다. 이제 지방공사는, 지역 · 도시개발 만이 아닌 복지, 교육, 공해 등 다방면에 걸쳐, 지방행정의 중심으로 정착해가고 있다. 이러한 지방공사의 증가경향에 대해서 고전적 자치론, 전통적 행정 관리론은 감각적인 부담반응을 드러내고 있을 뿐, 명확한 대응책을 제시하지는 않았다. 그 때문에 오히려 지방공사는 건전한 발전의 길을 놓쳤다고 할 수 있다.

고전적 자치론의 지방공사(외곽단체, 제3섹터)에 대한 비판은, 행정의 단일 목적성=종합성의 파탄, 민주적 통제의 결여, 행정의 기업화 · 수익화 편향이다. 이러한 비판은 오늘날에 있어서도 기본적으로는 틀린 적이 없다. 그렇지만 오늘날, 수많은 행정 수요를 지방자치단체가 직접 시행하고, 게다가 「최소의 경비로, 최대의 복지를」을 충족하는 것이 현실에서는 점점 불가능한 것으로 되어가고 있다.

표 1. 주민수요와 공급주체

조직 / 재	공공단체	공영기업 지방공사	기　업
공공재	일반도로	공사유료도로	민간유료도로
준공공재	노인홈	경비노인홈	유료노인홈
시장재	공연주택	공사주택	민간주택

고전적 자치론자는 지방공사를 지방자치 단체의 "사생아"로서 취급하지 않고, 고전적 자치의 원칙을 지키면서, 환경의 변화에 대처할 수 있을 만한 행정형태를 찾아내야 한다.

주민수요에 대응하는 조직으로서, 공적수요와 정부・자치단체, 사적수요와 기업, 중간수요와 공영기업 이라고 하는 유형이 생기지만, 현실적 주민수요의 성질과 공급주체의 조직은 반드시 일치하는 것은 아니다. **표 1**에 나타난 공공재라고 되어있는 것이라도 민간 기업이 공급하는 경우가 있고 시장재라 되어 있는 수요라도 자치단체가 공급하는 경우도 있으며, 준 공공재라고 되어 있는 것은 중간 형태로서 여러 가지 주체를 생각할 수 있다.

자치단체가 종래의 행정 분야에 머물러 있으면 적어도 지방 공영기업이라고 하는 자치단체 테두리 안의 공급주체로서 충분히 충족할 수 있다고 하지만, 지역개발의 진전과 함께, 시장 메카니즘에서 처리해야하는 분야의 진출로 이어진다. 이러한 분야로의 자치단체 행정의 확대는 단순한 권한요구가 아닌, 시장재라도 민간 베이스에는 불충분한 서비스, 반대로 공공재라도 시장 메카니즘이 어느 정도 작용하는 분야인지, 사회적인 수요로서 자치단체에게 요구되기 때문이다. 공사분양주택은 전자의 사례이고 도로공사에 의한 유료도로는 후자의 사례라고 할 수 있다.

단지, 지방공사는, 최근 몇 년, 개발관련 뿐만 아니라, 환경위생공사, 학교급식공사, 산업폐기물공사, 복지진흥공사 등, 지방행정 전반에서 찾아 볼 수 있다. 그 성립 사유로서는, 종래의 테두리 밖 자금의 도입보다도, 비용부담의 명확화, 공사협력체제의 형식, 연공서열임금체제의 회피 등을 생각할 수 있고, 게다가 지방공사는 다채로운 문제를 내포하는 형태가 되었다.

이러한 복잡 다양한 설립배경을 가진 지방공사를 꿰뚫는 지배원칙은 지극히 유동적인 것이라고 말 할 수 있지만, 이론적으로는 종래의 권력·관리행정과 다른, 공급주체의 독립성, 손익의 명확화, 생산성 확보 등의 원칙이, 보다 강하게 지배되어야 하는 서비스 행정과 본래의 행정주체로부터 차례로 나뉘고 있고, 그 서비스에 걸 맞는 기능을 발휘할 수 있는 제도(System) 즉 공급주체를 찾아 지방공사를 만들어 갔다고 할 수 있다. 따라서 그러한 요구에서, 보다 강력한 서비스에는 보다 강력한 능률의 원칙이 지배한다고 할 수 있다. 즉, 이론적으로는 공공성·복지성이 미미한 서비스에서는 민주적 통제보다도 공급주체의 독립성, 채산성의 고수라고 하는 원칙이 보다 강하게 지배되어야 할 것이다. 이 관계를 그림으로 나타내면 **그림 1**과 같다.

단지 어떠한 서비스·사업이든지 간에 지방자치단체가 자금을 출자하고 채무보증을 하여 어떠한 관여를 하고 있는 이상, 종합행정의 확보, 민주적 통제의 보장, 기업 수익성의 견제라고 하는 궁극적 관점으로 자치단체의 통제가 붕괴되어서는 안 된다. 하지만, 그 경영으로의 개입·간섭이 아닌, 민주적 통제 아래에서 경영방침 등의 정책규제, 채무부담 행위 등의 경제적 유도, 게다가 개발부담·협정 등이 행정지도에 의한 점이라는 것을 잊어서는 안 된다.

그림 1. 공급형태와 지배원칙

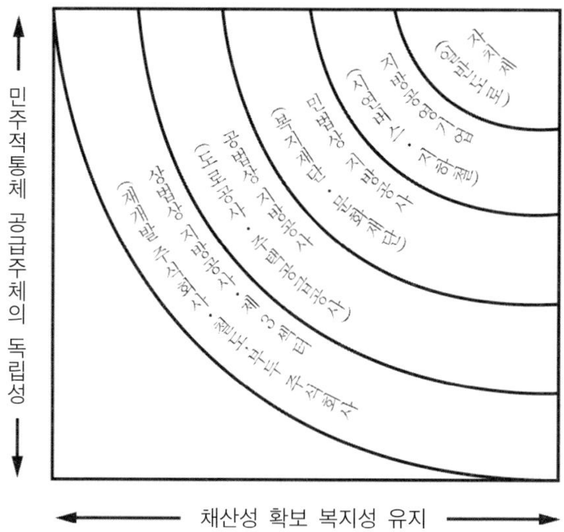

2. 지방공사 발전의 배경

지방공사의 발생 · 현상부터 살펴보면, 지방공사의 문제점은 여러 가지라고 생각할 수 있지만, 그 핵심은 민주적 통제와 행정의 통합이라고 하는 고전적이지만 기본적 요청과 지방공사의 독립성 · 능률성을 어떻게 조화시킬 것인가 이며 이것은 「민주화와 능률화」라고 하는 행정이 내포하고 있는 영원한 문제이다. 그리고 이 두 가지 목적이, "지양"되고, 가능한 최대한의 시민복지를 창출해 낼 때, 틀림없이 발휘된다고 말할 수 있을 것이다.

하지만 이러한 공공성의 확보는 지방공사의 발생 · 현상부터 판단해 보면 쉬운 일이 아니다. 지방공사는 지역개발이라고 하는 목적을 근거로 급성장했다. 그 발생의 배경은 동시에 지방공사의 장점이기도 하다. 지방공사의 효용·장점은 다음과 같다.「① 기업(적)경영원칙에 의거한 합리적·효율적 경영의 도입, ② 지방공사 단체의 재무회계제도의 여러 가지 제약 외에 마련된 기동적, 탄력적 운영의 확보, ③ 지방공사단체의 지방채제도의 제약 외에 마련된 민간자금의 자주적인 도입, ④ 이상의 효용, 도구를 활용한 선행적 사업경영의 확보」(松浦伸吾마쓰우라 신고「안정경제성장 하의 지방공사를 둘러싼 여러 가지 문제」1977년 1월『지방재무』)이다.

요약하자면 현행의 지방채제도 한계의 범위 밖에서 기동성을 발휘하는 것을 최대한의 주안점으로 삼았던 것이고 그 의미로는 지방채제도 한계가 낳은 "흉폭한 아이(鬼子)"라고 말 할 수 있다. 그리고 안정성장과 지가 진정화에 의해 결함을 드러냈다. 우선 지방공사의 무분별한 설치가 지방행정 전반에서 비시민화의 성격을 띠고 있는 것은 부정할 수 없으며 그것은 다음과 같이 비판받았다.「신 전국 종합개발 계획 아래, 국가의 공공투자 정책 등이 초래한 급격한 도시화의 여파(현상적으로는 지가 등귀, 공공용지 취득난 등의 모습으로 나타났다)와 현행지방 행·재정 제도의 모순(기채제한(起債制限) 외)으로 자치단체 입장에서는 고육지책(苦肉之策)이면서, 다른 방면으로, 방대한 민간자금의 차입 도입화가 초래한 지방재정의 은행자본으로의 종속화가 심각해지고, 소액 자본금의 근간으로서 끝없이 팽창하는 사업의 투기적 성격(위험부담)의 확대화, 그리고 무엇보다도, 자치단체의 시빌미니멈(civil minimum)에 관련한 일반 행정의 기업화·수익사업화와 주민=의회의 통제기구 상실에 의한 지방자치의 공동화가 그 내부에 파고들어 붕괴시키는 것을 지적하지 않을 수 없다」(坂本忠次: 사카모토 타다츠구「도시행정과 지방공사·공단」1971년 12월「도시문제」)

하지만 이러한 비판에 대해서, 지방자치단체는 산업용 서비스의 독립채산의 공사방식이 그 비용부담의 사회적 공평성으로 보면 타당하다는 점과 지방재정의 복지화, 기업화라고 하는 양극분화 현상을 거론하면서 이론적으로 회피할 수 있을 것이다.

3. 지방공사의 병리

그런데, 현재의 지방공사를 둘러싸고 있는 보다 심각한 문제는, 자치단체와 지방공사와의 "왜곡된 관계"의 발생이다. 그 병리는 다음과 같다.

「첫 번째로, 지방공사의 운영 등을 둘러싼 불상사에 대해, 시민의 의혹을 초래하고, 사직당국의 개입을 발생시킨 사례이며, 이러한 사례는 수뢰, 배임 등에서 대부분이 재판중의 문제이다. 두 번째는, 공업단지 용지를 높은 가격으로 분양하고, 택지건물 거래법에 위반해서 업무를 진행하는 등, 부적절한 운영을 한 사례이다. 세 번째는, 과거 지방공공단체의 재정운영의 어려움과 관련해서, 지방공사단체의 일반회계와 지방공사를 혼란시키고, 불건전한 재정운영을 한 사례이다. 예를 들어, 본래 시의 일반회계에서 처리해야하는 사업비를 재단법인의 개발공사가 떠맡음으로 인해 시의 일반회계의 적자를 분식시키고 결산하고 있던 것과 시의 일반회계의 적자를 보충하기위해, 시의 토지개발공사가 기부금으로서 지출한 형식으로 하고, 이면계약에 의해 시가 토지개발공사에게 상환하는 것으로 했던 것 등이 있다.」(松浦伸吾: 마쓰우라 전게논문)

이렇게 왜곡된 현상은, 자치단체와 지방공사와의 "유착"에 의해서 생겨났다고 할 수 있고, 어떤 의미로는 공공적 컨트롤의 결과적 현상이라는 비꼬인 운명이라고 할 수 있다. 이러한 자치단체 측의 압력에 대해서 「지방공사 측도 옷깃을 바로잡고, 확고한 자주적 시비 판단을 하여 부적절한 움직임에 대해서는 과감히 거부하는 용기가 강력히 요구된다.」(松浦伸吾: 마쓰우라 전게논문)라고 말하고 있지만, 지방공사 측에게 그 압력을 극복할 만한 독립성이 주어지지 않았다.

이 문제는 지방공영기업을 둘러싼 감시와 독립성과의 관계와 같다고 할 수 있고, 자치단체의 감시가 항상 공정과 능률을 보장한다고 하는 기본명제에 반드시 일치하지 않는다는 성가신 문제를 제기했다.

또한 지가 진정은 지방공사의 경영위기를 심각하게 만드는 균열이 되었고, 지방재정의 악화는, 공사자체의 자금관계를 보다 악화 시켰다. 자금 포지션의 악화는 자금총량의 긴축과 함께 차입 금리도 불리하게 되고, 그 묘미는 점점 낮아졌다고 할 수 있다.

지방공사를 둘러싼 환경은 갑자기 심각하게 되었다. 지방공사가 가진 장점이 현실에서는 단점으로 작용했다고 할 수 있다. 따라서 안정 성장 아래서의 지역·도시개발형의 지방공사 창설의 이유는 대단히 적어졌다고 할 수 있다. 하지만, 한편으로, 조금 전 언급한 것처럼, 환경, 복지, 교통 등의 공사 서비스의 그레이 존(Gray zone)에서 지방공사가 설립되었고 새로운 관점으로 지방공사가 재검토에 직면하고 있다고 할 수 있을 것이다.

4. 지방공사의 주체성

지방공사는 자치단체의 "분신"이라 불리고 있다. 그 주체성이라 해도 「"공(公)"사인 이상, 지방공공단체의 영향력 내지, 지배력을 근거로 하는 범위인 것은 당연한 전제일 것이다. 따라서 지방공사에게 주체성이 있다

해도, 그것은 운영의 측면에서 발휘된다.」(立田淸士: 탓다 키요시 저 『지방공사의 경영』 157면)라고 하는 것은 타당한 표현일 것이다.

문제는, 그 운영 면에서의 주체성도 반드시 완전한 것이 아니고, 또한 정말 제한 없이 한다고 해도 공사로서의 성격상, 역시 부적당할 것이다. 그리고 운영 면에서의 관여·통제에 대해서도, 예를 들어, 지방공영기업, 공법상의 지방공사, 사법상의 지방공사와 비교해 보면, 그 정도에 차가 보이는 것은 당연하다. 민주적 통제를 중시하면 직할방식에서 지방공영기업으로, 그리고 기능성을 의도하면 제3섹터방식(사법상의 지방공사)으로 즉, 주식회사형태라고 하는 것이 된다.

따라서 주체성의 관점으로 보면, 기간적·기초적 서비스(지하철·수도 등)는 공영기업에서, 특수적·시장적 서비스(관광 케이블, 지하상가 등)는 제3섹터 방식으로, 그 중간적인 것은 공법상의 지방공사라고 하는 형태가 되고, 현행법상의 도로공사, 주택공사 등은 타당한 자리매김이라 할 수 있다. 이러한 관점에서 보면, 상가 재개발, 해면 매립사업, 택지조성사업 등도 제3섹터 방식이 오히려 적격이라 할 수 있고, 실제로 민간사업에서 상당히 시행하고 있는 현상을 보면 결코 적당치 못하다고는 말 할 수 없다. 하지만 여러 가지 경우, 시 직할의 단독사업으로 시행되고 있는 것은, 채산성에 의미가 없어 민간자본의 참가를 기대할 수 없거나 반대로 개발 이익이 커 민간참여에 의해 이윤을 나누는 것을 회피하기 위해서, 그 사업이 가진 공공성, 특히 도시계획의 종합성 확보 측면 때문에 직할 시행이 되었다고 할 수 있다. 단지, 후자의 관점에 한정하면, 도시계획법상의 인·허가적 규제라든지, 개발지도 요강에 의해 충분히 그 보장을 확보할 수 있는 여지도 지니고 있다고 할 수 있고, 이러한 측면에서 제3섹터 방식을 과대평가하는 것은 금물이며 공식·비공식에 의한 통제가 공공 섹터 방식으로의 부분적 제3섹터의 참여인가라는 두 가지 중에 어느 한 가지 방식으로 기울어져야 한다.

5. 지방공사의 감독

공사에 대한 감독에 대해서는, 기관별(의회, 집행기관, 감사위원) 또는 유형별로 다르다. 개략적으로 보면 의회는 관계예산의 심의, 경영상태보고(지방자치법 243조=1/2출자단체), 백조(百條)조사권이 있다. 단체장에 있어 지사의 경우, 설립 인가권을 가지고 있지만, 일반적으로는 조사권 및 보고징수권(지방자치법 제221조)이 있고, 대개 경영자로서 참가하고 있다. 감사위원으로서는, 1/4 출자하고 있는 공사 혹은 보조금, 대부금 등의 재정원조를 할당하고 있는 경우, 그것에 관계되는 출납사무를 감사할 수 있다(지방자치법 제199조). 그러한 것을 그림으로 나타내면 **그림 2**와 같다.

이러한 것들의 감독에 대해서 문제가 되는 것은 의회 그 자체이다. 왜냐하면 수장에 대해서는「이러한 법 절차를 인용할 필요도 없는 집행기관과 공사는, 재정 면, 인사 면, 정책 면에서, 끊을래야 끊을 수 없는 관계에 있고, 사실상 감독・지도는, 공사의 수많은 내용을 대상으로 가능하다 해도 과언이 아니다. 그렇지만, 이것이 반대로 집행기관과 공사의 관계를 타성적인 것으로 변화 시켜버리는 위험성을 시사하고 있다고 할 수 있다.」「서로 "어리광(보아주는)"의 관계가 성립하기 쉬운 경향이 있고,」「행정과의 기능분담 등에 대해서 설립 당시의 설정조건을 객관적인 정세변화에 따라 진지하게 생각하는 자세가 결여되어 있는 경향이 있다. 또한 일상적인 지도・감독에 대해서는, 매너리즘화 하는 경향이 보이고, 불상사

그림 2. 법령에 따른 각 기관의 감독관계

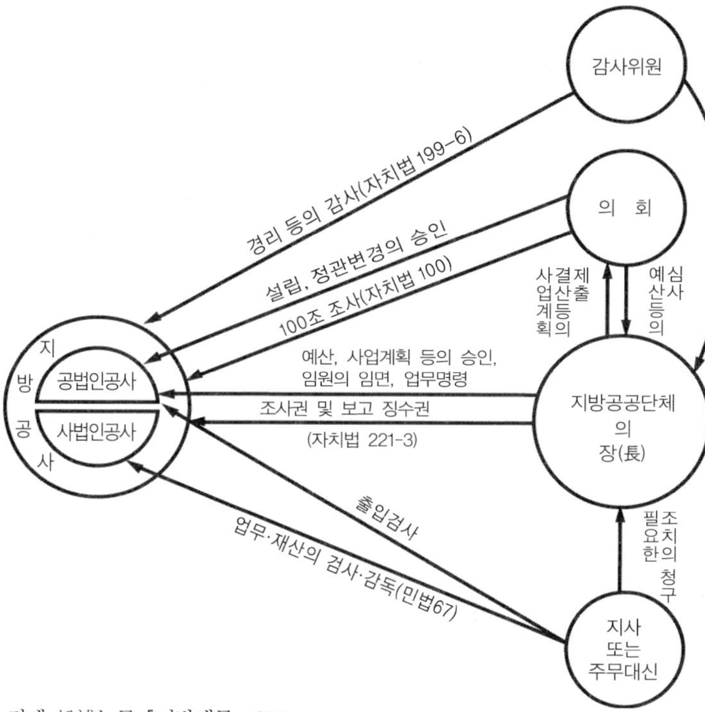

전게 松浦논문 「지방재무」 52.1

등의 특별한 계기가 없으면 진지한 마음가짐이 없는 것처럼 보인다.」(澤井安勇: 사와이 야스오 「지방공사의 공적 컨트롤」 1977년 1월 『지방재무』) 라고 까지 말한 것처럼, 지도・감독권의 부족함은 없다고 할 수 없다.

또한, 감사위원의 감독에 대해서는 「감사대상이 출납 관련이라고 하는 한계가 있기 때문에 적정 경리가 존재하고 있는 경우에는, 그 이상의 본질적 문제점의 지적・추적은, 간접적으로는 가능해도 사실상 어려운 일이고, 적은 인원의 감사위원으로 공사를 포함하는 상당수의 출자법인 또는 원조법인의 내용감사는 물리적으로도 그 능력을 초과하는 것이 일반적 상태라는 점 등이 지적되고 있다. 이러한 의미에서 봐도 집행기관에 의한 일상적 지도감독 등의 보완이 필요할 것이다.」(澤井安勇: 사와이 전게논문)라고 하는 것처럼, 현재의 제도, 또한 인원부터 살펴봐도 상당히 어렵고, 의회의 "민주적 컨트롤"이 확실한 패를 쥐고 있다고 할 수 있다.

의회의 감독은 일반적으로 간접적이라고 말할 수 있다. 하지만, 수장이 안다고 하는 것과 의회가 알게 된다고 하는 것은 정말로 다르다는 것을 인식해야 한다. 그리고 의회가 세부적으로 상황을 인지하고, 경리에 관여할 필요도 없다. 그것은 의결기관으로서의 기능·성격부터 일정의 한계가 있는 것이 당연하다. 단지 지방공사가 자치단체의 분신이자 거대해져 가고, 한편으로 사업보고서로 감독권을 발휘할 수 없는 것이며, 예산·결산의 양면에 걸쳐서 공기업마다 보고를 받아야 한다. 또한, 중요한 기관에 대해서는, 지방공사 안에서, 주식회사 방식인 제3섹터도 포함하여, 임의 기관으로서의 운영협의회·평의회 등의 구성원이 되고, 기본적 시책·중요안건에 대해서는 정보를 획득하는 기회가 주어져야 할 것이다.

기본적으로 지방공사와 의회와의 관계는, 행정상 중요도의 차이가 있지만, 일반 행정을 맡은 집행기관과 의회의 관계와 같다고 할 뿐, 의결권이 없으며 일상적 집행에 대해서는 공사(경우에 따라서는 수장)의 전결사항에게 맡겨져 있다고 할 수 있고, 이러한 점이 일반 행정, 지방 공영기업의 감독과는 다르다고 할 수 있다. 그리고 이러한 보고에 의거하여 의견서의 제출, 조사권의 발동이 필요하면 할수록 좋다. 이러한 의회가 궁극적으로는 감독권을 쥐고 있는 것에 의해 초래되는 지방공사의 적정경영의 체크효과는 대단히 크다고 할 수 있다.

6. 경영체로서의 지방공사

지방공사는 하나의 경영체이다. 하지만, 한 마디로 지방공사가 경영체라 해도 복지회관과 택지개발회사와는 같지 않아 이들과 같은 채산제를 강제할 수 없는 것은 명백하다. 따라서 설립당시 어떠한 경영조건 아래서 경영이 위탁되었는가 이다. 복지회관과 같은 인건비, 상각(償却)비, 금리 등을 제외한, 순수한 관리운영비만을 지불하면 되는 것인가, 택지개발회사와 같이 자본・경상경비는 물론이고, 개발이익으로서 일반회계로의 주입을 관련 공공사업 부담으로서 어느 정도 기대하면 좋은가의 문제이다. 따라서 지방공사의 경영이라 해도 그러한 경영조건 아래에서의 경영효율화이다. 그리고 효율화의 인센티브의 정도도 또한 각각 차이가 있다.

종래, 지방공사의 경영에서, 경영의식의 침투라든지, 인재의 활용이 강조되어 왔다. 그 자체로서 결코 의미가 없는 것은 아니지만, 지방공사가 자치단체로부터 독립된 경영주체로서 수지명세를 명확화 해가는 과정에서, 경영감각이 육성되어야 할 것이다. 오히려 조심해야할 것은, 지방공사에 있어서 제도의 테두리 밖의 자금도입능력만이 과대평가되는 것, 또한 자치단체가 지방공사를 "더미(dummy)적 존재"로 간주해 온 점 때문에 본래의 독립 경영체로서의 역할의식이 싹트지 않는 점이야 말로 우선 시정해야만 한다.

지방공사는 각각의 경영합리화가 필요하다. 하지만 지방공사의 경영 전체로서는, 자치단체와 지방공사 각 사가 각각 연락조정하고 그 기능을 보완・강화 해가는 것이다. 미야자키(宮崎) 코베 시장이 「시정은 이미 "conglomerate"(복합기업체)이다」라고 한 것처럼, 주택・공장단지를 조성할 경우, 시정의 각 기능을 최대한 활용하고, 그 입지조건을 유리하게 하며, 공적비용 부담・개발이익의 사회적 흡수를 정책적으로 지향해야 한다. 그러한 의미로 설립된 지방공사, 또 유리한 조건을 활용하지 못하는 지방공사가 너무나도 많고, 지방공사가 "적자공사"의 대명사가 되어 가는 것은, 경영자로서의 불명예스러운 것이다. 이미 수장은 행정관, 정치가, 경영자이다. 지방공사를 많이 만든 이상, 경영이라는 것에 알레르기 증상을 나타내고, 경영자인 것을 거부하는 응석은 용서 될 수 없다. 효율적인 경영은 간접적으로 시민복지와 연결되어 있기 때문이다.

7. 지방공사의 제도화

지방공사는 자치단체의 분신이라 불리지만, 지방공영기업과 달리, 법률상은 전혀 별개의 법인이다. 거기에 정책적 통제는 감수하지만, 경영적 개입을 배제한 독립 경영체라 할 수 있다. 지방공사가 하고 있는 업무가 어떠한 "공공적"색채를 띠기 위해서 걸핏하면 법제적 틀에 끼워 넣으려고 하는 경향이 강하다.

예를 들어, 지방 도로공사, 지방 주택공급공사, 페리(ferry)공사, 토지개발공사 등 특별 법인화되고 있다. 하지만, 이러한 특정 목적별 법인화는, 최대의 수익을 낼 수 없는 등 그만큼 지방공사로서의 의미를 빼앗는다고 할 수 있고, 게다가, 각 성(省)마다 경직화한 경영지도는, 지방공사의 관청화를 초래했다고 할 수 있다. 한편, 복잡 다양한 지방공사를 정리통합하고, 종합목적을 가진 공법인을 만드는 것은, 「지방공공단체의 행정의 일환을 담당하고 있는 지방공사가, 결과적으로, 무엇이라도 할 수 있는 공법인이 되는 것은, 지방공공단체와 다른 행정주체를 창설할 우려가 있다.」(立田淸士: 탓다 전게서, 158면)라고 할 수 있다. 하지만, 그것보다도 종합화는 오히려 특정목적마다의 손익수지, 비용효과의 명확화를 무너뜨리고 나아가서는 경영자극 요소를 후퇴시킬지도 모른다.

따라서 특정목적별의 공법인화와 일반목적을 가진 사법인화는 이율배반적 요소를 가지고 있고, 오히려, 오늘날 공법인화 된 것에 의해 종합기능성의 결여는 무시되고, 개별목적을 가진 사법인을 설립해 가는 한편, 그것들을 통합해야할 필요가 발생한 경우, 특정목적을 가진 공사의 연합체를 만들고 사업부제를 채용하는 것에 의해, 경영체로서의 장점을 잃지 않도록 배려해야 한다.

지방공사의 장점을 활용하기 위해서는 그 경영형태에 어울리는 사무를 담당해야 한다. 그러한 의미로서 개발 사업을 제3섹터로 분담시키는 것은 이론적으로 적절한 것이지만 실상은 그 대부분이 자본참여의 범위를 벗어나지 않기 때문에 민간 에너지를 충분히 활성화 시키지 못한다고 할 수 있다. 앞으로, 제3섹터 방식은 일정 위험부담 아래 이윤을 확보할 수 있는 분야가 보장되지 않으면 제3섹터의 이점을 살릴 수 없을 것이다. 오히려 신개발, 재개발을 따지지 않고, 공공 섹터가 경영주도권을 쥐면서 민간 섹터가 일정 조건 아래에서 부분적인 섹터를 담당하고, 그것을 공공섹터가 조정하는 사업을 구상할 수 있다. 예를 들어, 학원도시건설, 부도심 재개발 등이다.

또한 주민참여의 한 가지 방법으로서, 제4섹터론(論)이 불거지고 있다. 자치단체, 기업과 함께 주민이 경영체로 참가하는 방식이다. 하지만, 경영의 논리인 체크기능으로서 참여 이외의 방식을 생각할 수 있고, 오히려, 관광, 여가, 문화, 복지진흥공사와 같이, 주민의 창조적 참여가 충분히 발휘될 수 있는 공사를 원하고 있다.

그러면, 결국 이러한 지방공사를 논하면서, 남겨진 과제는, 전과 다름

없이 효율성과 민주제를 양립시키는 수단을 어디서 찾아내야 하는가 이다. 그것은 현재 자치단체 개혁으로서 직면한 문제의 연장선상에 있다. 즉 행정 생산성의 향상, 서비스와 원가 관련성의 명확화, 재무관련 자료의 공개화, 자치단체 자금의 확보, 기업・주민 에너지의 활용이다. 자치단체가 껴안은 문제를 용기를 가지고 해결하려고 하지 않고, 지방공사방식을 편의적으로 이용하는 것에 의해 커버하려고 할 때, 훗날 지방자치의 비시민화라고 하는 커다란 대가를 반드시 지불해야 하는 상황에 빠질 것이다. 지방공사는 "양날의 칼"이다. 각각 자지단체의 역량에 의해 그 평가는 정해져야 할 것이다. 그것은 기술의 문제가 아닌, 자치단체 그 자체로서 행정자세의 모습이 지방공사의 경영을 좌우하고 있다고 할 수 있다.

(코베시 기획국 주간)

외곽단체의 경영

도시경영연구회

1. 외곽단체의 개념

간접 경영 방식

외곽단체라는 말은 귀에 친숙해진 말이지만 어떠한 단체를 가리킬까하면서 잘 구별하여 명확하게 정의하는 것은 어렵다. 지역 정책 연구회가(자치대신 관방지역정책과 내) 편찬한 「지방공사 총람」에 의하면, 지방공사의 개념을 일단 **표 1**과 같이 표시하고 있다. 또 광의로 지방 자치체의 공기업은 **표 2**와 같이 표시되고 있지만 외곽단체는 통상 간접 경영 방식에 해당된다. 단지 지방개발사업단은 보통 외곽단체라고 하는 의식에 친숙하지는 않지만, 사업 내용에서 보는 지방공사와 동류라고 할 수 있으므로 외곽단체라고 할 수 있다. 그리고 지방공사라고 하면 토지개발·주택공급·도로공사 등의 특별법인을 가리키지만 **표 1**에서는 넓은 의미로 사용되어 25%이상의 민법·상법상의 법인도 포함되어 있다.

단지 외곽단체라고 하는 경우 출자 비율이라고 하는 자금관계 뿐만 아니라 인적, 업무적 관련성이 깊은 단체도 포함하는 일이 있다. 또 출자율이 높아도 인적·업무적 관련성에 있어 관련이 없는 경우는 외곽단체라

표 1. 지방공사의 개념

<table>
<tr><td rowspan="5">조사대상법인</td><td colspan="3">구 분</td></tr>
<tr><td rowspan="3">지방공사</td><td rowspan="2">25%이상의 출자법인</td><td>민법법인</td></tr>
<tr><td>상법법인</td></tr>
<tr><td colspan="2">토지개발공사, 지방주택공급공사, 지방도로공사</td></tr>
</table>

주: 상법법인에는 유한회사법에 의한 유한사회포함.

표 2. 지방자치체의 공기업

<table>
<tr><th colspan="3">경 영 형 태</th><th colspan="3">사업수 또는 법인수</th></tr>
<tr><td>직접경영</td><td colspan="2">지방공영기업</td><td colspan="2">6,929 (72%)</td><td rowspan="7">9,637
(100%)</td></tr>
<tr><td rowspan="6">간접
경영</td><td rowspan="4">민법법인
및
상법법인</td><td>재단법인</td><td>1,249 (13.0%)</td><td rowspan="6">2,708
(25%)</td></tr>
<tr><td>사단법인</td><td>251 (2.5%)</td></tr>
<tr><td>주식회사</td><td>317 (3.2%)</td></tr>
<tr><td>유한회사</td><td>8 (0.1%)</td></tr>
<tr><td colspan="2">특별법에 의한 지방3공사</td><td>865 (9.0%)</td></tr>
<tr><td colspan="2">지방개발사업단</td><td>18 (0.2%)</td></tr>
</table>

(지방 · 개발 · 사업단 『공공기업』 23면.)

고 할 수 없을 것이다. 더 더욱 자금 · 사람 · 업무와 관련해 그 단체의 주체성이 극히 독립성의 강한 경우, 외곽단체로 부르는 것은, 그 단체에 있어서는 폐가 되는 호칭이며 자존심을 손상시키기 쉽다. 그것은 본래 외곽단체라고 해도 경영의 주체성은 그 단체가 보유하고 유지해야 할 것이어서 자치체가 함부로 개입 · 간섭해서는 안 된 데도 싫지만 종래 하청과 대체 기관으로서 편의적으로 이용하고 있기 때문이다.

따라서 외곽단체를 자치체가 그 영향 하에 있는 단체로서 파악하는 것은 더욱 더 개념을 불명확으로 하고 있어 정의의 기준은 자금 · 사람 · 업무의 관점에서 그리고 그 자치체와의 관련도이다. 그 관련도는 자금의 출자금 뿐 만 아니라 보조금, 위탁금도 포함되며, 인적 관계라고 해도 간부 뿐 만 아니라 일반의 재고용자도 포함될 것이다.

사례에 의한 정의

코베시의 사례(**표 3** 참조)에서 볼 때, 출자율 50-100%의 단체에 대해서는, 다른 요소도 감안해야 하지만, 출자율의 높이로 보아 외곽단체로 간주해도 좋을 것이다. 그러나 25% 이상이 되면 출자율만으로는 결정할 수 없다. 판신외무부두(阪神外貿埠頭) 공단이라든지 兵庫縣 환경 과학기술 센터 등은 국가・현・시의 공동출자 기관이며 인사 구성에서 보면회장, 이사장으로 시장, 조역이 취임하고 있어 오히려, 경영의 주체는 국가와 현등이 보유하고 있는 단체이므로 시의 외곽단체에 포함하는 것은 삼가하는 것이 좋다. 그러나 25%를 출자하고 있으므로 재무 회계상 조사・감사의 대상으로 해 감시하는 책무는 있다고 말할 수 있다.

문제가 되는 것은 비출자의 단체이다. 코베시 사회 복지 협의회, 코베시 국제 관광 협회, 코베항 진흥 협회 등은 출자는 하고 있지 않지만, 업무 위탁, 업무내용 등에서 시정과의 관련이 극히 깊기 때문에 외곽단체라고 할 수 있을 것이다. 코베 국제 관광 협회, 코베항 진흥 협회는 관련업자・단체가 홍보・연락 기관으로서 발족했던 것이다. 오늘날 시의 시설의 관리・운영을 맡고 있으므로 역시 외곽단체라고 할 수 있다.

외곽단체로 간주하는 것에 대하여, 가장 어려운 것이 코베 시민생활협동조합이다. 본래는 생협이며 시정과는 관련이 적은 단체였다. 그러나 발족의 근본이 시 소방국의 시민 화재 공제를 계승한 것이고 교통 재해 공제도 하고 있고 타 도시에서는 시 직영의 사례도 있어 업무내용은 시정과의

표 3. 코베시 외곽단체

(단위: 천엔)

구분	단체명	자본금기본금 (52.3.31현재)	손익 (52.3.31현재)	설립 년월일	임원 시장	임원 부사장	업무내용
출자율 100%	코베시 주택공급공사	10,000	43,381	40.11. 1	-	이사장	분양주택공급, 시영주택유지보수
	코베시 도로공사	2,012,000	△697,298	46. 4.21	이사장	-	유료도로 건설 및 유지관리
	코베시 토지개발공사	20,000	19,502	48. 7. 2	이사장	부이사장	용지취득, 처분 등
	(재)코베시 도시정비공사	20,000	12,962	38. 5.18	이사장	부이사장	도시정비 및 재개발
	(재)코베시 메리부도공사	20,000	9,178	47. 3. 1	-	이사장	페리부도건설 및 관리
	(재)코베시 개발관리사업단	20,000	64	44. 4.15	-	이사장	체육, 복지, 문화시설의 건설 및 관리운영
	(재)코베시 급수보급협회	10,000	1,512	40. 8.13	-	이사장	수도사업에 관란 조사연구, 급수시설의 합리적 포설, 수도공사의 수탁
	(재)코베시 연금복지협회	10,000	182	46. 4. 1	-	이사장	교육, 문화, 체육, 휴양시설의 건설 및 관리운영
출자율 50%이상	(재)코베시 농공개발공사	30,000	330	47. 7.15	-	이사장	토지개량사업의 수탁, 농업생산단지조성사업
	(재)코베시 해안관리협회	26,000	1,648	51. 4.15	이사장	부이사장	바다공원 관리사업
	(재)코베시 산업무역전시관	440,000	3,471	43.11.28	-	-	전시시설 설치 및 유지관리, 전시회 개최
	(재)코베시 한신고속도로이용협회	10,000	23,229	43. 6.21	-	-	요금징수업무수탁, 고가아래 주차시설 운영관리
	(주)코베상공무역센터	1,500,000	116,745	42. 8. 5	회 장	사 장 취재역	임실 및 임대주차장 경영
	코베부두(주)	205,000	34,843	27.10.10	사 장	감사역	부두시설의 관리운영, 항만운송사업
	코베도시진흥(주)	250,000	△115,394	40. 1.21	회 장	사 장	공동점포 등 상업시설의 관리, 운영
	유마온천 굴착(주)	400	101	16. 6. 5	-	-	유마온천의 천원개발과 급수 및 부대사업
	(주)코베뉴타운개발센터	20,000	-	52. 8. 2	회 장	사 장	상업시설 건설공사의 기본, 실시설계, 세입자 모집준비
	코베시 교통(주)	1,000,000	-	52. 7.18	회 장	사 장	지방철도법 및 괘도법에 따른 일반운수업

주: 출자 50%미만 단체: 코베지하가(주), 코베고속철도(주), (주)코베국제회관, (주)씨프라자, (주)센터프라자, (주)코베페리엔터
비출자 단체: 코베시사회복지협의회, 코베시민생활협동조합, (재)코베시공원협회, (사)코베국제관광협회, (사)코베탁구협회, (사)코베국제컨트리클럽, (사)코베항진흥협회

관련이 적다고 말할 수 있지만, 업무의 질은 공공성이 강한 것이다. 그 때문에 시가 대재해 등의 경우를 생각 거액의 보험금 지불에 의해서 파탄하는 일이 없게 긴급 융자의 채무보증을 하고 있어 간접적으로 경영책임을 지고 있기 때문에 외곽단체로 간주하는 것이 꼭 부당하다고는 말할 수 없을 것이다. 무엇보다 오늘날 시의 시설의 경영·관리를 위탁받고 있으므로 업무량에 있어 시와의 관련성이 깊어지고 있다.

이와 같이 코베시의 외곽단체를 볼 때 역시 자금·업무·인적인 관계로부터 그 관련도를 결정하게 된다. 자금은 출자·보조율 등에서 확인하고 또 업무내용은 수입 중 시로부터의 위탁비의 비율과 관리·경영하고 있는 시설(서비스)이 공공적인 것인지 또 인적 관련에서는 시 관계자가 이사회에서 중요한 지위를 차지하고 있는지 아닌지에 따라 시가 주도권 또는 간접적 책임성을 질지를 점칠 수 있어 외곽단체의 경우 대개 인사에 있어도 중요 포스트를 차지하고 있는 것이 통상이며 외곽단체로 간주하는 하나의 기준이 된다.

외곽단체의 경영책임

다만 이와 같이 정의했더라도 외곽단체일지 어떨지는 실태 분석에 따라 결정하지 않으면 안 된다. 그리고 이와 같이 외곽단체인지를 결정해 둘 필요는 이들 외곽단체들의 미상(未詳)사건, 재해, 경영파탄이 있었을 경우, 법률적·경제적 책임을 면할 수 없기 때문이다.

코베시의 사례로 말하면 쇼와 40년 전국에서 첫 시가지 개조 사업에 의해 완성한 빌딩의 사업구역 내에 있던 상점주가 공동 출자해 코베 백화점 주식회사(자본금5천 만 엔)를 설립했다. 코베시도 당초부터 자본 참가를 하고 있었지만 경영이 잘 되지 않기 때문에 경영 개선에 착수해 45년

즈음부터는 회복해 경영이 순조롭게 이루어지고 있었다. 그런데 49년 2월, 화재가 발생해 재건 불능인 궁지에 빠졌다. 이에 자본금(7천오백 만 엔)을 3분의 2 감자하고 질책한 후 10배 증자할 때 시가 50%를 분담하는 것과 동시에 긴급 융자도 행해졌다. 이러한 재건 조치는 주식회사임에도 불구하고 시의 제3섹터적 존재로서 종래부터 시가 경영에 관여를 하고 있어 취하여진 조치이며 관계가 없는 주식회사와 같게 판단할 수는 없을 것이다.

따라서 관련 단체에 관한 시의 책임정도는 평상의 관계도와 어느 정도 정비례 하는 것으로, 외곽단체라고 주목받는 경우는 그 책임을 면할 수 없을 것이다. 또 이러한 책임과 위험 부담을 면하려면 경영과 운영이 궤도에 진입되어 공공적(公共的) 필요가 없으면 자금 · 사람 · 업무적 관련도를 점차 감소시켜서 외곽단체적 존재로부터 실제로 이탈시키는 것이 바람직하다. 자치체는 주식회사 형태에서는 순전한 주주로서 행동하는 책임의 유한성을 분명히 해 두는 것이 좋을 것이다.

2. 설립의 배경과 사유

행정의 다양화와 확대

외곽단체는 고도성장의 종언에도 불구하고 저성장의 오늘에도 증가일로에 있다. 그 이유는 개발형이라고 하는 제3섹터 방식으로 변하고, 시설관리의 분담을 필요로 하는 관리형의 외곽단체가 나타나고 있는 것과 동시에 복지 · 환경행정 분야에 있어 민간 협력을 요구하는 중간적 행정 분야가 필요하다. 이러한 경향에 대해 「공영기업 문제 연구회」는, 다음과 같이 말하고 있다.

「(가) 경제나 복지 분야에서의 행정의 역할이 다양화 되고 확대됨에 따라 본래 행정이 맡아야 할 분야와 민간이 맡아야 할 분야와의 경계선이 반드시 명확하지 않게 되어 이러한「공영」과「민영」의 중간 영역에 대해서는 양질의 서비스의 공급만 얻을 수 있으면 꼭 경영 주체 여하를 묻지 않는다고 하는 경향이 있는데 그 경우,

(나) 지방공공단체 측의 시각,

a 지역을 위한 기반사업은 일반적으로 규모가 커 소요 자금도 막대하기 때문에 지방채에 의한 자금만으로는 충분하지 않아 적극으로 민간 자금을 도입해 사업을 촉진하는 데 적당한 조직이어야 하고

b 공영기업 등 직접 경영 방식에 의한 경우에 있어서 공영기업 관리자 등의 자주성과 능력의 한계를 극복해 혹은 지방공공단체의 장, 의회의 관여나 업무내용과 공공의 재무 회계 제도의 제약을 면하고, 사회경제 정세에 즉응한 기민하고 능률적인 경영 활동을 영위하는데 적당한 조직일 것

(다) 또 민간 측에서는 특히 도시 기능의 정비 사업 등 새로운 사업 분야에 있어서는 지방공공단체가 가지는 기능의 종합성과 신용력을 활용하는 것이 필요하고 이 때문에 제3섹터로서 지방공공단체와 민간의 공동에 의한 형태를 취하는 것이 유리하다라고 생각할 수 있던 것을 들 수 있다.」(「지방공영기업의 경영 형태에 대해」, 314면)

단지 이러한 사회적 변화, 행정적 필요가 인정된다고 해도 직영 방식을 간접 경영 방식으로 채용하는 이유로서는 한층 더 행정적 필요가 요구될 것이다. 그 하나는 요컨대 행정의 범위가 확대해 이른바 그레이 존(Grey Zone)이라고도 해야 할 시장 서비스와 공공 서비스와의 중간적 서비스가

증가한 것이다. 여가시설이라든지 주차장이 많아졌지만 그 관리는 이용에 시간적 · 계절적 변동 요소가 많아 또 관리 행위도 종래의 공공시설(도로, 하천 등)이나 · 교육 시설과 같이 권력적 규제를 포함하지 않기 때문에, 자치체가 직접 관리할 필요가 없을 뿐만 아니라 오히려 민간에 동종의 시설이 많이 존재하는 것을 생각하면, 민간 위탁이 적합한 분야라고 말할 수 있다. 단지 이러한 시설의 건설은 자치체가 실시하고 있어 자금에 있어 공적자금이 조달해진 시설인 것, 또 서비스의 종류로서는 시장서비스여서 그 내용 · 방법에 있어 공공적 색채가 짙어 그 시설을 순전히 민간기업에 맡기는 것은 바람직한 방식이 아니기 때문에 관리 · 경영 단체로서 준 공적 기관의 설치가 바람직했던 것이다

둘째는 도시 · 지역개발에 따르고 제3섹터 방식으로 핵심적 시설을 건설했지만 발족 당초부터 공동출자로 채산성이 있으니까 건설했다고 하는 이유와 업무내용이 극히 영리적 행위가 농후하기 때문에, 자치체가 맡아 직접, 관리 · 집행하는 것이 그 성질상, 친숙해지지 않기 때문이다. 유통단지라든지 지하도로라든지 쇼핑센터 등이 이것에 해당한다.

단지 이 제3섹터 방식은, 지금까지 여러 가지 문제가 발생하고 있어, 앞의 「지방 기업 문제 연구회」도, 다음과 같이 말하고 있다.

「(1) 공공성 확보상의 문제

제3섹터는 지방공공단체가 민간과 함께 출자하는 것에 의해 그 사업의 공공성을 확보하려는 목적을 가지는 것이지만 실제로는 지방공공단체의 공공적인 컨트롤이 제대로 이루어지기 어렵고(특히 복수의 지방공공단체가 공동출자 하는 경우로, 지방공공단체 각각의 출자 비율이 1/2 또는 1/4 미만의 경우), 따라서 서비스의 안정적 공급의 보증이 곤란하거나 때

때로 경영에 임해 책임감에 근거하는 자주적 노력이 약해져, 경영이 악화되었을 경우의 책임소재가 불명확하게 되는 등의 문제가 있다

(2) 조직의 취약성

민간과 관공서의 회합, 세대적 성격 때문에 조직이 취약하기 쉽다. 또 출자자의 제3섹터에의 관심이 낮은 경우에는 이른바 무책임 체제에 빠지기 쉽다.

(3) 세 · 재정 · 금융 그 외 우대조치의 부재

사법상의 법인은 공공성이 강한 사업을 실시하고 있어도 일반적으로는 순 민간 수준의 조치 밖에 받지 못하고 사업 내용의 공공성에 알맞은 경영상의 메리트를 받기 어렵다.」(전제 보고서, 제13면)

셋째 국가와의 관계상 설립이 반 의무 지워지고 있는 경우이다. 각종 공사가 그렇지만, 특별 자금의 융자를 받았다든가 전국조직의 하부조직이어서 회사 · 단체의 창설이 요구되는 경우이다.

개발형의 외곽단체

일단 이와 같이 분류는 할 수 있지만, 코베시의 사례로 개개의 단체에 대해서 보면 극히 특이한 설립의 배경을 갖고 있으므로 하나하나 말해 보자.

주택 · 도로 · 페리공사는 국가의 방침에 의해 성립한 것이어서 주로 특정 융자를 받아들이기 위해서 만들어진 것이지만 일면 공영 주택, 일반도로, 공공 부두의 건설과 같이 순연한 행정 투자라고 하는 것보다 수익자(이용자)가 특정한 수익도 명확하여 부담을 요구하기 쉽고, 게다가 시장적 서비스로 간주하는 것도 가능한 시점부터 회계를 독립시켜 경영체로서 운영하는 것이 바람직하다고 하는 정책적 배려로 설립되었다고 말할

수 있다.

같은 공사라도 토지 개발 공사는 공공용지의 선행취득을 위해서 설립된 법인이며 자치체에 있어 일반회계 등에서 기금을 설정하는 것에 의해서 대응할 수 있는 업무이다. 단지 토지 개발 공사가 나라의 방침에 의해서 설립되기 이전에 각 자치체에 있어 채권발행 허가제 아래에서의 자금부족을 커버하기 위해서 많은 자치체에서 동종의 공사가 설립되고 있었으므로 이러한 사생아적 공사를 추인하는 형태로 설립이 이루어졌다. 코베시의 토지 개발 공사도 도시 정비 공사로부터 분리 독립한 법인이다.

녹농(綠農)개발 공사는 법률에 따라 설립된 공사는 아니다. 도시화의 진전에 따라 농업 근대화를 도모하기 위해서 토지구획 정리, 경지 정리, 포장(圃場)정비, 농주(農住)도시 건설 등이 조합을 구성, 시행할 필요를 느꼈다. 이것들 조합 시행에 대해 자치체는 행정 감독만을 실시하고 있으면 좋은 것이지만 조합의 사업 집행 능력은 대체로 저수준이므로 조합으로부터 사업 위탁을 받아 사업을 집행하는 기구가 필요했다. 이러한 민간의 수탁 사업을 소화하는 것은 자치체의 사업부서에서는 부적격이며 한층 더 조합의 통제・감시도 불충분하다 것으로 조합과 자치체의 공동 사업 집행기관, 말하자면 합작 기관으로서 설립되었던 것이다.

이것들 공사는 모두 개발형의 외곽단체이지만 같은 타입으로서 도시 정비 공사 등을 들 수 있다. 도시 정비 공사는 토지 개발 공사의 전신이며, 공확법(公擴法)이 생길 때까지 선행취득의 기능을 갖고 있던 기관이다.

제3섹터 방식

개발형의 전형은 역시 제3섹터 방식의 코베 지하상가, 코베 부두, 코베 고속 철도, 코베 상공 무역 센터 빌딩, 신교통 시스템 주식회사, 코베 뉴 타운 개발 센터 등을 들 수 있지만, 설립의 사유・배경은 각각 다르다. 코베 지하가는 공공도로 아래를 지하가로 한 것, 또 지하가의 중앙 보도를 시작해 많은 공간은 공공적 공간으로서 생각할 수 있으므로, 완전한 민간회사에 불하해 버리는 것은 부적당이라고 생각할 수 있었다. 게다가 코베의 도심 三宮의 역전 지하가이며 타도시의 사례를 봐도, 그 수익성은 높다고 예상되었으므로 역시 공적으로 수익을 환원하는 의미로 보고 자치체의 참가가 적격이라고 보였다.

코베 부두 주식회사의 배경은 전후의 항만 하역 근대화 실험의 하나의 이기도 하다. 항만 하역은 통상 본선에서 하적 할 화물의 대부분이 안벽 에이프런에서는 직접 하적 할 수 없어 거룻배로 본선까지 옮겨지는 등 하역의 능률은 극히 나빴다. 거기서 안벽, 가건물, 창고, 하역 기계를 하나로 해 효율적인 하역 운영체제를 만드는 것에 대한 국가와의 협의결과에서도 바람직했다. 그 때문에 터미널・오퍼레이터로서 제방 전체를 일원화 해 운영할 필요가 있지만, 항만법 제54조의 규제에 의해서 공공 부두를 민간기업에 독점적으로 사용하게 할 수는 없다. 그런데 항만 관리자로서의 코베시가 창고업을 하는 것은 법 제13조에 의해서 금지되고 있다. 거기서 항만 관리자가 주식의 과반수를 갖고 주식회사를 만들어 제방의 경영 위탁을 실시해, 창고업도 할 수 있는 공공 기업체로서 코베 부두 회사는 성립되었다. 따라서 자금 도입을 목적으로 하는 제3섹터와는 다르다고 말할 수 있다.

코베 고속 철도는 도시의 지하철로 오사카시, 나고야 시는 시영으로, 도쿄도에서는 영단(營团)과 도영(都營) 그리고 공공 섹터가 분담하고 있었다. 그런데, 코베시의 철도망은 판급(阪急)은 삼궁(三宮), 판신(阪神)은 원정(元町), 산양(山陽)은 병고(兵庫), 코베는 주천(湊川)과 각 터미널, 게다가 상호 연결 운행이 가장 효율적인 체계이므로 이 교외 사철을 서로 연결하는 것은 오랫동안의 현안이었다. 각 터미널은 거리적으로는 근접해 상호 승차할 수 있는 체제를 만들고 장래에 연락 · 조정 기능이 바람직하므로, 코베시도 출자하고 각 회사도 자본출자에 참여하여 이 새로운 회사가 설립되었다. 당시로는 독특한 형태였지만 이후, 각지에서 제3섹터식 교통 회사의 설립이이루어지고 있다.

신교통 시스템 주식회사는 코베 고속 철도와는 달리 민간의 자본 참가 · 사업 참가를 요구했었다. 신교통 시스템은 미래의 교통기관으로서 기술개발 중에 있다. 그래서 시내 3사(코베 제강, 미츠비시 重工, 카와사키 중공)에게 공동 개발을 요구했다. 그 때문에 코베시와 3사를 중심으로 하는 제3섹터 방식이 도입되었다.

이러한 주식회사는 개발형이라고 하는 유형이지만, 각각 설립 배경에 특별한 사정이 있어 공영(公營)에도 사영(私營)에도 적합하지 않기 때문에 제3섹터 방식이 채용되었지만 다음 법인들은 개발을 주된 목적 또, 개발에 따르는 사업 수행을 위한 주된 요소로서 만들어졌다.

코베 무역상공 센터빌딩은 도쿄 가스미가세키(東京 霞ケ 關)빌딩에 이어 건설된 초고층 빌딩이며, 코베시의 상징 요소로서 또 재정 주도형의 지역정책의 일환으로 건설되었다. 따라서 특별히 자치체가 건설해야 하는 것은 아니다. 다음에 코베 뉴 타운 개발 센터는 코베시가 개발한 교외, 뉴 타운의 중심 센터로 상점기능을 분담하는 빌딩 회사로 설립되었다. 이것도 민간기업이 대신해 줄 수 없는 것은 아니지만 시가 개발한 단지의 중심 시설이며 상업 빌딩인 것이 민간자본 참여를 요구했다. 단지 같은 상점 빌딩의 건설 · 관리 · 운영이라고 해도, 코베 도시 진흥, 제3광장(플라자), 센터 플라자 등은 시가지 개량 빌딩이며 건설 · 관리 · 운영을 포함

해 법률적 제약, 기존상점소유자의 입주 문제 등이 있어 빌딩 전체를 민간에게 불하하는 것은 불가능하고 또 사업 실시 상 기존 영업자는 개별적으로 분양되어 재입주하고 있으므로 빌딩 관리기관이 아무래도 필요하다. 상가 빌딩의 관리라고 하는 사업의 성격이 공사(公社)경영에는 적격이지 않기 때문에 결국 주식회사에 낙착 되었다고 말할 수 있다.

개발 관리 단체

다음에 개발 관리 사업단, 코베 페리 센터, 해변 관리 협회(海釣공원), 산업 무역 전시관, 국제 회관 등은 시설의 운영·관리가 공영에 친숙하지 않기 때문에 외곽단체 방식을 받아들일 수 있다고 말할 수 있다. 그러나 이러한 시설들은 같은 코베시에서도 직영인 것도 있으므로 외곽단체 방식을 채용한 이유는 한층 더 설명을 필요로 할 것이다. 예를 들어 국제 회관의 주된 업무는 시의 문화 홀과 같은 극장이다. 일견 같은 문화 시설임에도 불구하고 다른 한쪽은 시 직할이고 다른 한편은 제3섹터 방식이라고 하는 것은 기묘하게 생각될지도 모르다. 그러나 문화 홀은 건설 시 국고 보조가 투입되어 문부성의 방침으로 자주공연(自主公演)의 의무가 지워져 있다. 그리고 당초부터 채산을 목표로 한 사업 시설로서 건설된 것은 아니다. 그런데 국제 회관은 극장이 주체라고 하면서 처음부터 호텔, 레스토랑, 임대실 등을 포함한 빌딩이며, 채산성을 원칙으로 재계로부터도 건설 자금을 모집했기 때문에 제3섹터 방식이 되었다고 말할 수 있다.

이와 같이 직영 방식으로 갈 것인지, 간접 경영 방식으로 갈 것인지는 미묘한 점이 많다. 수족관, 동물원은 직영인데 해조공원은 간접 경영 방식을 취하고 있다. 같은 시민의 여가 시설이지만, 해조공원은 말하자면 레저 시설이며, 수족관, 동물원보다 공익적 색채는 약하다. 그것은 해조공원은 입장료로 건설비 상환은 물론 운영비도 확보 할 수 있다는 목표가 있었기 때문에 건설에 착수한 것이어서 건설 당초부터 그 경영 원칙은 간접 방식이었다고 말할 수 있다.

모든 시설에 대해 직접·간접 경영방식을 한 마디로 구분하는 것은 어렵지만 개발 관리 사업단은 많은 단지의 코뮤니티·센터를 맡고 있는데 이러한 시설에 대해 시에서는 광역적인 것, 협역적인 것의 구별로부터 그 건설·관리에 대한 방침을 어느 정도는 정하고 있다. 코베시 재무 행정 개선 위원회 보고서 「도시 재무 행정 운영의 근대화」(52년 1월)는 시설의 기능·규모·분야 등에 의해서 관리·운영 방식을 알 수 있을 수 있다. 근로 시민 센터와 같이 구 단위의 시설은 시 관리가 되지만 지역 집회소와 같이 근린 단위의 시설은 통일 요강을 마련하여 이용이 특정 단체·그룹의 뜻에 따라 좌우되지 않게 배려하면서 지역 관리로 하고 있으며 그 중간적 시설은 시와 시민의 상호 분담 방식이 제일 많다(**표 4** 참조).(동 보고서 25면)라고 말하고 있다.

지역 집합소는 시내에서 벌써 654개소나 있다. 게다가 해마다 증가일로에 있어 이것들을 모두 직영 관리 방식으로 운영하는 것은 불가능하고

표 4. 지역집회시설의 관리운영방식

구 분	문화홀 중앙도서관	노동시민센터 구문화제유센터	아동관 커뮤니티엔터	노인쉼터	지역집회소
이용범위	모든시	구단위	중학교구	초등학교구	근진단위
관리단체	시	시	단 체	지 역	지 역
운영방식	직 영	직 영	위 탁	보 조	자주운영

확실한 기준을 갖고 공공·공익적 색채가 적은 시설은 민간 관리 그리고 중간시설은 간접 관리 방식을 도입하는 것이 타당할 것이다.

이러한 사고방식은 모든 행정 분야에 정도의 차이는 있겠지만 적용할 수 있을 것이다. 노인 시설에 있어서 특별양호노인 홈(home)은 직영, 노인 복지 센터는 간접방식, 경비(輕費) 노인 홈과 노인 쉼터는 시민관리와 민영, 또한 교통부문에서 시버스와 지하철은 직영, 관광로프웨이·케이블은 민영, 그리고 중간의 교통 시설은 간접 방식, 쓰레기 처리에서도 산업용 쓰레기는 민영으로, 생활 쓰레기는 직영으로, 사업장 쓰레기는 간접 방식이라고 할 수 있다. 무엇보다 이러한 분담 방법·비율은 도식적으로는 해서는 안 될 것이다. 자본 참여, 노동 조건, 기능 분담의 본연의 자세 등에 의해서 변할 수 있는 것이다. 단지, 근간적·기초적 분야는 직영이라고 하는 기준을 무너뜨리지 않는 것이 바람직하고 비용 측변에서 간접·민간 방식이 바람직한 사정이 있어도 직영 방식의 범위 내에서 생산성을 올리도록 노력하는 것이 도시 경영이라고 하는 전체적 관점에서 적절한 방식이라고 할 수 있을 것이다.

행정 보완단체

제3의 유형이라고도 해야 할 외곽단체로서 코베 국제 관광 협회, 코베항 진흥 협회, 사회 복지 협의회가 있다. 이것들은 협의회 또는 행정 보완형이라 할 수 있다. 관광, 선전·안내와 동업자의 연락·조정, 그 외 보완적 행정을 실시하는 것을 목적으로 한 관련 업자·단체의 연합체의 사업부문이 점차 커져 외곽단체화 했다고 말할 수 있다. 국제 관광 협회는 두 개의 국민 휴양 시설을 시로부터 계승하여, 코베항 진흥 협회는 포트·타와(Port tower)와 항만 박물관이라고 하는 핵심 관광 시설을 계승하여,

표 5. 행정보완형 외곽단체의 사업내용 비율

구 분	단체사업 A	위탁·부대사업 B	합계 C	B/C×100
	천엔	천엔	천엔	
국제관광협회	91,203	726,689	817,892	88.8
코베항진흥협회	23,510	290,208	313,718	92.5
연금복지협회	35,348	244,185	279,544	87.4
사회복지협회	177,545	187,369	364,914	51.3

동업자의 관련 단체라고 하는 것보다 외곽단체로서의 사업이 많은 비중을 차지하게 된 행정보완형에서 관리형으로 변해가는 과정에서 외곽단체화 했다고 말할 수 있다(**표 5** 참조).

이러한 변모에 대해 다양한 비판이 있을 것이다. 그러나 만약 본래의 연락 · 조정, 또는 행정 보완으로서의 홍보 · 상담 업무 만이면 일부러 외곽단체를 만들 만한 일은 없다고 말할 수 있다. 사무국을 만들어 임원 · 직원을 임명하는 이상, 어느 정도 규모의 단체인 것이 바람직하고 그러한 시설의 관리 · 운영도 완전히 새로운 단체를 만드는 것보다도 기존의 관련 단체의 부대사업으로 처리하는 것이 매우 적절하다고 할 수 있을 것이다.

지금까지의 외곽단체는, 그것이 개발형이든 관리형이든 정통적(orthodox)인 경영을 통해 간접 경영 방식으로 정착했다고 말할 수 있다. 그러한 중에 특이한 것은 공원 협회, 예인선 협회, 시민 생활 공동 조합, 국제 컨트리 클럽 등이다. 공원 협회는 시내의 유원지내 매점의 권리를 둘러싸고 시와 권리자와의 사이에 트러블이 끊어지지 않았기 때문에 향후 공원 협회에 일괄 임대하는 것으로 해 분쟁을 없애기 위해 만들어진 외곽단체이며 현재는 매점 뿐 만 아니라 주차장 · 유료 공원 표 발매 · 공원의 유지관리 등 일원적 관리를 맡고 있다. 사무국은 행정 보완적 단체인 녹화 협회와 같지만, 녹화 협회는 독자성을 가지고 있어 외곽단체라고는 할 수 없다. 여하튼 공원 협회는 이권을 둘러싼 분쟁을 회피한다고 하는 특수한 목적을 가지고 설립된 단체이다.

코베 예인선 협회는 쇼와 26년 항만 관리자가 설립한 이래 모든 예인선은 항만 관리자에 의해 통할되어 운영 및 지도되게 되었다. 당시 4척에 지나지 않았던 예인선도 40년에는 시 보유 2척, 민유 20척이 되었다. 장래 증가가 예상되지만 원래 시 보유와・민유가 혼합해 근무 체제가 통일되지 않았어도 협회를 설립해 일원적 관리를 도모하는 것을 권유 받아 창립되었다. 오늘날 코베항 내의 마야대교(摩耶大橋)의 위탁을 맡는 등 다른 단체와 같이 관리형의 색채를 띠고 있다.

다음에 시민 생활 공동 조합이 있었지만 타시로 이사 가고 없다. 화재 공제, 교통 재해 공제를 중심으로 해 발족했지만, 점차, 여행회, 결혼식장의 경영 등으로 사업 범위를 확장해 이러한 부대사업을 종합화한 사업체로서 이색적이다.

그 점에서는 급수 보급 협회도 이색의 존재이다. 급수 보급 협회는 수도 미터의 교체를 위해서 설립되었지만 본격적인 외곽단체로서 성장한 배경은 교외의 택지 개발에 따라 이른바 한 가구 내지 여러 가구의 미니 개발을 해 각 집 마다 수도 본관으로부터 뿔뿔이 흩어져 인입관을 부설해야 하게 되어 공사비가 비싸게 들 뿐만 아니라 한 개의 도로에 몇 개의 인입관이 매설되는 처지가 되었다. 거기서 보급회가 장래의 개발을 예측하고, 미니개발을 했을 때 주변의 택지화에 의해서 필요하게 될 만한 굵은 인입관을 부설해, 그 공사비를 장래의 택지조성자와・건축자로부터 징수하는 것으로 입체공사를 하는 것이다. 시의 수도국의 경우, 일단 인입공사를 해 버리면 급수 계약에 따라 분담금을 징수할 수 있어도 관련

공사로서 기설의 공사비까지 징수가 꽤 어려운 것이다. 그 때문에 급수 보급회와 같은 중간 단체가 입체공사와 같은 형태에서는 송곳과 케지메를 붙여 장래, 징수하는 방식은 매우 우수한 방법이었다고 말할 수 있다.

보급 협회의 선행 공사에 의해 개발에 따르는 말단의 무질서하고 무익한 수도 공사는 회피되어 시민도 또 개별적으로 공사하는 비용에 비해 큰 폭으로 경비의 절약이 초래되었다고 말할 수 있다. 그리고 오늘날 다른 외곽단체와 같이 시 수도국의 보완적 기능을 완수하고 있지만 그 설립 동기는 "극히 특이하다"고 할 수 있다.

특이한 면에서는 국제 컨트리 클럽도 특이한 존재이다. 골프장의 경영이라고 하는 것 자체보다 전쟁 전, 코베시가 구입한 교외 구릉지를 활용해 그 수익을 초중학교의 체육 시설에 매년 기부하고 있다. 원래 골프장으로서의 출발도 빨랐지만 교외가 지금은 시가지가 되어 발군의 입지 조건에 축복받고 있기 때문에 게다가 골프장 용지 그 자체는 전쟁 전의 용지 매수(시로부터 대출)이므로 자본 부담이 가볍기 때문이라고 말할 수 있다.

3. 경영의 현상과 과제

저성장하의 외곽단체

외곽단체의 경영은 어떤 자치체에 있어도 괴로운 것이 오늘의 현상이다. 그것은 원래 건설만이 목적이며 후의 운영에 대해 비교적 좋은 예측을 할 수 있는 경우가 많은 것이 하나의 이유고 개발형이라고 하는 타입이 많은 경우이다. 관리형에서도 사정은 같을 것이라고 할 수 있다. 많은 단체가 그 유지 운영비의 염출에 고심하고 있다. 이러한 경우 하나의 시설 뿐 만 아니라 모태인 자치체의 지도・원조에 의해 다각적 또 복합적 운영에 의해 관리비의 경감을 도모하고 경영의 묘미를 얻어낼 수 있으면 꽤 전개가 바람직할 것이다. 행정 보완형이어도 같은 것이 아니요 보다 많은, 보다 다양한 사업이 위탁되는 것에 의해 운영은 꽤 달라지지만, 대체로 자치체의 외곽단체는 단일의 목적・사업 내용의 단체가 많아, 규모도 작기 때문에 곤경에 처하고 있다.

따라서 외곽단체의 상당수는 설립만 하고 그 후의 돌보기는 큰 차이가 난다. 많은 경우 사업의 확대라고 하는 방향을 추구하지만 그것이 예상외로 나왔을 때 심각한 경영난에 빠지고 있지만 확대 방향이 아직 손뼉을 칠 수 있다고 말할 수 있다. 무엇보다 최근 고도성장으로부터 저성장에의 전환은 개발형의 외곽단체에게는 심각한 타격을 주었지만, 관리형・행정 보완형에 있어서도 수입의 절대액 감소라고 하는 마이너스 현상에 골치를 썩이는 것을 피할 수 없다.

코베시의 외곽단체도 고도성장으로부터 저성장에의 변화는 경영상 상당한 압박 요인으로 작용하고 있어 개발형으로부터 관리형, 또 행정 보완형에의 전환이 강요당하고 있다. 개개 외곽단체의 실상을 분석하면서 그 문제점을 찾아보고자 한다.

개발형으로부터 관리형으로

주택공급공사는 코베시 뿐만 아니라 각 자치체의 주택공급공사도 저성장에의 전환에 의해 경영이 점차 악화 조짐을 보이고 있다. 고도 성장기에는 분명히 지가, 건축 단가의 상승에 골치를 썩었지만, 시민(피분양자)은 계획기와 분양기와의 시간적 엇갈림에 의한 인플레・메리트를 향유할 수 있었고, 또 주택요구도 극히 높아 분양도 순조롭게 처리되었다.

그런데 저성장에 들어가 지가・물가의 상승의 정지가 오히려 주택요구를 낮추어 공적 분양의 상대적 유리함은 점차 사라졌다. 따라서 종래 대로 사업량을 확보해 소화해 나가는 것은 낙관할 수 없다. 이것은 개발형의 외곽단체에 공통된 것이다. 관리 사무의 일부 도입에 의해서 운영의 안정화가 바람직하는 것이다. 시의 주택공급공사의 수입 내용을 보면 50년 10월부터 공영 주택 2만 3,000호의 개선 업무를 맡아 11억 2,190만 엔(52년도)의 수입을 올리고 있어 경영의 안정화를 도모하고 있다고 말할 수 있다(**표 6** 참조).

개발형으로부터 관리형에의 어려운 전환을 이루고 있는 단체로서 급수 보급 협회를 들 수 있다. 도시화와 단지개발에 따라 개발 관련 공사의 수주가 일관되게 성장해 왔지만 장래 이러한 성장을 반드시 기대할 수 없다. 거기서 사업 내용도 누수 조사, 징집 사무, 수도관교체 등의 조사・관리 사업을 신규로 채용해서 경영의 안정화를 도모하고 업무내용을 확충

표 6. 코베시 주택공급공사 사업수익내역

(52년도, 단위: 천엔)

과　　목	금　　액
적립분양 주택수입	6,855,060
일반분양 주택수입	7,463,490
단독분양 주택수입	259,460
단지시설 분양수입	228,650
임대주택 관리수입	109,410
장기분양 점포관리수입	2,830
수탁사업 수입	1,188,540
기타 수입	9,720
계	16,117,160

표 7. 급수보급협회사업 수입추이

(단위: 천엔, %)

구 분	44	46	48	50
개발관련사업	55,142 (43.26)	133,295 (51.64)	436,244 (72.18)	413,735 (61.64)
조사관리사업	72,315 (56.74)	124,813 (48.36)	168,062 (27.82)	257,431 (38.36)
계	127,457	258,108	604,306	671,166

주: 개발관련사업은 급수관 선행시설, 간이시설, 간이수도 조사관리사업은 수도 미터기, 급수관, 누수조사, 징수사무, 배급수관 조사, 시설관리, 수도관 교체

하고 있다(**표 7** 참조). 또 직원도 지금까지 시의 기술직으로 채용하여 보충하고 있었지만 채용을 억제하여 48년 이후 당시의 54명에서 52년에는 48명으로 줄여 개발 관련 사업의 감소에 따른 감량 경영에 대응하고 있다. 이러한 전환은 시 수도국과의 면밀한 제휴의 결과로 외곽단체의 경영이 수도국과의 관계에 따라 크게 좌우되는 것이 사실인 것과 동시에 자치체에 있어서 외곽단체의 경영은 설립 시보다도 그 후 사후관리가 성공 여부의 중요한 요인이라고 말할 수 있다.

오일쇼크의 파문

도로공사는, 신코베 터널, 롯코(六甲)・서신호(西神戸)와 세 개의 유료도로를 경영하고 있지만, 적자인 것은 작년 개통한지 얼마 안 된 신코베 터널 유료 도로이다(**표 8** 참조). 개업 초기의 일이라서 하루당 11,000대가 채산 베이스인데 약 반 밖에 통행 대수가 없다. 게다가 건설 당초 110억 엔으로 전망된 건설비가 2백억 엔으로 배 가깝게 오른 것이 채산을 어렵게 한 큰 원인인데 이것은 오일・쇼크에 의한 건설비 등귀를 크게 불

표 8. 코베시 도로공사 51년도 손익계산서

(단위: 천엔)

구 분	결산액	노선별지출내역		
		신코베터널 유료도로	육갑 유료도로	서코베 유료도로
수익합계	2,199,051	738,317	844,161	616,573
비용합계	2,896,349	1,435,615	844,161	616,573
차 익	△697,298	△697,298	0	0

러왔기 때문이다. 지방도로공사의 적자는 전국적인 현상이며 코베시의 경우 아직 그 심각도는 얕다고 말할 수 있다. 그 이유의 하나는 유료 도로는 철도, 전력 등과 같이 선행 투자액이 많고, 건설 당초는 지불 이자가 크기 때문에 적자인 것이 보통으로 상환 기간 중, 빠른 시기에 흑자로 전환 함으로써 선행 투자를 회수하는 구조가 되어 있다는 것이다. 문제는 통행 대수의 성장이지만 키타구(北區)의 개발에 의해서 그 증가가 전망되는 산업·생활 도로이므로 단순히 관광 도로와 달라 경영 호전의 전망은 있다고 말할 수 있다. 둘째로 신코베 터널은 당면 적자여도 기설 두 노선은 수지가 있어 자금적으로는 감가상각비 등의 내부 유보금이 있어 차입금의 압박만은 경감할 수 있기 때문이다.

그렇지만 개발 템포와 자동차화도 지금까지와 같은 고도성장을 기대할 수 없을 것이다. 단지, 그렇게 되면 역시 금리 부담은 무거운 짐인 것은 틀림없고 금리 부담의 경감 대책이 바람직할 것이다. 바꾸어 생각해 볼 때 건설공사중의 오일·쇼크에 의한 공사비상승이라고 하는 불측의 사태에 대한 보전(補塡), 게다가 도시간 고속도로와 달리 생활 도로 색채도 있으므로 저리자금의 대출이 바람직할 것이다. 원래 일반 공공 도로나 현행의 유료 도로라고 말하는 두 개의 형태 밖에 없는 것이 극히 불편하고 그 중간 형태에 의한 무이자・저리자금에 의한 도로 형태를 생각할 수 있고, 또 그러한 방식의 채용을 위해 법률 개정이 필요하다.

어쨌든 도로 공사에 있어서 다른 사업과 달리 경영 수완 발휘의 여지는 극히 적고, 건설 당초의 판단・예측 그 후의 경제・사회 환경 등이 그 경영의 모든 것을 결정짓는다고 해도 과언은 아니다. 도로 사업 뿐 만 아니라 개발형 사업의 모두에게 공통되는 주의 사항을 살펴보자. 신중한 사업 비용・효과 분석이 사업 개시 전에 이루어져야 하는 것이다.

도로 공사와 같이 전국적으로 경영 악화가 전해지는 것이 토지 개발 공사다. 토지 개발 공사의 경우, 원칙적으로 각 자치체의 의뢰에 의한 용지의 선행취득이 되므로, 독자적인 용지 취득 행위가 없는 한 위탁 사업이며 경영위기는 기본적으로는 있을 수 없다. 그런데 선행 취득한 용지를 자치체가 재정 악화 때문에 환매가 늦어지면, 매수 자금이 거액인 만큼 공사의 금리 부담은 극히 무거운 것이 되지 않을 수 없다.

코베시의 토지 개발 공사의 그간 추이를 보면 **표 9**와 같이 보유 면적으로 29만6000㎡, 금액은 최고 추정액으로 약 백억엔 이하이지만, 동년도의 코베시채 잔고 총계에 비교하면 약 5% 이하에 지나지 않고(일반회계 2, 200억 엔), 큰 채무 부담은 아니다. 공사설립당초 보유 상황이 컸던 것은 공사 설립 당초, 선행 용지 취득은 당연한 일이며, 49-51년도에 걸쳐 순조롭게 환매가 이루어지고 있다고 말할 수 있다. 이것은 49년도부터 시의 일반회계가 흑자 기조로 변했던 것에도 좋은 영향을 받았다. 그러한 의미로, 공사의 경영 상황도 모태인 각각의 자치체 재정의 상황에 의해서 크게 좌우된다고 말할 수 있다.

표 9. 토지개발공사 토지보유현황

(단위: 백만 엔 1000㎡)

구 분		48년도	49	50	51	비 고
매 수	금 액	8,390	11,990	5,474	8,013	취득원가
	면 적	227	203	94	1,333	
환 매	금 액	412	3,704	4,303	14,064	취득원가
	면 적	4	95	50	1,462	금리 등 포함
보유면적		273	381	425	296	

복합 경영체의 전형

도시정비공사의 업무를 살펴보면 공공용지 선행취득 사업부터 시작, 재개발, 신개발, 관광, 교통 등 다방면에 걸쳐 있음을 알 수 있다(**표 10** 참조). 교육 관계의 업무는 학교건설공사(公社)란 명칭으로 타 시에서는 독립된 공사에서 행하고 있고 롯코・아리마 로프웨이 운영 업무도 독립된 회사에서 행해지는 것이 보통이다. 현재 코베시에서도 롯코・아리마 로프웨이는 주식회사(제3섹터)에서, 마야 로프웨이는 시 교통국에서 경영되고 있던 것을 각각 적자경영이었기 때문에 정비 공사에 인수시켜 재건이 이루어지고 있다.

본래, 신개발・재개발에 따르는 용지・건설 사업을 중심으로 발족한 정비공사가 그 관련 업무도 시행하는데다가 적자 사업을 계승하게 되어 규모도 더욱 더 커지고 업무내용도 복합화 되었다. 이러한 경향과 결과에 대해 여러 가지 평가를 내릴 수 있을 것이다. 우선 복합 경영화에 의해 일반 관리 비용의 절감이 초래되고 게다가 서로 업무를 보완하게 되어 경영력은 강화된다는 것이다. 또한 적자 업무와 흑자 업무를 혼합시킴으로써 수지의 밸런스를 가져와 경영의 안정을 도모한다고 하는 메리트는 크다고 할 수 있다.

표 10. 쇼와 52년 도시정비공사 사업별 수지명세표(예정)

(단위: 천엔)

과 목	수 입	지 출	순이익	비 고
공공용지선행취득 사업	1,000,000	999,716	284	
개발 및 개발관련 사업	271,577	269,926	1,651	택지분양업무 구획정리업무 단지시설관리업무
도시재개발관련 사업	1,084,164	1,098,667	14,503	역전빌딩 관리 등
도시교통시설관련 사업	374,459	331,556	42,903	주차장 관리 등
교육시설정비 사업	3,148,016	3,145,857	2,159	학교용지조성 시설건설업무 등
관광 휴양시설관련 사업	429,367	457,359	27,992	로프웨이, 운영업무 등
기타 사업	165,103	164,157	946	지도반포, 요금징수업무 등
이 자	675		675	
합 계	6,473,361	6,467,238	6,123	

그런데 이러한 복합화는 제2자치체를 만들어 내는 것이 되고 동시에, 본래, 개개의 사업의 수지를 명확히 하는 회계원칙 아래 경영 의욕을 높여 사업의 공공성과 채산성을 취한다고 하는 시스템을 무너뜨린다는 비난도 나온다.

이와 같이 비판이 나뉘는 것은 외곽단체 경영에 있어서의 이름을 취할가 실제를 취할가의 선택의 문제일 것이다. 외곽단체가 경영하고 있는 업무에는 비교적 시장성이 강한 서비스와 공공성의 강한 서비스가 있고, 경영환경에 대해 유리한 사업과 불리한 사업, 또 사업에 대한 전망이 적중한 것과 그렇지 않은 것 등 여러 가지이고, 만약, 각각 독립 경영체로서 유지하려고 하면 결국, 사업 그 자체를 파탄에 빠뜨리든지, 적자보전을 일반회계, 즉 세금으로 하게 되어, 간접 경영 방식의 취지를 잃게 된다. 결국, 자치체의 회계가 일반회계, 특별 회계, 공기업 회계로 나누는데 정비공사는 사업부제(事業部制)를 도입, 각 사업마다의 수지를 명확하게 하여 각 사업마다의 경영 목표를 분명히 하는 회계 상의 원칙을 지키면서 복합 경영체로서의 종합 경영력을 발휘하는 것이 바람직할 것이다.

정비공사에 볼 수 있는 손익 사업의 복합화에 의한 수지 균형화와 경영 안정화의 방책은 국제 관광 협회, 코베항 진흥 협회에도 도입되고 있다. 국제 관광 협회의 경우, 교통국으로부터 계승한 수족관 부대사업이 경영 압박의 요인이 되고 있는 것을, 국민 휴양 시설, 온천 회관 등의 고수익 사업으로 커버하고 있다(**표 11** 참조). 진흥 협회도 진흥사업(공익사업), 코베 포트타워·박물관 사업의 수익으로, 미나토 여행 회관의 적자를 메

표 11. 국제관광협회 사업별 수지표

(51년도, 단위: 천엔)

사업별 / 성질별	공익업무 및 관광안내소	국민숙사 사업	수족관 부대사업	유마온천 회관사업	국민숙사 부대사업	합 계
지출계	49,240	361,988	142,069	52,106	15,836	621,238
수 입	56,417	361,988	135,994	55,607	19,155	629,162
차 액	7,177	0	△6,075	3,502	3,319	7,924

표 12. 코베항 진흥협회사업 수지내역표

(50년도 단위: 천엔)

구 분	코베항진흥사업	코베포트타워 박물관사업	항여행회관사업	계
비 용	16,562	150,227	79,150	245,939
수 입	17,144	168,408	77,193	262,745
차 액	582	18,181	△1,957	16,806

전기 이월잉여금 36,489천엔 (타워 박물관사업)　　전기이월결손금 26,821천엔 (미나도 여행회관사업)

우고 있다고 말할 수 있다. 다행히 포트타워라고 하는 수익 부문을 동 협회가 가지고 있었으므로 수지는 서로 보완할 수 있을 것이다(**표 12** 참조).

코베시의 손익사업의 혼합화 방식은 공원 관리 사업 등에 의해 고도의 형태를 취한 것으로 보인다. 원래 유료 공원에서도 유지비가 높은 공원을 주차장, 매표수입 등에 의해서 보충해 독립채산으로 운영시키고 있다.

무역 센터 빌딩의 재건

이러한 호텔·빌딩·로프 웨이 등 관광 개발 관련 사업은 자치체 경영에 큰 후유증을 남기는 경우가 많다. 코베시의 무역 센터빌딩도 예외는 아니었다. 당초, 입주율은 불과 46%로 건설비 상환은 커녕 거액의 건설 이자부담에 골치를 앓고 있었다. 그것이 47-48년 기간동안 급속히 좋아진 것은 코베 지하도로를 경영하는 교통 센터 빌딩, 주택공급공사, 도시 정비 공사 등 시 외곽단체에의 입주가 상대적으로 큰 영향을 끼쳤다(**표 13** 참조).

표 13. 고베상공무역센터 빌딩 경영상황 추이

(단위: 천엔)

기 항목	제3기 (45.3.31)	제4기 (46.3.31)	제5기 (47.3.31)	제6기 (48.3.31)	제7기 (49.3.31)	제8기 (50.3.31)	제9기 (51.3.31)	제10기 (52.3.31)
총수입	161,730	463,620	535,480	594.950	729,870	852,620	950,650	1,005,030
총지출	207,780	671,970	662,970	642,260	644,840	783,980	831,760	888,290
단년도 수 지	△46.050	△208,350	△127,490	△47,310	85,030	68,640	118,890	116,740
누적수지	△46,050	△254,400	△381,890	△429,200	△344,170	△275,530	△156,640	△39,900
입주율	46.2	64.4	69.7	76.9	91.1	89.2	89.9	87.7

교통센터빌딩은 이른바 역전 빌딩인데 건설 후 벌써 10년 이상이나 지나 만실의 상황으로, 입주한 공사 등이 다 나가도 교통 센터 빌딩은 민간기업이 곧 입주할 전망이 있고 실제로 입주하고 있다. 그 때문에 시로서는 경영 상황이 안정되고 빌딩으로서 벌써 지명도도 높아진 교통 센터 빌딩으로부터 무역 센터 빌딩에 옮겨 경영위기를 구하는 것이 급선무이며, 또 유리한 계책으로 여겨졌기 때문이다.

그 후 무역 센터의 경영이 개선되어 민간기업의 희망자도 많아졌음으로 주택 공사는 센터 플라자에, 중소기업 센터는 교통 센터 빌딩으로부터 센타 플라자의 재개발 빌딩으로 입주율이 좋지 않은 센터 플라자의 경영 개선을 위해서 이전을 했다. 이전을 피할 수 없게 되는 공사는 분명히 고통이지만 전체적으로 외곽단체의 경영을 위해 어쩔 수 없는 협력일 것이다. 그러나 이것은 민간에서는 계열・관련 기업 상호간에 잘 행해지고 있는 경영이다. 또한 무역 센터 빌딩의 시 관련 단체가 차지하는 바닥 면적 비율은 13%이고 한신외무부두 공단(阪神外貿埠頭工團), 본토・四國・(시코쿠) 가교(架橋) 공단 등을 넣어 15%에 이르고 있다. 52년 8월 1일 현재 입주율은 93%에 이르고 있다. 자치체의 외곽단체는 종합적으로는 상당한 콘글로메리트(conglomerate)적 묘미를 발휘할 수 있음에도 불구하고, 많은 단체에서 행정과 같이 수직화 되어 있기 때문에 경영력이 꺾이고 있는 것 같다.

이익을 낳는 단체

개발형의 외곽단체가 대체로 괴로운데 비하여 관리형의 외곽단체 중에는 수익을 올려 반대로, 시민・시 재정에 기여하고 있는 것은 것도 있다. 예를 들어 시민생활협동조합의 경우 화재・교통공제라고 하는 공제 사업

표 14. 시민 생협 수지 명세

(51년도 예산베이스 단위: 천엔)

구 분	수 입	지 출	자액잔고	비 고
화재공제	172,209	170,705	1,504	
교통공제	146,279	145,638	641	
개선사업	371,300	367,906	3,394	주차장, 주택수리 여행알선
이용사업	142,900	140,593	2,307	차, 결혼식장, 회의실
위탁사업	1,743,452	1,722,906	20,546	무자빌라, 타워·사이트
합 계	2,576,140	2,547,208	28,932	

부문 뿐 만 아니라, 개선 사업(주차장, 거주지 개선, 여행 알선), 이용 사업(다방, 결혼식장, 대회의실 등), 위탁 사업(무희 빌라, 타와·사이드 호텔)의 부대사업에서도 수익을 올리고 있다(**표 14** 참조).

특히 주목을 받은 것은 전철계(電鐵系) 회사가 경영하고 있던 타와·사이드 호텔이 적자를 이유로 시와의 계약이 해지된 것을 인수받아 초년도부터 흑자로 전환해 재건시킨 경영 수완이다. 그 이유는 가동률이 나빴던 결혼식장을 폐지해 회의실로 한 것, 독립회사가 아니고 부대사업으로서 발족했기 때문에 관리직의 인건비가 제로가 된 것, 시의 신용력을 배경으로 해 비즈니스·호텔로 선전해 이미지를 바꾼 것, 한층 더 노동력의 수급을 다른 사업 부문과 서로 융통한 것 등, 여러 가지 이유를 생각할 수 있다. 또한 타와·사이드 호텔은 이번 봄 주식회사로 개편되었다.

이와 같이 시민생협이 경영력을 갖추고 있는 것은 쇼와 30년 화재공제의 시민생협으로 발족한 이래 매년 사업 내용을 조금씩 확대하여 시와 적절한 거리를 두고 독자적인 경영방침으로 합리적 방법을 관철해 왔기 때문이다. 그리고 그 사업을 통해서 시정이 아니고, 오히려 시민에 의해 대부분 이익의 환원을 도모해 왔다고 말할 수 있다. 그러한 의미로 코베 국제 컨트리 클럽의 수익 1억 엔, 공원 협회 2천만 엔은 각각 체육 교육 시설, 공원 부대 시설로서 시 재정에 환원되고 있는 것도 외곽단체가 시장적 서비스를 통해서 확보한 수익을 세금이 아닌 기부행위로 시에 그리고 시민에게 환류하고 있다고 말할 수 있다.

공공 디벨로퍼의 우위

코베시의 외곽단체를 조사해 본 결과 특징이라든지 과제를 마지막으로 요약하면 뉴 타운, 해면 매립이라고 하는 전형적인 개발형인 제3섹터가 없다는 것이다. 대규모 백사십만 평에 이르는 제1기 해면 매립 사업, 포트 아일랜드, 록코 아일랜드와 계속되는 사업이 특별 회계로 행해지고 있다. 택지개발도 똑 같다. 제3섹터 방식으로서 이용된 것은 교통 시설, 상업 시설 등 부분적으로 말하자면 부대시설이다. 이러한 경향은 오사카부・시 등도 같다.

이것은 본래 매립 사업이라든지 택지조성이라든가 하는 종합적 지역개발 사업은 손익 수지의 기준도 명확하지 않고, 공공적 관련 사업이 너무 많기 때문에 제3섹터 방식으로 친숙해지지 않는 것인 것을 간접적이지만, 실증적으로 나타내고 있다. 따라서 자금의 확보만 가능하면 자치체가 직영으로 실시해 개발 이익을 내부화하는 것이 가장 좋다고 말할 수 있다. 만약 그것을 할 수 없으면 민간의 개발을 인정하지만 개발지도・요강 등에서 부담을 요구하든지, 매립 인가의 조건으로서 공공적 요건을 충족시키는 계약을 맺는다고 하는 행정 지도로 어느 한 쪽을 채택하는 것이 바람직하다.

물론 개발에 따라 배후지 · 주변지의 구획정리, 관련 사업이 추진되지만, 그것들은 개발 계획이 정확히 제대로 되어 있으면 개별적으로 사업을 실시해도 종합성이 무너지는 것은 아니다. 오히려 전체 사업계획 속에서 민간이 분담해도 방해가 되지 않거나 민간이 분담하는 것이 적격인 사업을 각각 조건을 부여해 빌려주어서 사업을 원활히 추진해, 자치체가 공공 디벨로퍼로서 주도권을 가지면서 민간자본의 도입에 의해서 개발을 진행시킬 수 있을 것이다.

따라서 전면적인 민간자본 참여에 의한 제3섹터 방식보다 기본계획 · 사업 설계에 의해 기능 · 사업을 분담하여 실시하는 것이 분명한 책임체제 · 수지계산이 확실할 것이다. 코베시의 포트 아이랜드, 록코 아일랜드 등의 사업을 보면 정부 · 시 공공사업, 외무부두 공단, 시 개발 사업국 등이 기능 · 사업 분담을 서로 하면서 하나의 사업을 진행시켜 민간사업은 분양베이스 · 용지의 구입 · 전용 부두 사용료라고 하는 형태로, 개발 후에 자본에 참여하고 있다.

무엇보다 민간기업에 있어서 개발 사업의 상당한 용지 · 시설의 양도 · 구입이 정해져 있는 경우, 사업의 자본에 참여하고 계획 단계부터 참여해 장래의 영업에 적합한 계획 · 시설의 보장을 요구하는 것은 당연하고, 그 때문에 자본 참여를 취하는 것을 충분히 생각할 수 있고 또 바람직한 것이다. 단지 그 경우도 어느 쪽이 주도권을 가지는가 즉 책임을 가질까를 분명히 결정하지 않은 한 사업의 혼란을 부를 것이다. 즉 민간자본의 전체 사업에의 참가는 극히 위험성의 높은 것이고 부분적 참가가 보다 안전성이 있다고 말할 수 있다. 그럼에도 불구하고 제3섹터 방식으로 참가해 전체 사업을 추진하려고 하는 것은 그만한 메리트가 기업에 있다고 말할 수 있을 것이다.

시설 관리 단체의 증가

조사결과에서 본 제2의 특징은 시설의 관리・운영단체가 압도적으로 많은 것이다. 개발형으로 간주되는 재개발 빌딩, 교통시설 등의 외곽단체에 있어도 실태는 시가 외곽단체에 대신해 시행하고(대체시행) 있지만 건설 후 시설을 양도하고 있다.

게다가 이와 같은 시설의 관리・운영은 도로, 재개발 빌딩, 레저 시설 뿐 만 아니라 공원, 교통, 복지시설에도 확대를 보이고 있어 앞으로 더욱 더 확대될 것이다. 무엇보다 공공 서비스시설에 있어서 지하철, 운동 공원, 탁아소 등의 근간적 시설은 자치체에서 관리해야 하지만 그 이외의 시설에 대해서는 간접관리 방식을 취하는 경향에 있다고 말할 수 있다.

시설의 간접관리 방식의 문제점의 하나는 건설은 시가 실시하지만 경영은 외곽단체가 실시하는 경우, 경영 주체가 당초부터 참가하고 있지 않다든가, 의향이 충분히 반영되어 있지 않으면 극히 경영하기 어려운 시설이 많이 발생하는 일이 있다. 특히 여가시설이라든지 재개발 빌딩과 같은 상업 시설의 경우는 후유증으로 경영부담이 되므로 인계할 경영 주체를 빨리 설립해 그 의견에 따라서 설계, 건설하는 것이 바람직하다고 말할 수 있다. 그리고 건설 후의 관리・운영에 대해서도 경영・관리 단체의 주체성을 잘 존중하는 것이 바람직하다.

두 번째 문제는 대체시행 양도 방식의 경우, 관리시설은 외곽단체에 유상 양도되면 문제가 없는가로 위탁 방식의 경우 명확한 합리적 기준이 없다는 것이다. 단지 목표로서 경영환경을 묻지 않으면 상업시설은 상환・상각비도 포함해 시설 임차료로 해서 지불해야 하고 운영비도 물론 외곽단체가 부담하게 된다. 이것과는 반대로 복지 시설에 있어서는 사용료 수입은 자치체에 납입해 관리비용을 모두 위탁료로 해서 봐 주어야 한다고 말할 수 있다. 시민 회관이라든지 결혼식장 등은 그 중간형태라고 할 수 있다.

이러한 시설의 위탁료 수준을 일률적으로 결정하는 것은 극히 어렵지만 많은 외곽단체의 시설관리의 실적이 참고가 될 것이다. 시설의 위탁료는 낮아도 부대사업으로서 주차장, 매점, 자동판매기 등의 이익 부문의 수익으로 충분히, 비용에 알맞은 시설도 있어 결국은 시설 전체의 경영분석에 의해 합리적인 기준을 결정해 갈 수 밖에 없다고 말할 수 있지만, 적어도 자치체의 행정의 어려움을 외곽단체에 전가하는 것 같은 일은 피하지 않으면 안 된다.

세 번째 문제는 외곽단체들의 경영력이 꼭 충분히 발휘되고 있지 않는다는 것이다. 코베시장 스스로가 개개의 외곽단체의 경영 상황을 장악해 경영방침에 대한 지시를 주고, 경영 책임자 상호의 회합도 개최한다. 이런 점은 콘글로메리트(conglomerate)(복합경형체)로서의 효용을 활용하고 있다고 보이며 제일 먼저 접한 무역 센터 빌딩의 경영 개선사례 등이 그 좋은 사례라고 할 수 있다. 또한 수익부문에 적자 부문을 흡수하는 것은 잘못된 방만 경영이라든가 경영파탄에 빠지는 것을 회피하고 있는 점은 종합 경영의 묘미를 충분히 발휘하고 있다고 말할 수 있다.

그러나 실무베이스로 보면, 아직 많은 외곽단체 상호의 협력사업이 남아 있다. 예를 들어 광고, 선전을 서로 교환한다든가, 공동으로 광고, 선전한다든가의 협력 방법이 있다. 또 상점가 경영에 있어 노우·하우를 서로 교환한다든가, 많은 협력 분야가 남아 있다. 전반적으로 외곽단체에 있어도 관청으로의 종적관계의 경향이 인계되어 외곽단체 상호, 또 모태인 시 전체의 협력 체제를 강화해 나갈 여지는 있다.

게다가 효율적인 외곽단체의 경영을 위해서는 외곽단체의 기능적·지역적 연락, 협력 체제의 강화가 바람직하다. 예를 들어 스마・마야(須磨摩耶)지구 등은 많은 외곽단체가 각각 교통기관, 숙박시설, 레저시설, 주차장을 경영하고 있는데 본래 강력한 지휘・협력 체제 아래에 효율적인 운영이 이루어져야 할 것이지만, 현재 상태로서는 불충분한 것 같다.

이상, 코베시의 외곽단체의 사례에 의해 외곽단체를 둘러싼 문제점을 지적했지만, 물론 불충분한 비판을 면할 수 없을 것이다. 외곽단체는 지금까지 조사, 연구의 범위 밖에 있던 점을 생각하면, 일단, 개략적인 고찰이어도 무엇인가 의의가 있을 것이다.

더불어 여기서 말하고 있는 의견은, 경영 연구회의 사견이며, 참고 자료는 각각의 단체를 방문해 결산・예산서, 사업 계획서로부터 연구회가 작성한 것이어서 각 단체의 기존의 자료가 아닌 것을 말해 둔다.

✍ 옮긴이

송인성 (宋仁城; Song, In Sung)

- 서울대학교 환경대학원(도시계획석사)
- 독일 도르트문트대학교(도시 및 지역계획(Raumplanung)전공 공학박사)
- 현재 전남대학교 경영대학 경제학부 지역개발학 전공 교수
- 전남대학교 지역개발 연구소장, 기획연구실장 겸 정보화기획단장, 도서관장 역임
- (사)한국지역정보화학회 회장, (사)한국지역개발학회 회장, 한국 환경정책학회 부회장 역임
- 광주광역시, 전라남도 지방도시계획위원회 위원, 대통령자문 국가균형발전위원회 위원, 국무총리실 교통정책심의회 위원, (사)광주환경운동연합 공동의장, (사)광주 푸른길 가꾸기 시민운동본부 상임본부장 역임

주요 역·저서

도시경영론(전남대학교출판부)·환경정책과 법(집문당)·지역계획론(형설출판사, 공저)·지역개발론(법문사, 공저)·지역개발학원론(법문사, 공저)·영국의 도시 기본계획(전남대학교출판부, 공역), 자치시대의 지역정책(전남대학교출판부, 공역) 외 다수

논문

"도시의 삶의 질 제고방안에 관한 연구 –광주시와 밴쿠버시를 사례로–" 등 도시 및 지역계획, 환경계획에 관한 논문 100여 편

도시경영의 이론과 실제

인쇄 | 2011년 1월 10일
발행 | 2011년 1월 20일

저 자 | 伊賀 隆·宮崎 辰雄·能勢 哲也·橋本 徹
井尻 昌一·狩野 学·河崎 俊二·吉田 寛
佐野 雄一郎·池田 正治·高寄 昇三
역 자 | 송인성
발행인 | 김윤수
발행처 | 전남대학교출판부

등록 | 1981. 5. 21. 제53호
주소 | 500-757 광주광역시 북구 용봉로 77
전화 | (062) 530-0571~3
팩스 | (062) 530-0579
홈페이지 | http://altair.chonnam.ac.kr/~cnup

값 15,000원

ISBN 978-89-7598-891-2 (93320)

이 도서의 국립중앙도서관 출판시도서목록(CIP)은 e-CIP홈페이지(http://www.nl.go.kr/ecip)에서 이용하실 수 있습니다. **(CIP제어번호 : CIP2011000126)**